FANGYAN

南方语言资源丛书

甘于恩 主编

独山
DUSHAN
山
FANGYAN YANJIU

独山方言研究

曾兰燕 著

社科基金重点研究项目「粤、闽、客诸方言地理信息系统建设与研究」子项目

（001）——「广州地区方言的地理语言学研究」（项目号14FZ11）

学艺术界联合会2015年专著项目——独山方言研究（项目号DS201518）

中国出版集团

世界图书出版公司

广州·上海·西安·北京

图书在版编目（CIP）数据

独山方言研究 / 曾兰燕著. —广州：世界图书出版
广东有限公司，2016.6
（南方语言资源丛书 / 甘于恩主编）
ISBN 978-7-5192-1660-3

Ⅰ.①独… Ⅱ.①曾… Ⅲ.①西南官话—方言研究—
独山县 Ⅳ.①H172.3

中国版本图书馆CIP数据核字（2016）第174836号

独山方言研究

责任编辑：魏志华
出版发行：世界图书出版广东有限公司
　　　　　　（广州市新港西路大江冲25号　邮编：510300）
电　　话：（020）84451969　84453623　84184026　84459579
http://www.gdst.com.cn　E-mail：pub@gdst.com.cn
经　　销：各地新华书店
印　　刷：广州市德佳彩色印刷有限公司
版　　次：2016年6月第1版
印　　次：2016年6月第1次印刷
开　　本：787mm×1 092mm　1/16
字　　数：320千
印　　张：16.5
ISBN 978-7-5192-1660-3/H·1074
定　　价：48.00元

序言

周末到从化的寒舍小住，我惯常的说法是去过劳动节，看看房间有无漏水，顺便打扫打扫卫生，有时自个儿也喝点小酒，以排遣一个人的孤寂。今天冒着小雨，学生殷勤地把我送到楼巴搭乘处，楼巴来得有点迟，到了夏湾拿小区，已经是晚上七时许，拖地后满身大汗，洗了热水澡，把冰箱里廉价酒拿了出来，就点花生米，边喝边思考问题。突然想起，答应出版社的序言还没有写。幸好带了个小电脑，打开后思路似乎不是很顺畅，还好带了一本彭小川教授的著作，上面有我2010年7月为"南方语言学丛书"写的总序，我的原意是只出这一套丛书，不过形势的发展与我预料的不同，现在中心又出了"海内方言与海外方言关系丛书"(7种9册)、"语言工具规范与应用丛书"(4册)两套丛书，也可以说统属于"南方语言学"的品牌之下，应该是好事。

那么，现在出的"南方语言资源丛书"与前述丛书又有何不同呢？我的考虑是，"南方语言资源丛书"可能会稍为偏向现象描写一些，其他的丛书或者偏向理论，或者偏向技术，但"南方语言资源丛书"则以调查报告为主，当然也不一定完全排斥理论分析，有个名堂，有时会方便征稿，或者方便申请资助，这是现实的需要，实属无奈。既然丛书出版在即，借此机会，谈谈南方语言资源的调查研究，以及相关问题，也算是题内话。

国家现阶段非常重视语言资源，出台政策推行"语保"工程，极大地调动了全社会对母语保护的积极性，许多方言专业工作者全力投身其中。南方语言资源丰富复杂，蕴含着非常可观的语言信息和文化信息，但随着社会的转型和城市化的进程，方言特点的消磨与退化日益显著，有不少还处于濒危状态，亟待抢救性调查。这也是我为何全身心地投入其中的重要原因，虽然我们的工作刚刚起步，一些做法、措施、标准还不完善，但这不能成为我们置身事外的理由，要等待诸事皆备，再来参与，这其实是懒惰和逃避的做法，是不可取的。我在培训语保项目学员时发现，提供的手册还存在问题，便与各方面商量，尽力补充完善，目前的版本应该比较适合广东地区的调查。

人文学科是一种渐进的发展，不可能一蹴而就，要求语言技术一下子完善，不是实事求是的做法；要求语言理论一下子到位，恐怕不是符合当前现实的想法；要求语言观察完全准确，应该也难以做到。我们现在看前贤的研究，也有不少有待改进的地方，但是，我们如果放在当时的历史条件下来看，我们就不会苛求前贤的研究。当然，我们也不应该发现问题而不正视，发现问题积极解决，推动研究的深入发展，这才是正确的态度。

　　母语是文化的根，中华文化要不断发展、传承有序，母语是一个关键的因素，她是国人的宝贵精神财富。借用一个民间文化保育机构的口号，那就是：为未来，留住过去！

　　是为序。

甘于恩

2016年5月29日凌晨于从化

Contents
目录

凡　例

一、本书以实地调查资料为准，以现代语言学的方法记录，为客观反映贵州省独山县方言语音、词汇、语法的第一手的资料性文献。

二、本书分绪论、语音篇、词汇篇、语法篇、文化篇五个部分。

三、本书标音使用国际音标系统。国际音标形体及附加符号据《方言》1979年第2期第160页的《音标及其他记音符号》。声调标注采用几种方式，语音篇主要以枝形符号表示；词汇篇因同时涉及不同方言区的声调，因此采用调类标注的办法，以右角上标1、2、3、4、5表示阴、阳、上、去、入五个声调；有少数篇幅因叙述的需要采用了调值记音的办法，仍然采用右角上标。

四、全书采用电脑打印的简体规范汉字，无法用现代汉字写出的特色方言词，记录采用的办法包括：

1. 经考证选定的音义相符的古字标记：如"喫靡"等；

2. 少数采用新造的方言汉字，如"炧"；

3. 用上述方法仍无法准确记录的方言词和音节，用□表示，其后以国际音标注音。

五、各篇、章还可能涉及不同的排序及标识的办法，另做说明附在各篇、章、节之前。

绪论

第一章　独山县概况　/ 2

第一章　独山县概况

第一节　独山县的地理位置

独山县地处贵州省南部黔桂两省交界处，是贵州省黔南布依族苗族自治州的辖县之一，素有"贵州南大门"之称，因县城东南四野广陌平畴，有一座山独自耸立其中，不连他山，被人俗称"独山"（又称"独坡"），独山县也因此而得名。

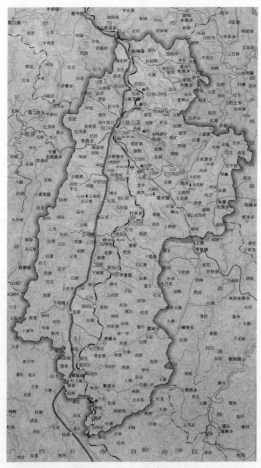

图1-1　独山县地图

独山县位于东经107°17′55″—107°50′05″，北纬25°12′46″—26°01′05″之间，南北长90公里，东西宽41.5公里，总面积2 445平方公里。它是贵广南北诸州、县的交通枢纽，为西南内陆通往华南沿海的咽喉要地。

独山县交通四通八达，是贵州通往华东、华南、港澳及海外必经之路，黔桂铁路和黔桂公路纵贯辖境南北。独山为贵州最先通火车之县，历来是湖广川滇等地商贾通衢，黔南商品集散地。

独山县东邻荔波县及三都水族自治县，南接广西壮族自治区，西连平塘县，北临都匀市。全县行政区域总面积2 445平方公里。1992年撤区并乡建镇后，独山县辖8个镇、10个乡（其中3个民族乡）：城关镇、兔场镇、麻万镇、基长镇、上司镇、下司镇、甲里镇、麻尾镇、尧梭乡、羊凤乡、甲定水族乡、翁台水族乡、本寨水族乡、水岩乡、打羊乡、尧棒乡、黄后乡、董岭乡；250个村民委员会、9个居民委员会。

第二节 独山县历史、人文概况

独山历史悠久。汉武帝元鼎六年（公元前111年）始，独山为毋敛县所辖，属河佯郡。王莽始建国元年（公元9年），毋敛县改称有敛县。建武元年（25），复称毋敛县，独山仍属之。

汉和帝永元十一年（99），毋敛县人尹珍（字道真），赴东京洛阳从许慎（字叔重）学五经，归回设馆，始开黔学之风，为黔地文化的奠基人。

蜀汉、晋、宋、齐、梁、陈（221—561）年间，毋敛县一直相沿。隋至唐初（589—628），无毋敛县县名，为佯州佯河郡南中间地。唐贞观三年（629），置石牛县，为南寿州治；四年（630），更名为庄州，谢强为庄州刺史；十一年（637），置庄州都督府。玄宗开元年间（713—740），庄州降称羁縻。宋初（960），置中平县，属南丹州。大观四年（1110）五月，废中平县，并入庆远府河池县。

元初，置独山州蛮夷军民长官司，属新添葛蛮安抚司，隶湖广行省。

明太祖朱元璋派兵征讨黔中地，蒙闻随征"有功"，封为独山长官司长官，后置丰宁长官司、九名九姓独山州长官司，属都匀卫。至弘治七年（1494），废九名九姓独山州长官司，设置独山州。此后，州地行政区域一直沿至今日，为独山县建县之始。

清朝顺治、康熙、雍正、乾隆、嘉庆、道光、咸丰、同治、光绪、宣统年间，均以独山州承之。

中华民国三年（1914），奉中华民国总统令，全国各省的府、厅、州改为县，从此，独山正式废州改县。民国三十三年，日本侵略军从腹背侵入华南桂境，南丹守军军长弃城逃命，日本侵略军直逼黔疆，独山作为黔南门户，遭到空前洗劫，贵州历史上称之为"黔南事变"。

1949年中华人民共和国建立后，独山县曾一度称为独山专属，都匀曾隶属独山专属，1950年独山专属改称都匀专属，1956年黔南布依族苗族自治州成立后，改都匀为自治州政府，独山称独山县，隶属于黔南布依族苗族自治州。

经历了秦代毋敛县，晋新宁县，唐石牛县，元独山州蛮夷军民长官司，明丰宁长官司、九名九姓独山州长官司至弘治七年创设地方行政区域——独山州，为独山县建县之始，清承之。中华人民共和国建立后，曾称独山专属，管辖黔南州境地，成立黔南布依族苗族自治州后，称独山县至今。

独山县境地，初属古州道，后改属黔中道。1921年废道后，隶属贵州省。分县后，独山县设6个区、1个区级镇、34个乡。1992年，独山县撤区并乡建镇，为18个乡镇至今。

第三节　独山县人口构成情况

独山县辖8个镇、10个乡（其中3个民族乡），人口约35万，其中，全县农业人口占89.04%，少数民族人口占总人口的70.29%。全县人口密度每平方公里231人。

历史上独山县人才辈出，是贵州南部的文化要地。东汉时期有传播中原文化的学者尹珍，清康熙时期有翰林万民钦，嘉庆时期有贵州首倡朴学、"影山文化"创始人莫与俦，晚清有"西南世儒"莫友芝，辛亥革命烈士、诗人杨映云等，他们在贵州文化历史上均曾有过重要影响。

"影山文化"始创于清代中叶，是具有全国影响的朴学流派。清乾、嘉时期江南出现以"重考据、尚求实"为宗旨的朴学流派，地处西南边陲的贵州，虽有东汉尹珍传授经学，其后也有巨儒来黔，如明代王守仁在贵州创"知行合一"说，张翀、邹元标讲学，对贵州文化有重要影响，但贵州未能摆脱千年落后状况。康熙年间，独山州培养出万民钦等一批才华出众学人，万民钦又在独山执教数十年，传播中原先进学术思想，为"影山文化"的出现创造了条件。"影山文化"为嘉庆时期莫与俦创立。嘉庆三年（1798），莫与俦中进士入选翰林后，与朴学学者交往，聆听纪昀、洪亮吉等著名学者讲六书，并研究经学及浙东学派，与章学诚等切磋学问，奠定"影山文化"的基础。嘉庆年间，他回独山建"影山草堂"，设馆授艺，开贵州朴学之先声。莫与俦在贵州执教27年，形成其独立的学术思想，主张"明义利以正趋向，读书当求实用"等理论，后人称作"影山文化"。其子莫友芝继承父业，进一步发展朴学，后人称为"西南世儒"。

此外，独山县也是著名的少数民族之乡，少数民族人口占全县总人口的2/3以上。千百年来，独山县汉族人民与布依、苗、水等各族人民一道，共同建设家园。

第四节　独山县少数民族分布情况

独山县是一个多民族杂居的地方，少数民族总人口占全县总人口的70.29%。

在少数民族总人口中，布依族是县境各民族中人数最多的一个民族，布依族人口占全县总人口54.83%，占全县少数民族总人口的81%。县境布依族多居于平坝、河谷及其附近的山岭地带，以村寨为单位聚居。村寨又以姓氏的多寡形成分支分片聚居，如羊凤、本寨、上司、下司、麻尾等。

县境的苗族，由于历史原因迁徙过多，特别是清代"乾嘉起义"、"咸同起义"失败，大部分迁入县境边沿山区崇山峻岭中，小部分散居县境各地。境内以望城区为主要聚居地，其次为翁奇、基长、新民、上道等地。

县境水族绝大多数居于与三都水族自治县相毗邻的本寨、水岩、甲定、新民等乡。

县境内壮族，主要聚居黔桂两省交界处的麻尾区，其生活习俗和语言，多与当地的布依族和汉族相通，故县境有"在广西是壮族，在贵州是布依族"的说法。全县壮族人口主要分布在城关镇、麻尾镇等。

县境的侗族，自称为"干"、"更"、"金"，汉族称之为"侗家"、苗族称之为"呆故"，新中国成立以后称为"侗族"，其主要聚居地为基长区的拉芒乡和本寨乡。

此外还有彝族、毛南族、回族、瑶族、仡佬族等。其生活习俗与语言文字与当地的布依族、汉族相通。

聚居、杂居于县境内的汉族和十多个少数民族，虽习俗、语言等存在一些差异，但各民族之间友好往来、和睦相处，在风俗习惯上，亦是相依相存、平等相待。

第二章　独山县方言研究状况

第一节　研究的意义和价值

独山县历史悠久，长期以来，一直是黔南境内最繁华的集镇、文化要地，除了设过驿站、书院外，东汉学者尹珍、清朝翰林万民钦、"影山文化"创始人莫与俦、"西南巨儒"莫友芝等文化巨匠均在此产生过重要的影响。

贵州是一个年轻的省份，大约直到明朝初期永乐十一年（1413）才正式成为全国十三省份之一，在杂糅不同移民、不同民族人口方言的过程中，周边毗邻的川、滇、桂、湘、鄂等方言都对贵州方言特征的形成产生过重大的影响。在元代的时候，今天贵州的这块土地主要还是由当时的四川行省和湖广行省分而治之。四川势力自北而下，湖广势力则由南面扩展而上，其文化的影响伴随着不同地方势力扩张，这是今天贵州方言类型形成的最重要的历史渊源。根据《贵州省志·汉语方言志》记录，笔者认为，贵州大片的北部地区都是受川音影响的"川黔方言区"，而南部的区域则是与北部川黔方言区大为不同的方言类型。黔南州的"福泉、贵定、龙里、惠水、罗甸、长顺"县（市）方言属于"川黔方言区"，"独山、都匀、平塘、荔波、三都"县（市）方言则属于黔南方言。

独山方言作为黔南方言区具有代表性的方言之一，保留了辅音声母 [ŋ]、唇齿音声母[v]，古入声调自成一类等特点，这在贵州方言乃至西南官话语音中较有特色。此外，独山县又是一个布依族、苗族等少数民族聚集地，长期处于布依语、苗语等少数民族语言的包围中，其汉语方言也不可避免地受到少数民族语言的影响。

凡此种种，笔者对自己的家乡——贵州省独山方言产生了兴趣，查阅相关资料才发现，研究独山方言的人士甚少，于是，笔者展开对独山方言全貌的研究。

语言是文化的一部分，2004年2月召开的美国西雅图科学促进会上，科学家们曾说过："目前各种语言正以极快的速度'死亡'，已知世界语言6 000多种，21世纪将有半数消失。"这里的"语言"虽与"方言"存在内涵差异，但在文化承载这一本质特征上是相通的。方言的消失，将是中华文化宝库和人类文明成果的重大损失。笔者对独山县方言的调查研究，既是充实地方文化建设的成果，也是抢救发掘少数民族地区非物质文化遗产。

本书第一次全面描写和反映独山方言语音、词汇、语法、文化等状况，一方面有助于认识独山县以及黔南州方言的面貌和发展演变，为家乡非物质文化遗产的传承补充一些材料；另一方面也为西南官话和南方语言学研究者们提供一点新材料、新观点。

第二节 研究现状和发展趋势

在国内外，以独山方言作为专题的研究十分薄弱。《贵州省方言志》等方言研究文献都缺少对独山方言的全面描叙、分析和探讨。本书第一次将独山方言作为专题进行具体全面的研究。

存于独山县档案馆的《独山县志》①对独山县方言的语音、词汇、语法曾作描写，但在记录、分析、总结上因过于简单而无法记录其全貌。

汉语方言的丰富、复杂是世界语言中少有的，其中包含着许多尚待"开发"的语言资源。然而，受各种因素影响，目前许多方言正以极快的速度消失。方言作为一种独特文化的重要体现和表现形式，一旦消失，将是中华文化宝库和人类文明成果的重大损失。因此，国家提出，要对重要文化遗产和优秀民间艺术的保护工作加强扶持，独山方言的研究一方面算是对黔南州少数民族地区丰富的非物质文化遗产的抢救发掘贡献微薄之力，另一方面也可为西南官话研究者或方言学研究者们提供一些新材料、新观点。

本书以贵州省黔南片方言的代表点之一的独山方言作为研究对象，主要揭示了独山方言的语音、词汇、语法及文化状况，着重分析了独山方言古今比较的语音特征，与周边方言比较的地域特征，少数民族语言对独山方言的影响，方言特色词汇、词法、句法及与方言文化等。

在研究中笔者主要采用了描写法和比较法。论文通过实地调查、描写分类、共时比较和历时比较、对比分析等不同的方法，观察和了解研究点与周边邻近方言点语音及少数民族语音的一致性和差异性，探求语音的地域性特征并分析其成因。

为了凸显独山方言的特征，笔者首先对独山县境内人口密度较大的城关镇、麻尾镇、下司镇、兔场镇等方言进行比较，其次将黔南片区的独山、都匀、平塘、三都、荔波五点的方言进行比较，同时又将独山方言与西南官话中的贵阳话等作一定比较。此外，还将独山县方言与苗、布依等少数民族语音进行了比较。

取这几个点，是考虑到既可与县内其他共属一种上位方言的方言比较，又可以与邻近方言相比较，同时关注当地少数民族语音对汉语方言的影响。这样一方面更能细致地梳理出独山方言的现有特征，另一方面也为寻找发展变化规律提供表现历时区别的共时方言材料。

文中几个点的语音材料，包括贵阳方言材料主要来源于《贵阳方言词典》[②]；成都方言材料主要来源于《成都方言词典》[③]；昆明方言主要来源于《云南方言调查报告》[④]；苗族语音材料主要来源于《苗汉简明词典》[⑤]；布依族语音材料主要来源于《布依汉词典》[⑥]，并参照了翟时雨的《汉语方言学》[⑦]，刘光亚、寸镇东的《贵州汉语方言调查》[⑧]，徐凤云的《贵州都匀老派方言音系》[⑨]，《黔南汉语方言的特点》[⑩]等；其他点的语音材料笔者参照了中科院语言所方言组编的《方言调查字表》[⑪]。独山县内城关镇方言通过记录《方言调查字表》所录字的调查所得。独山县内其他下司镇、兔场镇、麻尾镇以及都匀市、荔波县、三都县、平塘县等方言则只是记录了字表中的部分字。主要的发音合作人见表2-1。

表2-1

姓名	性别	年龄	文化程度	籍贯	职业	备注
曾世泽	男	72	中专	独山县城关镇	医生	退休
孟文仙	女	64	大专	独山县城关镇	教师	退休
孟应波	男	34	大专	独山县兔场镇	职员	
岑海燕	女	36	中专	独山县下司镇	医生	
杨廷先	男	74	初中	独山县下司镇	职员	退休
高建松	男	38	大专	独山县麻尾镇	职员	
刘明丽	女	30	高中	独山县麻尾镇	职员	
柯国容	男	33	大学	荔波县城关镇	法律工作者	
李彤	女	40	大学	都匀市广惠路	教师	
韦景尚	男	29	大专	三都县周覃镇	医生	
陆小研	女	41	中专	三都县三洞乡	护士	
谢美	女	33	大专	平塘县城关镇	护士	
曾凡平	男	61	高中	平塘县城关镇	个体户	

语音篇

第三章 独山方言概况

第一节 广义的独山方言和狭义的独山方言

独山县目前辖8个镇、7个乡、3个民族乡：城关镇、兔场镇、麻万镇、基长镇、上司镇、下司镇、甲里镇、麻尾镇、尧梭乡、羊凤乡、甲定水族乡、翁台水族乡、本寨水族乡、水岩乡、打羊乡、尧棒乡、黄后乡、董岭乡。由于地理位置、生活习俗等原因，独山方言仍然有广义和狭义之分。广义的独山方言指独山县所辖8个镇、7个乡、3个民族乡的方言，狭义的独山方言仅指独山县城关镇方言。本文研究的独山方言是狭义的独山方言。

第二节 独山方言属性

独山县位于贵州省南部，属黔南布依族苗族自治州地区，方言地理分区属于西南官话。

黔南布依族苗族自治州方言的多样性特征十分突出，仅从语音来看，我们就很容易找到州内独山县、都匀市、荔波县、翁安县、福泉市、贵定县、罗甸县、长顺县、惠水县这些不同的土语口音。其方言多样性的形成，是黔南复杂因素交叉影响的结果，其特殊的历史沿革及地理环境导致文化的多样性。

贵州是一个年轻的省份，约到明朝初期的永乐十一年（1413）年才正式成为全国十三省份之一。在杂糅不同移民人口方言的过程中，周边毗邻的川、滇、桂、湘、鄂等方言都对贵州方言特征的形成产生过重大的影响。在元代的时候，今天贵州的这块土地主要还是由当时的四川省和湖南、广西两省分而治之的。四川势力自北而下，湖南、广西势力则由东南方向扩展而上，其文化的影响伴随着不同地方势力扩张的步伐，构成了今天贵州方言类型形成的最重要的历史渊源。"川音"由西东渐，"湖广音"则自东西向，由此积淀为今天贵州方言一北一南两大方言类型的分歧。在《贵州省志·汉语方言志》"贵州汉语方言分区及声调类型差别示意图"中，贵州大片的北部地区都是受川音影响的"贵州川黔方言区"，而南部则是"黔南方言区"和"黔东南方言区"。从语音上看，贵州南部的黔南、黔东南方言与贵州北部川黔方言大为不同。

对于黔南州汉语方言的分区问题的研究，较早的是黄雪贞的《西南官话的分区（稿）》[12]和刘光亚的《贵州省汉语方言的分区》[13]。刘光亚在《贵州省汉语方言的分区》中把贵州省的汉语方言划分为"黔东南、黔南、黔西南、黔中、黔北、黔东北等6片"，其中黔南包括"贵州省南部15个县市：凯里市、都匀市、贵定、平塘、惠水、荔波、福泉、独山、罗甸、龙里、黄平、麻江、雷山、丹寨、三都水族自治县"。黄雪贞在《西南官话的分区（稿）》中也指出"西南官话区分为11片"，其中"黔南片"包括"贵州省南部15个县市：凯里市、都匀市、贵定、平塘、惠水、荔波、福泉、独山、罗甸、龙里、黄平、麻江、雷山、丹寨、三都水族自治县"。他们在涉及今天黔南自治州境内的汉语方言的分区划分中，都把黔南州"都匀市、贵定、平塘、惠水、荔波、福泉、独山、罗甸、龙里、三都水族自治县"单独作为一类列出来，并把黔东南的凯里、黄平、麻江、雷山、丹寨方言也归入了"黔南片区"。

《贵州省志·汉语方言志》[14]进一步作了细化，将黔南方言一分为二，"独山、都匀、平塘、荔波、三都"方言归入"黔南片区"，其他"福泉、贵定、龙里、惠水、罗甸、长顺"县（市）方言则归入了过渡区方言。

据此，独山县方言属于西南官话中的黔南片区，与属于"过渡区"的黔南州其他福泉、贵定、龙里、惠水、罗甸、长顺县（市）的方言有较大的差别。属于黔南片区的独山、都匀、三都、平塘、荔波县内部一致性较强，在贵州省乃至西南官话中都颇具特点。

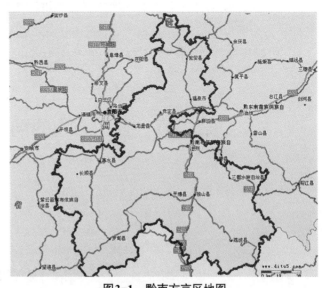

图3-1　黔南方言区地图

第四章　独山方言声、韵、调系统

第一节　独山方言的声母系统

独山县方言的声母，包括零声母在内，一共有21个，如下：

p 帮巴布部	pʰ 滂怕铺婆	m 明米门木	f 非敷房弗	v 微雨玉匀
t 端颠吊定	tʰ 透天跳同	n 泥疑倪牛	l 来罗吕洛	
k 歌果恭跪	kʰ 跨可咳逵	x 火吓河壶	ŋ 熬我淹爱	
tɕ 姐藉家舅	tɕʰ 戚齐区茄	ɕ 心邪晓匣		
ts 坐知赵章	tsʰ 从撒差车	s 丝寺生书	z 日如热饶	
∅ 忘儿影以				

说明：

（1）独山方言无舌尖后音，舌尖后音均读为舌尖前音。如"糟=招"、"仓=昌"、"苏=书"、"日"读[z]。

（2）[ŋ]在独山方言中除了可作韵尾外还可作声母，用在开口呼韵母零声母之前。古影疑母开口呼字读[ŋ]，如"爱矮欧安岸恩昂袄"等。

（3）唇齿浊擦音[v]在新派方言中有些读为零声母，如"雨玉晕云元院"等。

第二节　独山方言的韵母系统

独山县方言的韵母，一共有31个，如下：

a 芭傻帆扮站	ɔ 多波割博剥	ə 遮沾缠北百	ɿ 滞执质直掷
ai 台排埋呆奶	ei 背杯废每肺	au 包朝褒刀捞	əu 剖抽抖走透
ən 奔沉登征冷 ne	ɑŋ 帮张方当汤	oŋ 崩弘猛轰风	i 蔽立笔逼碧

续表

ia 爹家夫轧压	ie 姐盐减艰恋	io 学脚雀药略	iau 交骄浇校尿
iu 局曲畜域育	iəu 标彪丢挑妞	iaŋ 嬢量辆刚湘	in 彬冰兵丁营
ioŋ 龚兄迥容熊	u 铺牡突物木	ua 蛙抓啄赚产	uə 端幻传算国
uai 怪拽揣乖歪	uei 堆灰脆桂虽	uen 敦尊昏温文	uaŋ 庄光匡窗矿
y 女于虑举许	ye 娟茄瘸全决	yn 军荀倾勋晕	

说明：

（1）与普通话相比，今独山方言无[ʅ]，[ɿ]、[ʅ]都读为[ɿ]，如"资=支"都读[ɿ]；[ən]与[əŋ]、[in]与[iŋ]不分，如"根=庚"、"心=星"，把[əŋ]、[iŋ]读成[ən]、[in]。

（2）普通话[y]韵的部分零声母字，在独山方言中读为[iu]，如"育[iu]、郁[iu]、欲[iu]、域[iu]"等。

（3）普通话部分[ɔ]韵字，在独山方言中读[ə]，如"佰[pə]、墨[mə]、默[mə]、陌[mə]"等。

（4）普通话的[u]不能与舌面音[tɕ]、[tɕʰ]、[ɕ]相拼，在独山方言中[u]可与[tɕ]、[tɕʰ]、[ɕ]相拼，如"旭[ɕu]、蓄[ɕu]、畜[ɕu]、菊[tɕu]"等。

（5）普通话的[an]韵字，在独山方言中分化为两个开尾韵[a]、[ə]，如"般[pə]、潘[pʰə]、瞒[mə]、半[pə]、叛[pʰə]、缠[tsʰə]、善[sə]、燃[zə]、战[tsə]"等。其他字则读[a]，如"班[pa]、淡[ta]、斩[tsa]、三[sa]、安[ŋa]"等。

（6）普通话的[ian]韵母，在独山方言中读为[ie]韵，如"边[pie]、田[tʰie]、见[tɕie]、烟[ie]、盐[ie]"等。

（7）普通话的[iau]韵母，在独山方言中分别读[iau]、[iəu]两韵。其中效摄开口二三四等见系字，读[iau]，如"交[tɕiau]、桥[tɕʰiau]、摇[iau]、叫[tɕiau]、校[ɕiau]"等。效摄三等帮系端系字、四等端系字，流摄三等帮系端系见系字，读[iəu]，如"标[piəu]、条[tʰiəu]、料[liəu]、小[ɕiəu]"等。

（8）普通话[uan]韵母，在独山方言中分别读[ua]、[uə]两韵，如"闩[sua]、还[xua]、关[kua]、晚[ua]"等，又如"短[tuə]、官[kuə]、算[suə]、船[tsʰuə]"等。

（9）普通话的[yan]韵母，在独山方言普遍读为[ye]韵，如"冤[ye]、元[ye]、远[ye]、怨[ye]"等。受唇齿浊擦音[v]的影响，有时也会变读为[ve]，如"冤"读[ye]或[ve]，"元"读[ye]或[ve]，"远"读[ye]或[ve]，"怨"读[ye]或[ve]"等。

（10）中古山咸两摄诸韵在今独山方言中失落了鼻音韵尾，演变为[a]、[ɔ]、[ə]、[ie]、[uə]、[ua]、[ye]、[uai]韵，如"丹[ta]、山[sa]、割[kɔ]、扇[sə]、潘[phə]、间[tɕie]、闲[ɕie]、端[tuə]、酸[suə]、关[kua]、玩[ua]、圈[tɕhye]、娟[tɕye]、喘[tshuai]"。

第三节　独山方言的声调系统

一、独山县方言的基本声调（5个）

序号	调类	调值	例字
1	阴平	33	天诗梯边
2	阳平	45	甜时题咸
3	上声	323	使体点扁
4	去声	21	是替店变
5	入声	41	石笛极力

注：连读与单字读音中，五个声调都会有一些细微的变化，但在书面记音上，仍按单字声调来进行标调。

二、独山方言声调的特点

（1）阴平，调值为33，属中平调，如"天、诗、梯、边、衣"，与普通话和西南官话的高平调均不同。普通话阴平调值为55；西南官话中阴平，代表点之一的成都、昆明、贵阳调值为55。

（2）阳平，调值为45，是较有特点的高平调，如"抬、来、孩、才、为、姨、鱼"。独山方言阳平的高平调与普通话不同，同时也与西南官话大多数片区阳平念低降调不同。普通话的阳平调值为35；西南官话中阳平，代表点之一的成都方言调值为21，昆明方言为31，贵阳方言为21。

（3）上声，调值为323，如"打、马、姐、伞、懒、体、点、扁"。独山方言与普通话的上声不同，同时也与西南官话的上声普遍读法不同。普通话上声调值为214；西南官话中上声，代表点成都、昆明、贵阳方言的调值为53。

（4）去声，调值为21，属于低降调，如"是、替、店、变、去、正、骂、料、烂"。独山方言与普通话去声的高降调不同，同时也与西南官话去声的普遍读法有些不同。普通话去声调值为51；西南官话中去声，代表点之一的成都方言调值为31，昆明方言为31，贵阳方言为12。

（5）入声，调值为41，如"绝、灭、设、墨、石、极、力"等。独山方言中的入声调，其喉塞音韵尾今已消失，但入声仍自成一调，调值为41。这一点与普通话和西南官话均有所不同。中古入声调在今普通话中已经消失，入声字今派入了"阴平、阳平、上声、去声"四声中，如"积、出、急、白、德、笔、目、物、必、惕"等；而西南官话中绝大多数地方无入声，古入声多归入了阳平。如西南官话中成都、昆明、贵阳三地方言无入声，三地的入声字大多今读阳平。

第五章　独山方言语音特点

第一节　独山方言声韵调配合关系

每一种方言，声韵的配合都有一定的规律。声韵调的配合，决定于声母的部位和韵母的开齐合撮，而不同的方言又有所不同。独山方言声韵配合的关系如下表所示：

表5-1

能否配合　韵母　声母		开口呼	齐齿呼	合口呼	撮口呼
双唇音	p pʰ m	+	+	只拼u，其他不拼	－
唇齿音	f	+	－	只拼u，其他不拼	－
唇齿音	v	－	只拼i、ie、in	－	
舌尖中音	t tʰ	+	只拼ie\iəu\in\iaŋ，其他不拼	只拼u\uə\uen，其他不拼。	
	n l	+	+	只拼u\uen，其他不拼	+
舌面音	tɕ tɕʰ ɕ			只拼u，其他不拼	+
舌根音	k kʰ x ŋ	+	－	+	－
舌尖前音	ts tsʰ s z	+	－	+	
零声母	Ø	+	+	+	+

注："+"表示全部或局部声韵能相拼，"－"则表示不能相拼。

说明：

（1）唇音声母[p]、[pʰ]、[m]、[f]与合口呼和撮口呼韵母相拼时，只限与[u]相拼，如"不、扑、目、服"。[f]不与齐齿呼和撮口呼相拼。

（2）唇齿音[v]只与齐齿呼[i]、[ie]、[in]相拼，如"玉、雨、月、冤、晕、运"等。

（3）舌尖中音[t]、[tʰ]、[n]、[l]与开口呼、齐齿呼、合口呼、撮口呼均可以相拼，其中[t]、[tʰ]与齐齿呼相拼时，只拼[ie]、[iəu]、[in]、[iaŋ]，[t]、[tʰ]、[n]、[l]与合口呼相拼时，只拼[u]、[uə]、[uen]。除零声母外，这是独山方言中唯一与"四呼"相拼的声母。

（4）舌面音[tɕ]、[tɕʰ]、[ɕ]不与开口呼相拼，与合口呼相拼时，只限与[u]相拼，如"菊、屈、蓄"等。

（5）舌根音[k]、[kʰ]、[x]、[ŋ]不与齐齿呼和撮口呼相拼。[ŋ]只与开口呼相拼，不与其他三呼相拼。

（6）舌尖前音[ts]、[tsʰ]、[s]、[z]不与齐齿呼、撮口呼相拼。[ɿ]只与声母[ts]、[tsʰ]、[s]、[z]相拼，并且无零声母音节。

第二节　声韵调配合简表

表5-2

	a	ɔ	ə	i	u
	阴阳上去入	阴阳上去入	阴阳上去入	阴阳上去入	阴阳上去入
p	巴　把霸爸	波　跛　拨	般　　半白	屄（女阴）比避滗（汤）	补部
pʰ	琶爬襻（鞋襻）	坡婆叵破泼	攀盘　盼拍	披匹疲屁劈	铺菩普铺扑
m	妈蛮马骂抹	摸蘑抹磨莫	瞒满漫麦	眯眉靡（没有）□（沉）蜜	模母慕木
f	帆烦返饭发	佛			夫孵否妇服
v				淤鱼雨玉	
t	丹　胆淡答	多　朵惰夺	他　　得	低　抵弟敌	都　赌肚毒
tʰ	贪潭毯探踏	拖砣妥　脱	特	锑蹄体剃踢	途土兔（毒）秃
n	娜男哪那捺	□（睡）挪糯喏		的宜你艺逆	奴努怒
l	拉蓝览烂腊	啰箩裸摞落	勒	哩离里丽率	噜卢鲁路六
ts	渣　斩榨杂	左坐桌	沾　展占摘		朱　煮住竹
tsʰ	差搽惨岔插	搓　错绰	车缠扯颤撤		初除楚醋促

续表

	a 阴阳上去入	ɔ 阴阳上去入	ə 阴阳上去入	i 阴阳上去入	u 阴阳上去入
s	沙 傻 散 杀	梳□(看)锁 索	奢 蛇 陕 善 蚀(亏)		梳 薯 暑 诉 叔
z	然		燃惹 热		挼儒褥肉
tɕ				荠 几 寄 急	菊
tɕʰ				期 齐 起 器 喫	屈
ɕ				西 徐 洗 戏 膝	蓄
k	甘 感 干 肉	歌 果 个 鸽	□(神)割 革		辜 蛊 故 骨
kʰ	揩 坎 看	科 颗 课 磕	去 克		箍 苦 酷 哭
x	憨 含 喊 撼 哈	喝禾□(泼水)祸活	吓		呼壶虎户□(凳子)
ŋ	淹 严 岸	鹅 我 卧 恶	嗯		
∅	啊 那(点)	阿 哦	阿儿 耳 二	医 移 椅 易 益	乌 吴 舞 误 屋

表5-3

	y 阴阳上去入	ɿ 阴阳上去入	ai 阴阳上去入	ei 阴阳上去入	au 阴阳上去入
p			□(跛) 摆 败	碑 背	包 宝 暴
pʰ			牌□(张开)派	披 赔 配	泡(肿)刨跑炮
m			埋 买 卖	梅 美 妹	猫 毛 铆(矛盾) 帽
f				飞肥诽□(调皮)	
v				微 伟 位	
t			呆 逮 戴		刀 捣 倒
tʰ			□(讨好)抬 呔 太		掏 逃 讨 套
n	女		奶 乃 耐		挠 脑 闹
l	驴 虑		来□(扯)赖		捞 劳 老□(玩)
ts		之 趾 至 值	灾 宰 再		糟 早 躁(调皮)遭
tsʰ		□(伸手)池 耻 次 尺	猜 才 彩 菜		操 螬 吵 操(骂)

续表

	y					ʅ					ai					ei					au				
	阴	阳	上	去	入	阴	阳	上	去	入	阴	阳	上	去	入	阴	阳	上	去	入	阴	阳	上	去	入
s						尸	匙	屎	市	十	腮			赛							骚	韶		扫	潲
z																						饶	扰	绕	
tɕ	蛆		矩	距																					
tɕʰ	蛆	渠	取	趣																					
ɕ	荽	徐	许	序																					
k											街		解	界							高		搞	告	
kʰ											开		楷	概							敲		拷	靠	
x												鞋	海	害							薅	毫	好	浩	
ŋ											挨(倚)	挨	矮	爱	嗳						□(讨价)	熬	咬		澳
∅	淤	于	禹		玉																				

表5-4

	ᵘe					ia					ie					iɔ					iu				
	阴	阳	上	去	入	阴	阳	上	去	入	阴	阳	上	去	入	阴	阳	上	去	入	阴	阳	上	去	入
p										瘪	憋		贬	便	瘪										
pʰ										啦	篇	便	□(折)	骗	撇										
m										抹(白)	咩	棉	□(掰)	面	篾										
f																									
v											冤	元	远	愿	月										
t	兜		陡	斗		爹					颠		点	店	叠										
tʰ	偷	头	抖	透							天	田	舔		贴										
n							黏(粘)				捏	年	撵	念	拈(拿)					虐					
l	偷	娄	搂	露				俩		□(拖拉)		连	咧	练	猎					略					
ts	周		走	宙																					
tsʰ	抽	仇	丑	臭																					
s	搜		擞	寿																					

续表

	əu 阴阳上去入	ia 阴阳上去入	ie 阴阳上去入	iɔ 阴阳上去入	iu 阴阳上去入
z	柔				
tɕ		家 贾 嫁 甲	尖 姐 见 杰	脚	局
tɕʰ		□(跨)卡 洽	牵 钱 浅 芡 切	□(歪眼) 雀	曲
ɕ		虾 霞 下 瞎	仙 邪 写 谢 协	学	蓄
k	沟 狗 购				
kʰ	抠(挖)抠(吝啬)口 寇				
x	猴 吼 后	黑			
ŋ	欧 呕 怄				
∅		丫 牙 哑 轧 鸭	蔫 爷 野 夜 噎	药	育

表5-5

	ua 阴阳上去入	uə 阴阳上去入	ye 阴阳上去入	uai 阴阳上去入	uei 阴阳上去入
p					
pʰ					
m					
f					
v					
t		端 □(拦住)断			堆 □(垒)对
tʰ		团			推 颓 腿 蜕
n		暖			馁 内
l		李 卵 乱			□(追)雷 儡 累
ts	抓 爪 赚 □(踢)	钻 转 钻		拽(扔) 跩 拽	追 □(令人讨厌) 嘴 坠
tsʰ	铲	川 船 喘 窜		揣 踹	崔 锤 璀 脆
s	删 耍 闩 刷	酸 算		摔 甩 帅	虽 谁 水 岁
z	□(揉)	阮			蕊 瑞
tɕ			娟 卷 券 嗷(骂)		

续表

	ua 阴阳上去入	uə 阴阳上去入	ye 阴阳上去入	uai 阴阳上去入	uei 阴阳上去入
tɕʰ			圈瘸犬劝缺		
ɕ			靴悬癣绚薛		
k	瓜　剐挂刮	官　管冠国		乖　拐怪	龟　鬼桂
kʰ	夸　垮　款	宽　款		块快	亏魁傀溃
x	花华　画滑	欢　缓幻或		淮　坏	灰回悔汇
ŋ					
ø	挖玩舀凹袜	□(拉屎)完碗 饿□(塞)	□(折)圆远院 月	歪　崴外	煨韦纬位

表5-6

	iau 阴阳上去入	uei 阴阳上去入	ən 阴阳上去入	in 阴阳上去入	uen 阴阳上去入
p		彪　表鳔(滑)	奔　本笨	兵　丙病	
pʰ		漂嫖瞟票	喷　盆　碰	拼贫品聘	
m		喵苗秒庙	们门□(损伤) 闷	民抿命	
f			分坟粉奋		
v			晕云允运		
t		凋　□(男阴) 钓	灯　等邓	丁　鼎腚	蹲　盾
tʰ		挑调挑跳	疼□(结巴) □(摘取)	听停挺听	吞臀
n	鸟尿	妞牛扭□(动)	□(小肿块) 能□(摁)嫩	凝拧佞	
l		瘤刘寥撂	冷愣	拎琳岭吝	轮　论
ts			真　怎镇		尊　准
tsʰ			伸程□(压)蹭		春唇蠢寸
s			森□省剩		孙纯损顺
z			扔人忍认		孕
tɕ		纠　九旧菊		金　锦尽	
tɕʰ	跷桥巧撬	□(缝边)球去		亲琴请浸	

续表

	iau	iəu	əŋ	in	uən
	阴阳上去入	阴阳上去入	阴阳上去入	阴阳上去入	阴阳上去入
ɛ	掀涍孝	修晓小绣嗅		新行撐信	
k			跟　耿更		滚棍
kʰ			坑　肯		昆□(整个)捆困
x			哼衡狠恨		昏浑　混
ŋ			恩　□(硌)硬		
∅	妖	幽油友幼育		因银引印	温文稳问

表5-7

	yn	aŋ	iaŋ	uaŋ	ɔŋ	iɔŋ
	阴阳上去入	阴阳上去入	阴阳上去入	阴阳上去入	阴阳上去入	阴阳上去入
p		帮　绑棒	呼		崩　凸蹦	
pʰ		乓庞膀胖			烹朋捧碰	
m		胖氓蟒□(饭)			懵蒙蠓梦	
f		方房访放			风逢讽凤	
v						
t		当　挡荡	□(拎)		冬　董动	
tʰ		汤堂躺烫			通童□(搬)痛	
n		□囊　□(振动)	孃娘　酿		浓□(笨重)动	
l		□(又空又大)郎朗晾	量辆亮		聋龙拢	
ts		□(理睬)长丈		庄　□(大)状	宗　种重	
tsʰ		仓长厂唱		窗床□(碰上)创	聪虫宠冲	
s		裳尝嗓丧		双爽	松□耸送	
z		瓤　嚷让			绒冗	
tɕ	军　峻		姜奖犟			龚　炯

续表

	yŋ	aŋ	iaŋ	uaŋ	ɔŋ	iɔŋ
	阴阳上去入	阴阳上去入	阴阳上去入	阴阳上去入	阴阳上去入	阴阳上去入
tɕʰ	倾群		枪墙抢炝			琼
ɕ	熏循　讯		箱详响象			凶雄
k		刚 □(一会)虹		光 广逛	公 巩贡	
kʰ		康扛□(盖)抗		框狂 况	空 恐控	
x		夯行 巷		慌黄谎晃	轰红哄讧	
ŋ		□(响)昂仰盎				
ø	晕云允运		央羊养样	汪王枉忘	翁　瓮	拥容永用

注：□表示暂时无法表示本字的方言词；( )表示对前词的解释。

第三节　独山方言同音字表

a

[p]　[33]巴芭疤班斑扳颁粑吧掰癍[323]把板版坂[21]霸坝扮罢瓣扮办[41]爸八拔捌跋

[pʰ]　[33]琶杷攀趴叭(根~点)[45]爬耙[21]怕盼襻(鞋~)绊

[m]　[33]妈吗蟆[45]麻蛮馒[323]马码[21]骂慢曼蔓鳗[41]抹

[f]　[33]帆番翻[45]凡烦繁[323]反返[21]范犯饭泛贩[41]法乏发伐筏罚

[t]　[33]耽担丹单郸[323]胆掸打[21]淡担诞旦但弹蛋大氮[41]答搭达沓跌

[tʰ]　[33]贪摊滩瘫[45]潭谭谈痰弹檀[323]毯坦袒[21]探炭叹碳[41]踏坍獭塔榻塌溻(汗溻)

[n]　[33]娜[45]拿南男难楠[323]哪[21]那难[41]纳捺

[l] [33]拉啦垃[45]蓝篮兰拦栏婪[323]览揽榄缆懒喇了[21]烂滥[41]腊蜡邋辣

[ts] [33]渣喳楂簪张(~嘴)[323]斩铡攒崭[21]诈榨炸站蘸赞瓒绽暂栈[41]杂扎札眨闸炸砸咱

[tsʰ] [33]搀餐差嚓叉杈踩(~田)[45]茶搽(涂)查茬馋蟾残蚕惭[323]惨阐[21]岔灿忏[41]插擦察

[s] [33]沙纱砂莎鲨痧杉衫珊萨山三叁[323]傻散伞洒撒[21]厦[41]杀刹撒(~饭)跐(~鞋)

[z] [45]然

[k] [33]甘柑尴干肝竿乾[323]感敢橄尬杆擀赶[21]干[41]肉

[kʰ] [33]揩堪龛刊咖旮嵌[323]坎[21]看

[x] [33]憨酣鼾[45]含函寒韩涵邗[323]喊罕[21]撼憾旱汗汉翰焊捍[41]哈

[ŋ] [33]淹庵安鞍氨鹌[45]严(关严缝)[21]岸揞暗晏压

[ø] [33]啊阿[21]那(~点)

ɔ

[p] [33]波玻菠[323]跛簸[41]拨博搏箔勃剥钵渤薄帛驳膊

[pʰ] [33]坡[45]婆[323]颇叵[21]破[41]泼迫

[m] [33]摸嬷[45]摩磨膜魔蘑馍[323]抹[21]磨[41]莫末沫

[f] [41]佛

[t] [33]多哆[323]朵躲[21]舵惰堕跺垛剁[41]夺

[tʰ] [33]拖[45]砣驮驼跎陀[323]妥椭[41]托脱拓

[n] [33]□(~觉)[45]挪[21]糯懦[41]诺喏

[l] [33]啰[45]罗逻锣箩骡萝螺[323]裸捋(~袖子)朒(手~)[21]摞□(~雨)乐[41]落烙络(~腮胡)骆珞

[ts] [323]左[21]坐座[41]昨作桌捉拙桌着酌灼浊

[tsʰ] [33]搓蹉[21]错措挫锉辍[41]绰戳龊

[s] [33]梳(~头发)梭蓑唆挲嗦[45]□(看)[323]所锁琐唢[41]索缩说硕烁

[k] [33]歌哥戈[323]果裹[21]个[41]郭各葛割鸽角搁

[kʰ]　[33]科棵苛柯蝌稞[323]可颗[21]课搁[41]扩阔磕渴壳瞌

[x]　[33]喝□(摸着很~)哄[45]和何河禾[323]□(~水)[21]贺霍货祸[41]盒活

[ŋ]　[45]鹅俄[323]我[21]卧[41]恶

[Ø]　[33]阿[41]哦

ə

[p]　[33]般搬[21]半拌伴[41]百白伯柏佰北

[pʰ]　[33]潘蟠攀[45]盘胖[21]盼判叛[41]拍迫魄

[m]　[45]瞒[323]满螨[21]漫[41]麦脉默陌

[t]　[33]他它她 [41]得德

[tʰ]　[41]特

[l]　[41]肋勒

[ts]　[33]沾粘毡黏(米)詹瞻谵簪占蛰氈[323]盏展辗褶[21]占战栈绽蔗[41]摘仄则责折哲浙摺宅窄

[tsʰ]　[33]车[45]缠禅蝉馋蟾[323]扯[21]扯颤忏[41]彻撤册策厕侧测恻

[s]　[33]奢赊扇煽膻[45]蛇[323]陕闪舍[21]射善扇单赡善掸膳擅蟮鳝社麝[41]摄涉色瑟涩塞设赦慑蚀(~本)虱骰

[z]　[45]燃[323]惹染冉[41]热

[k]　[323]□(~神~倒)嗝[21]割[41]革隔疙骼格嗝

[kʰ]　[21]去[41]克恪刻客咳克

[x]　[41]吓赫褐劾黑阁

[ŋ]　[33]嗯

[Ø]　[33]阿[45]儿而[323]耳饵洱迩[21]二贰

i

[p]　[33]屄(女阴)[323]比鄙彼[21]币闭避弼弊蔽毙庇陛蓖被匕备愐臂[41]滗(~汤)笔毕璧壁鼻逼

[pʰ] [33]披批砒[45]皮匹啤脾疲琵枇瘴[323]痞[21]屁庇譬媲[41]辟劈霹僻

[m] [33]眯咪弥[45]迷谜靡猕弥眉嵋[323]米靡（没有）[21]□_(～下去)[41]蜜密秘觅谧

[t] [33]低的堤[323]抵底[21]地第递弟帝缔蒂隶[41]的迪敌滴笛涤嫡

[tʰ] [33]易梯锑[45]提题蹄屉[323]体[21]替剃嚏[41]惕踢

[n] [33]的[45]尼疑泥倪妮霓坭昵宜谊[323]你拟[21]腻艺_(手～)[41]逆溺匿

[l] [33]哩[45]离梨厘犁黎篱梨狸漓璃[323]里李理礼鲤娌[21]例丽利莉励荔吏厉痢郦[41]率力吏沥砾

[tɕ] [33]肌机饥讥叽基鸡姬荠箕畸[323]几纪己挤[21]既记寄继计嫉技冀季祭剂悸忌际妓[41]及即级急积集绩缉极击迹激辑籍疾脊寂芨圾

[tɕʰ] [33]期欺妻栖凄萋[45]其齐奇其琦旗棋崎骑岐麒歧鳍[323]起岂杞企[21]器气汽契弃泣乞[41]七柒戚喫

[ɕ] [33]溪西希稀嘻牺熙犀兮[45]徐[323]洗喜徙玺[21]序戏细[41]膝席昔习吸异析息悉夕锡熄袭媳隙

[Ø] [33]医依衣伊[45]移仪遗姨胰沂彝[323]以已椅蚁[21]易义意议艺忆异倔臆测毅诣翼噫翳屹懿[41]一亦益乙译壹揖邑逸驿

[v] [33]淤迂[45]迂于鱼盂榆愚愉俞渝娱渔[323]雨与语羽予宇屿禹[21]预玉遇郁喻吁芋御誉寓裕豫

u

[p] [323]补[21]部步布佈卜簿怖

[pʰ] [33]铺[45]菩脯蒲葡匍[323]普浦捕哺谱圃[21]铺[41]扑仆朴

[m] [45]模谋牟[323]母亩牡姆拇某[21]慕暮幕墓募茂贸[41]木目穆沐牧睦

[f] [33]夫敷肤傅[45]孵俘符扶[323]釜否[21]妇富父付负赋咐驸[41]服伏佛拂辐幅袱赴福蝠腹覆复

[t] [33]都嘟[323]堵睹赌[21]肚杜度渡镀妒[41]读独督毒犊

[tʰ] [45]图途涂屠徒茶[323]土吐[21]兔 兔_(～很，指歹毒)[41]秃突凸□_(长得～，指可爱)

[n] [45]奴[323]努弩[21]怒

[l] [33]噜[45]卢芦炉庐颅鸬楼[323]鲁虏掳卤撸橹搂[21]路露赂路[41]六陆禄碌录绿鹿漉麓辘

[ts] [33]朱珠株蛛诸猪租侏诛[323]主煮嘱组阻祖就(~是)[21]住驻注柱蛀著[41]竹烛逐祝筑族足卒妯轴

[tsʰ] [33]初粗[45]除厨橱锄雏[323]楚础杵储处[21]处醋[41]卒促簇畜触矗出黜族

[s] [33]书梳疏蔬殊淑输抒舒枢苏酥[45]薯[323]数署暑曙墅蜀[21]树诉竖述漱恕数素塑庶[41]叔熟塾孰赎属肃宿速续俗

[z] [45]孺如蠕茹[323]儒孺汝辱乳[21]褥[41]入肉

[tɕ] [41]菊鞠局焗

[tɕʰ] [41]曲屈

[ɕ] [41]蓄畜旭

[k] [33]辜孤姑菇咕沽[323]古股鼓估蛊[21]故顾固雇[41]谷骨

[kʰ] [33]箍枯窟[323]苦[21]酷库裤绔[41]哭

[x] [33]呼乎[45]壶胡湖糊糊瑚戎蝴猢核鹄和狐弧[323]虎浒琥[21]户沪护互[41]□(~子，指无靠背的凳子)

[Ø] [33]乌钨呜诬污诬[45]无吴梧蜈芜[323]五武午舞吾侮捂鹉忤妩[21]捂误务悟雾恶兀戊[41]屋勿物毋

y

[n] [323]女
[l] [45]驴[21]虑
[tɕ] [33]居车拘驹蛆(叫~，指蛐蛐)[323]举矩[21]据距世句具聚剧拒俱锯惧炬飓
[tɕʰ] [33]趋蛆区驱岖躯蛐[45]渠[323]取娶[21]去趣
[ɕ] [33]需须虚嘘荽(芫~)戌[45]徐[323]许[21]绪序叙絮婿
[Ø] [33]淤迂[45]迂于鱼盂榆愚愉俞渝娱渔[323]雨与语羽予宇屿禹[21]预玉遇郁喻吁芋御誉寓裕豫

ɿ

[ts] [33]之芝支枝肢知蜘只脂兹滋姿咨资孜[323]止址趾旨指纸只子籽滓梓紫[21]这至致窒志治字自制智稚痔[41]直值植殖侄执职掷置滞渍

[tsʰ] [33]痴差疵□手(~手，指伸手)[45]池弛迟持雌辞词祠瓷慈磁糍[323]耻齿侈此
[21]次伺刺赐翅[41]秩斥炽赤叱尺

[s] [33]尸师狮施诗司私思斯丝[45]匙时[323]史使驶始屎矢死[21]是世势誓逝
市示事祀视饰士氏式试拭轼弑四肆似寺适[41]豉十什拾石识实食蚀室友适

[z] [41]日

ai

[p] [33]□跛[323]摆[21]败拜稗湃

[pʰ] [45]牌排徘[323]□(~开，指摆开)[21]派

[m] [45]埋[323]买[21]卖迈

[t] [33]呆[323]逮傣歹[21]代戴带待贷袋怠黛

[tʰ] [33]胎□(~好点，讨好)苔[45]台抬邰跆[323]呔(大~~，指大大咧咧)[21]太态泰汰钛

[n] [33]奶(指奶奶或很象女人)[323]奶(吃~)乃[21]耐奈

[l] [45]来[323]□(~过来，指扯过来)[21]赖濑癞籁

[ts] [33]灾栽哉斋[323]宰崽仔载[21]在再债寨

[tsʰ] [33]猜差[45]才财材裁豺柴[323]采彩踩[21]菜蔡

[s] [33]腮鳃筛[21]赛晒

[k] [33]该街皆阶[323]解改[21]届界介戒械疥盖钙丐芥

[kʰ] [33]开[323]楷凯铠慨[21]溉概

[x] [45]鞋孩还[323]海[21]害亥

[ŋ] [33]挨(指倚)埃唉哀[45]挨崖癌捱岩[323]矮皑蔼霭[21]爱碍隘艾[41]嗳

ei

[p] [33]碑背悲卑杯[21]背被倍辈狈贝焙

[pʰ] [33]批披胚[45]培陪赔裴[21]配佩沛

[m] [45]梅玫煤枚眉媒酶霉莓嵋楣[323]每美镁[21]妹媚昧魅魅寐

[f] [33]飞非啡霏妃[45]肥淝[323]绯匪诽[21]费废沸肺痱吠□(很~，指调皮)

[v]　[33]微[323]伟[21]位未

au

[p]　[33]包胞苞煲[323]褒宝保堡饱葆褓[21]报豹抱暴爆雹鲍

[pʰ]　[33]抛泡(指肿)[45]刨咆袍狍[323]跑[21]泡(胞~疮, 指疮)炮

[m]　[33]猫[45]毛矛茅锚[323]卯铆(指有矛盾)[21]貌茂冒帽贸

[t]　[33]刀叨[323]岛捣裯倒[21]倒蹈道悼资稻导

[tʰ]　[33]掏涛焘滔韬萄[45]逃桃陶淘[323]讨[21]套

[n]　[45]挠[323]脑恼[21]闹

[l]　[33]捞[45]劳牢涝捞(~裤脚, 指挽裤脚)[323]老佬姥[21]□(来~, 指玩)

[ts]　[33]糟招朝钊召][323]沼早枣蚤藻找爪[21]赵照兆罩诏皂灶路躁(指调皮)肇[41]遭

[tsʰ]　[33]操超抄钞[45]曹槽嘈螬(~虫, 指蛔虫)朝潮嘲[323]草吵炒[21]操(指骂)造噪燥躁糙

[s]　[33]骚臊瘙稍烧梢捎艄[45]苕韶[323]扫嫂少[21]哨绍邵潲(潲水)

[z]　[45]饶[323]绕扰[21]绕

[k]　[33]高膏羔糕[323]搞稿睾[21]告窖诰

[kʰ]　[33]敲[323]拷烤考[21]靠犒

[x]　[33]蒿薅(~锄)[45]毫豪壕嚎[323]好郝[21]号浩皓耗

[ŋ]　[33]□(~价, 指讨价还价)[45]熬翱嗷遨[323]咬袄[21]澳奥傲懊坳拗

əu

[t]　[33]兜蔸都逗[323]抖陡斗蚪[21]豆斗痘窦

[tʰ]　[33]头(石头)偷[45]头投[323]抖[21]透

[l]　[33]偷篓[45]娄[323]搂喽[21]漏陋露路

[ts]　[33]邹周洲州粥诌舟[323]走肘帚[21]宙昼咒骤皱奏揍

[tsʰ]　[33]抽[45]仇畴筹踌绸稠酬愁[323]瞅丑[21]臭凑

[s]　[33]搜艘嗖馊溲飕收[323]擞手守首[21]狩嗽受售寿授瘦兽绶

[z]　[45]柔揉蹂鞣糅

[k]　[33]沟钩勾篝佝[323]狗苟枸[21]购够构垢[41]□(象声词)

[kʰ]　[33]抠[45]抠(这人很~，指吝啬)[323]口[21]扣寇蔻叩

[x]　[45]喉猴侯[323]吼[21]后候厚

[ŋ]　[33]欧鸥殴[323]偶藕呕[21]怄沤

ia

[p]　[41]瘪

[pʰ]　[41]啪

[m]　[41]抹

[t]　[33]爹

[n]　[33]黏(指粘住)

[l]　[323]俩[41]□(~二垮三，指拖拉)

[tɕ]　[33]家加佳嘉袈稼枷[323]贾假[21]嫁价架驾假[41]甲夹铗荚

[tɕʰ]　[45]□(~过去，指跨过去)[323]卡(一卡，指一手距离)[41]洽恰掐

[ɕ]　[33]虾[45]霞暇遐瑕[21]下夏厦[41]瞎狭匣侠辖

[x]　[41]黑(口语)

[∅]　[33]丫雅呀[45]牙芽崖衙涯[323]雅哑[21]压亚娅轧[41]鸭讶押

ie

[p]　[33]边鞭编憋(得慌)鳖[323]扁贬匾蝙[21]便变遍辨辩辫[41]别蹩瘪

[pʰ]　[33]篇偏翩[45]便宜骈[323]□(吃完)□(折断)瞥[21]骗片[41]撇

[m]　[33]咩[45]棉绵眠[323]□(~开，指掰开)冕娩勉免缅腼[21]面[41]灭蔑篾

[t]　[33]颠巅滇[323]点典碘[21]电店垫淀甸奠殿靛佃惦踮[41]叠碟谍蝶牒

[tʰ]　[33]天添[45]田填甜[323]舔[21]念鲶验砚(~台)[41]铁贴帖

[n]　[33]拈(~菜，指挟菜)研捏[45]年[323]撵碾辇[41]捏聂孽镊

[l]　[45]连联莲廉怜帘镰涟鲢[323]脸唸殓[21]敛练炼链恋[41]列烈裂猎劣

[tɕ]　[33]肩尖坚兼间艰监煎奸歼[323]姐减简检茧碱剪捡俭柬拣践[21]借诚见件建键箭渐舰鉴剑荐贱钱[41]节接杰结洁截揭捷劫

[tɕʰ]　[33]千牵迁签谦铅纤笺[45]前钱潜乾黔钳虔[323]且浅遣谴[21]欠歉堑茜[41]切窃怯

[ɕ]　[33]仙先些掀[45]斜谐邪贤闲咸娴衔嫌痫[323]写显险[21]谢卸懈泻现县线宪限献腺陷馅羡[41]协胁薛削穴屑

[Ø]　[33]烟椰耶焉胭淹蔫奄燕(京)[45]爷言严阎颜延沿盐蜒檐[323]也野冶眼演掩衍[21]夜艳燕咽堰厌砚雁唁焰宴晏彦谚[41]页业叶噎

[v]　[33]渊冤鸳[45]圆元沅园袁辕猿垣原源嫄员媛援缘[323]远[21]院愿怨苑[41]月越阅粤阅悦

iɔ

[n]　[41]虐疟

[l]　[41]略掠

[tɕ]　[41]脚觉

[tɕʰ]　[323]□(~眼, 指眼歪了)[41]却确鹊雀榷

[ɕ]　[41]学削

[Ø]　[41]药钥约岳乐哟

iu

[tɕ]　[41]局

[tɕʰ]　[41]曲屈

[ɕ]　[41]蓄畜

[Ø]　[41]育役疫欲狱浴

ua

[ts]　[33]抓蚱[323]爪[21]赚[41]□(指踢)啄(鸡~米)

[tsʰ] [323]铲产阐

[s] [33]删姗珊拴栓[323]耍[21]闩涮[41]刷唰

[z] [45]□(指揉)

[k] [33]瓜呱[323]剐寡[21]挂卦褂[41]括刮

[kʰ] [33]夸[323]垮[21]跨挎侃(～天嗑地，指吹牛)

[x] [33]花[45]华哗桦环桓还[21]划话划画[41]滑猾

[Ø] [33]挖哇蛙娲弯湾豌[45]娃玩顽[323]瓦舀晚[21]洼凹万[41]袜鸦(老～，指乌鸦)

uə

[t] [33]端[323]短□(～倒，指拦住)[21]段断煅锻缎

[tʰ] [45]团

[n] [323]暖

[l] [45]孪鸾峦銮[323]卵[21]乱

[ts] [33]钻专砖[323]转[21]转钻撰篆传

[tsʰ] [33]穿川[45]传船椽[323]喘[21]串窜篡

[s] [33]酸[21]算蒜

[z] [33]软阮

[k] [33]官锅观冠棺[323]管馆倌[21]冠惯贯过罐灌[41]国帼

[kʰ] [33]宽[323]款

[x] [33]欢[323]缓[21]换幻患焕唤痪宦[41]获惑或

[Ø] [33]□(～便，指拉屎)[45]完丸[323]碗挽皖惋宛腕[21]饿[41]□(指塞进去)

ye

[tɕ] [33]娟涓捐鹃[323]卷[21]券眷[41]噘(骂)绝爵掘倔决诀蕨撅崛

[tɕʰ] [33]圈[45]拳瘸茄蜷颧权全痊诠醛泉[323]犬[21]劝[41]缺阙

[ɕ] [33]靴掀宣喧轩萱[45]悬玄旋炫眩漩璇弦[323]癣选[21]渲绚[41]薛削屑

[Ø] [33]曰□_{（~倒，指折叠了）}渊冤鸳[45]圆元沅园袁辕猿垣原源嫄员媛援缘[323]远
[21]院愿怨苑[41]月越阅粤阅悦

uai

[ts] [33]拽_{（指扔）}[323]跩_{（很~，指很傲气）}[21]拽_{（指拉）}

[tsʰ] [33]揣[21]踹

[s] [33]摔衰[323]甩[21]率帅蟀

[k] [33]乖[323]拐[21]怪

[kʰ] [323]块蒯[21]快筷会刽

[x] [45]淮槐怀[21]坏

[Ø] [33]歪[323]崴[21]外

uei

[t] [33]堆[323]□_{（~出去，指垒出去）}[21]对队兑

[tʰ] [33]推[45]颓[323]腿[21]退蜕褪煺蜕

[n] [323]馁[21]内

[l] [33]□_{（指追赶）}[45]雷擂蕾[323]磊垒儡[21]累类泪

[ts] [33]追锥椎[45]□_{（这人很~，指受人讨厌）}[323]嘴[21]坠缀最罪醉赘

[tsʰ] [33]崔催摧中吹炊[45]锤捶陲槌槌[323]璀[21]脆翠淬瘁粹

[s] [33]虽[45]谁随隋绥髓[323]水[21]岁碎穗遂隧燧睡祟

[z] [323]蕊[21]瑞锐芮睿

[k] [33]规龟硅闺皈归[323]鬼轨诡[21]贵桂柜跪瑰刿鲑

[kʰ] [33]亏盔[45]魁奎葵逵馗[323]傀[21]馈愧溃

[x] [33]灰辉挥徽恢诙晖麾[45]回蛔茴[323]毁悔海[21]会汇惠慧卉绘荟彗晦贿
秽讳

[Ø] [33]威煨葳崴微巍[45]韦违唯维危桅围惟潍苇帷[323]纬伟委尾萎诿娓伪
[21]喂为位未魏卫谓胃蔚味畏渭尉慰猬

iau

[n] [323]鸟裊[21]尿

[tɕʰ] [33]橇跷翘锹[45]瞧桥乔荞翘(翘了，指变形了)[323]巧[21]撬窍鞘

[ɕ] [33]掀[45]淆[323]酵孝校效哮啸

[∅] [33]邀腰妖幺吆夭

iəu

[p] [33]标彪膘飚飙镖骠鳔[323]表裱婊[21]鳔(滑鳔鳔的)

[pʰ] [33]漂飘缥[45]剽瓢嫖[323]瞟[21]漂(漂白)票

[m] [33]喵瞄[45]描苗瞄[323]秒渺缈藐邈[21]庙妙缪谬

[t] [33]貂凋碉雕刁叼[323]□(男阴)鸟屌[21]调钓掉吊

[tʰ] [33]挑佻[45]调条迢窕[323]挑[21]跳眺

[n] [33]妞拧(指用手拧)[45]牛[323]扭纽忸钮[21]拗□(指动)

[l] [33]瘤溜[45]刘浏流鎏硫留瘤榴[323]柳了寥[21]绺撂□(指扔)

[tɕ] [33]纠灸揪阄赳鸠究疚咎[323]九久酒玖韭揪(~干，指拧干)[21]就旧救舅柩[41]菊

[tɕʰ] [33]秋丘邱蚯鳅 □(~边，指缝边)[45]球求裘酋囚泅□(~其，指看得起才做)[21]去(~年)

[ɕ] [33]修休羞肖萧潇箫硝霄宵逍嚣[45]晓[323]朽小晓朽[21]绣秀袖锈嗅宿[41]嗅溴(撒尿)

[∅] [33]优幽悠忧[45]由尤油游邮犹鱿[323]有友酉[21]又幼诱佑釉[41]育郁□(指掰)

ən

[p] [33]奔[323]本[21]笨

[pʰ] [33]喷[45]盆彭[21]□(指靠)

[m] [33]们[45]门[323]□(~了，指因时间长变脆变软)[21]闷

[f] [33]分芬纷吩汾[45]焚坟[323]粉[21]份奋氛烘愤

[t] 　[33]灯登蹬[323]等[21]邓凳瞪

[tʰ] 　[45]疼腾藤滕誊□(清空物品)[323]□(说话打~，不流利)[21]□(~下来，指摘下来)；□(~倒起，指赖着不走)

[n] 　[33]□(指长了小包)[45]能[323]□(撮，指用两手指挤压)[21]嫩

[l] 　[323]冷[21]愣

[ts] 　[33]真针珍贞侦砧争征蒸挣峥徵筝曾[323]怎振诊枕疹整拯[21]镇阵震振圳赈正政郑证症挣赠憎

[tsʰ] 　[33]称撑皴伸(伸手)[45]呈成程城乘承诚丞澄橙辰陈晨沉臣尘层曾[323]惩□(指按压)[21]蹭趁衬乘秤称慎

[s] 　[33]森僧深身申伸绅呻参生声升牲笙甥[45]神□(~米动，指承受不了重量)[323]省婶沈审[21]肾渗剩胜盛圣甚

[z] 　[33]扔[45]仍人仁壬[323]忍[21]纫任认韧刃

[k] 　[33]跟根吏庚赓耕羹[323]耿哽梗[21]更亘

[kʰ] 　[33]坑吭铿[323]肯恳垦啃埂

[x] 　[33]哼亨[45]恒衡痕[323]很狠[21]恨

[ŋ] 　[33]恩樱[323]□(指硌)[21]摁硬

in

[p] 　[33]兵冰宾滨彬斌濒缤鬓[323]丙秉禀柄饼炳[21]殡并病

[pʰ] 　[33]拼乒姘娉[45]频贫凭评平萍苹屏瓶坪[323]品[21]聘

[m] 　[33]□(~心，指甜得发腻)[45]民岷名明鸣铭茗冥螟悯[323]闽皿敏抿(用嘴舔)[21]命

[t] 　[33]丁钉町叮疔[323]鼎顶[21]腚子(拳头)钉锭定订

[tʰ] 　[33]听厅[45]停庭亭婷迁霆蜓[323]挺艇[21]听(听话)

[n] 　[45]凝宁咛柠狞您[323]拧[21]佞

[l] 　[33]拎[45]林琳霖临邻淋磷鳞麟零凌陵灵玲龄铃聆棂苓羚绫[323]檩凛领岭[21]吝赁另冰(构~，指结冰)蔺

[tɕ] 　[33]金今斤津巾盘襟经京晶精惊睛荆兢鲸泾旌[323]仅锦紧谨瑾景井警颈憬[21]尽近进劲禁晋静敬竞径境镜净竞痉靖

[tɕʰ]　[33]亲侵清青蜻轻氢卿钦[45]秦琴勤覃芹擒禽噙岑情睛擎[323]寝请[21]浸庆沁罄

[ɕ]　[33]新心欣辛芯锌薪兴星腥猩惺馨鑫[45]型行邢形刑[323]醒擤省[21]信衅性兴姓杏幸

[Ø]　[33]因阴殷音茵姻荫英瑛樱婴缨鹰蝇莺鹦[45]银寅吟龈迎营莹荧赢萤盈淫萦[323]引尹隐饮瘾蚓影颖[21]印应映

[v]　[33]晕[45]云匀芸耘纭[323]允永陨[21]运蕴恽韵酝熨孕运晕

uen

[t]　[33]敦蹲墩 [21]吨顿盾炖遁钝

[tʰ]　[33]吞饨[45]屯臀豚囤

[l]　[45]轮抡纶伦仑沦囵[21]论

[ts]　[33]尊遵樽[323]准

[tsʰ]　[33]春村鹑椿[45]唇纯醇淳存[323]蠢忖[21]寸

[s]　[33]孙荪[45]纯唇[323]损笋[21]顺瞬舜

[z]　[33]润闰孕

[k]　[323]滚衮[21]棍

[kʰ]　[33]昆坤鲲[45]□（~个，指整个）[323]捆[21]困

[x]　[33]昏婚荤[45]浑横魂馄[21]混

[Ø]　[33]温瘟[45]文闻蚊纹[323]稳紊吻[21]问

yn

[tɕ]　[33]军均君钧[21]菌峻俊峻骏郡

[tɕʰ]　[33]倾顷[45]群裙

[ɕ]　[33]熏薰醺勋[45]寻旬询循荀巡徇[21]讯汛训迅逊殉驯

[Ø]　[33]晕[45]云匀芸耘纭[323]允永陨[21]运蕴恽韵酝熨孕运晕

ɑŋ

[p] [33]邦帮梆[323]膀榜绑[21]棒傍蚌谤泵

[pʰ] [33]乓[45]滂旁庞彷螃滂[323]膀(蹄膀)[21]胖

[m] [33]胖[45]忙盲茫氓芒[323]莽蟒[21]□(指饭)

[f] [33]方芳[45]房防妨肪[323]坊纺访仿纺[21]放

[t] [33]当裆铛噹[323]挡党[21]当荡宕档

[tʰ] [33]汤趟[45]堂唐糖塘膛搪棠[323]躺淌[21]趟烫

[n] [33]□(肚～皮，指肚子上松垮的皮)[45]囊[21]□(液体振动)

[l] [33]□(指又大又松又垮)郎[45]郎狼廊榔[323]朗琅[21]浪晾(～衣裳)□(指闲逛)

[ts] [33]脏赃张章樟瘴彰□(指理睬)[323]长掌涨[21]账仗杖丈胀障藏葬

[tsʰ] [33]仓舱苍沧昌猖猖菖[45]长常场肠偿尝嫦藏[323]厂敞[21]唱倡畅

[s] [33]裳桑丧伤商[45]尝[323]嗓赏晌[21]丧上尚

[z] [45]瓤[323]嚷穰壤[21]让

[k] [33]刚钢纲岗冈缸肛罡[323]港□(指一会儿)[21]杠虹

[kʰ] [33]康糠慷[45]扛[323]□(动词，盖)[21]抗炕亢

[x] [33]夯[45]行杭航[21]巷项

[ŋ] [33]□(指响)航[45]昂[323]昂仰[21]盎

iɑŋ

[p] [21]□(拟声词)

[t] [33]□(指拎)

[n] [33]孃[45]娘酿[21]釀酿

[l] [45]量梁良粮凉粱[323]两辆俩[21]亮量晾谅

[tɕ] [33]将姜江疆僵豇浆刚(～～好)[323]讲奖蒋桨颈[21]将降匠酱犟糨浆

[tɕʰ] [33]枪枪腔羌锵[45]强墙蔷锵详祥[323]抢[21]呛炝像

[ɕ] [33]乡香相箱湘厢镶襄[45]详翔降[323]想响享[21]向相象橡

[∅] [33]央秧殃鸯[45]羊洋扬阳洋疡炀烊[323]养氧仰痒[21]样漾恙

uaŋ

[ts] [33]庄装桩妆[323]□_(指大)[21]状壮撞

[tsʰ] [33]窗疮[45]床[323]闯撞□_(~倒，指遇到)[21]创撞

[s] [33]双霜孀[323]爽

[k] [33]光胱[323]广[21]逛

[kʰ] [33]框眶筐哐匡诓[45]狂诳[21]况矿旷邝

[x] [33]慌荒惶[45]黄皇凰簧惶蝗蟥磺隍[323]谎幌恍[21]晃

[∅] [33]汪[45]王亡[323]网往枉[21]望忘旺妄

ɔŋ

[p] [33]崩绷嘣[323]凸[21]蹦迸

[pʰ] [33]抨烹怦[45]朋蓬棚硼鹏[323]捧[21]嘭碰

[m] [33]懵[45]蒙盟萌朦檬[323]猛蟒锰懵蜢蠓[21]孟梦

[f] [33]风丰封锋峰烽蜂疯枫[45]逢缝冯[323]讽[21]凤奉缝俸

[t] [33]冬东咚[323]董懂胴□_(结~，指结了冻)[21]动栋洞侗

[tʰ] [33]通彤嗵[45]彤同童筒铜桐佟峒[323]捅统桶□_(指挪动)[21]痛

[n] [45]浓农脓[323]□_(指穿得笨重)[21]动

[l] [33]聋窿[45]龙隆笼[323]拢垄拢

[ts] [33]宗棕踪综鬃粽中终钟忠盅衷锺[323]总种肿冢[21]种仲重众纵粽皱

[tsʰ] [33]聪葱匆囱充冲春枞_(枫毛果)[45]从丛虫崇重[323]宠铳怂[21]冲_(~水)□_(冲得很，指自大)

[s] [33]松嵩[45]□_(~样，指害羞的样子)[323]耸悚竦[21]送宋颂讼诵

[z] [45]绒茸容荣蓉溶融熔榕戎[323]冗

[k] [33]公工功宫龚恭攻弓蚣躬[323]巩汞拱[21]共贡供拱_(钻)

[kʰ] [33]空[323]孔恐[21]空控

· 38 ·

[x] [33]轰烘訇[45]红洪宏弘鸿[323]哄[21]讧

[Ø] [33]翁嗡[21]瓮蕹

iŋ

[tɕ] [33]龚 [323]窘炯迥扃

[tɕʰ] [45]穷琼茕穹

[ɕ] [33]兄凶胸匈汹[45]熊雄

[Ø] [33]□(～他读书，指供读书)庸臃雍拥[45]容荣蓉溶融熔榕[323]永泳咏勇涌蛹恿俑允[21]用

注：□表示无法准确记录的方言词；（ ）表示对前词的解释；无例字的声调在表中未列出。

第六章　独山方言与中古音比较

第一节　声母比较

中古声母在独山方言中的演变有一定的对应规律，一组或几组古音在独山方言中一般对应读一组或几组发音部位和发音方法相同的辅音。但同时又比较零散，往往一个古音声母在今独山方言中有多种读音，一般情况下，同一声系的古声母今读相对集中于同一发音部位的辅音。比较情况如下：

一、古今声母比较列表

表6-1

中古音		有关条件	独山县方言音	例字	例外字	备注
帮系	帮		p	布波保贝	pʰ谱辔癖擘檗	例外字的出现主要是因受普通话或其他方言、少数民族语言的影响
	滂		pʰ	拍滂批配	p泊	
	并	上去入声	p	薄部步罢败倍背被婢备鼻抱瓣拔便别伴弼笨傍棒雹白病		
		平声	pʰ	婆爬琶杷蒲牌陪佩皮袍刨瓢鳔便盘叛盆旁彭棚平蓬		
	明		m	明木梦毛		
	非		f	废夫匪发		
	敷		f	抚翻覆坊		
	奉		f	肥房焚范		
	微		Ø	忘文晚舞		

续表

中古音		有关条件	独山县方言音	例字	例外字	备注
端系	端		t	都多对答		
	透		tʰ	跳他蜕踏		
	定	平声	tʰ	驼徒台题桃条头潭谈檀田团屯堂腾亭		
		上去入声	t	舵惰肚度弟		
	泥		n	泥女纽脑浓		
	来		l	梨刘料劳乱		
	精	洪音前	ts	簪租作奏		
		细音前	tɕ	姐借挤酒		
	清	洪音前	tsʰ	苍窜擦蹭		
		细音前	tɕʰ	枪戚鹊俏		
	从	洪音前	ts	坐座在载罪自字皂造暂藏昨赠贼族		
		洪音前	tsʰ	矬才材财裁疵瓷慈曹惭残存藏曾层从	t蹲	
		细音前	tɕ	藉聚剂就渐集辑践贱饯截绝尽疾匠嚼静靖净籍藉寂		
		细音前	tɕʰ	齐荠脐樵瞧妾钱前全泉秦墙情晴		
	心	洪音前	s	蓑梭唆锁苏酥素诉塑腮鳃司思虽骚臊扫嫂叟嗽珊散伞散撒酸算孙损桑丧嗓索僧塞息	tsʰ粹	
		细音前	ɕ	些写泻卸须需西犀洗细婿消宵霄小笑修心仙鲜线汇薛先屑宣选雪辛新信悉逊荀迅恤相箱襄想相削省姓惜星醒锡析	tɕʰ鞘	
	邪	细音前	ɕ	邪斜谢徐序袖寻习袭涎羡旋荀巡殉详祥象席汐	tɕʰ囚	
		洪音前	s	似祀寺饲随隧遂穗松诵俗绫	tsʰ辞词祠	

续表

中古音		有关条件	独山县方言音	例字	例外字	备注
知系	知		ts	猪著诛拄驻注缀知致置追罩朝肘站沾展哲转珍镇张长帐着桩桌啄植摘真中忠竹	s书	
	澈		tsʰ	痴耻超抽丑撤趁椿畅戳撑拆逞畜宠	ts侦	
	澄	平声	tsʰ	茶除储厨池迟持槌锤朝潮绸乔筹沉缠传陈尘长澄呈虫重		
		上去入声	ts	柱住滞痔治堕赵兆召纣宙站秩蛰绽辙篆传阵丈着撞濁直择摘郑掷仲逐重	t瞪	
	庄		ts	渣诈炸阻债滓抓邹皱斩蘸眨簪盏札臻庄装壮捉窄争责	tcʰ齐侧	
	初		tsʰ	叉差岔初楚差揣抄炒锹插搀参铲察篡疮闯创窗测策册		
	崇	平声	tsʰ	茬查锄雏豺柴巢愁馋床崇	tcʰ岑	
		上去入声	ts	乍助寨拽骤炸闸栈铡撰状镯浞		
		止摄前	s	士仕柿事		
	生		s	沙洒厦傻梳所数筛晒师狮使摔帅梢溯搜馊漱杉森参涩山杀删闩刷瑟率霜爽双色啬生省	tsʰ产	
	章		ts	遮者诸朱主铸制赘支纸脂至之志锥昭照周咒占褶针枕执战折专砖拙真诊振质准章掌酌蒸职正终钟烛		
	昌		tsʰ	车扯处杵嗤齿吹丑臭川喘串春蠢出昌厂绰称赤充冲触	s枢	
	船		s	蛇射示甚舌神实唇顺术绳胜剩食射赎	tsʰ船乘 t盾	
	书		s	奢赊舍赦书舒暑鼠恕输势税施尸屎诗始试水烧少深沈婶湿扇设说身申娠失室舜商伤赏响升胜识式饰声圣适释叔束	tsʰ翅春	

中古音		有关条件	独山县方言音	例字	例外字	备注
知系	禅	上去入声	s	佘社署殊树竖誓逝匙是氏豉视嗜时市侍睡谁韶邵受寿授售陕涉摄甚十拾善单折肾慎裳尚勺盛石蜀属	ts殖植	
		平声	tsʰ	蟾垂仇酬蝉禅辰晨臣纯醇常尝偿承丞诚城盛		
	日		z	惹如汝儒乳芮蕊饶挠绕绕柔揉染冉任然热人仁忍认日润瓤让若弱仍肉绒茸冗辱		
		止摄前	ø	儿尔二贰而耳饵		
见系	见	洪音前	k	歌哥个过锅戈果裹过瓜寡姑孤古股鼓故固雇该改概丐皆介尬戒街解乖怪拐鳏圭桂规诡龟轨规诡归鬼贵高膏羔稿告勾沟狗构鸽甘敢尴干肝乾赶割葛官冠管贯灌括鳏关惯刮跟滚棍岗刚缸各胳光广郭逛更哽格耕耿革隔矿公功工攻贡谷弓恭拱供		
			kʰ	跨箍楷会刽桧葵愧磕昆坤孔		
		细音前	tɕ	家加嘉珈假贾嫁价居举据锯拘驹俱矩句佳鸡稽计继系髻饥肌几冀基己纪记几机讥几既季交郊胶搅教校较觉骄娇矫浇缴叫鸠纠韭救究减夹监甲检剑劫兼挟今金禁襟锦禁急级艰间简奸涧健揭肩坚见结洁卷绢厥决巾紧吉斤筋谨劲均菌桔君疆姜脚江豇讲港降觉角京境景警竟颈经激菊	ɕ懈	
	溪	洪音前	kʰ	可科棵颗课夸垮跨枯苦库裤去开凯慨揩楷盔魁傀块奎亏窥考靠犒敲扣抠口叩寇龛坎勘看刊渴宽款阔垦啃坤捆困窟康慷抗旷扩匡眶肯刻克坑客空孔控哭酷恐	ɕ墟溪 x灰	

续表

中古音		有关条件	独山县方言音	例字	例外字	备注
见系	溪	细音前	tɕʰ	区驱启契企器弃欺起岂气巧丘糗恰掐嵌欠怯谦歉钦泣乾虔牵圈劝券犬缺羌却腔确卿庆轻磬吃倾顷曲	tɕ件	
	群		tɕʰ	茄瘸渠奇岐祁鳍其旗祈乔侨桥荞求球钳琴禽擒拳勤芹群强琼穷	kʰ狂	
			tɕ	拒巨距惧技忌轿舅柩旧俭及杰键圈倦掘仅近窘菌郡倔鲸剧屐局		
		止摄前	k	跪		
		止摄前	kʰ	逵葵		
	疑		ŋ	我俄饿卧呆艾捱艺疑熬咬偶岸昂鄂仰硬额		
			n	倪牛验孽研砚虐凝逆		
			Ø	牙芽雅瓦吴吾伍午误鱼御愚娱涯桅外宜蚁谊义毅危尧严业吟眼颜雁玩顽元愿月银迎玉狱		
	晓	洪音前	x	荷火伙货吓花化呼虎浒海灰贿悔晦麾毁挥辉徽讳蒿薅好耗吼喝憨喊鼾罕汉喝欢唤焕豁昏忽郝荒谎霍劐夯黑亨吓轰烘哄		
		细音前	ɕ	靴虾虚嘘许牺戏嬉熙喜希孝嚣晓休朽嗅险胁吸轩掀献歇显喧血欣熏勋训香乡享响向兴馨兄嗅畜蓄胸凶		
	匣	洪音前	x	河何荷贺和禾祸和华划桦胡湖狐壶户沪互护孩亥害骇蟹回汇会绘怀槐淮坏画话惠慧豪毫号浩侯喉猴后厚候含函撼合盒酣寒韩旱汗翰桓缓皖换活幻滑猾还还环患宦痕很恨魂馄浑混核黄簧蝗晃项巷恒弘或行衡核横宏获划红洪虹鸿	kʰ溃况 Ø歪完丸 k汞	

中古音		有关条件	独山县方言音	例字	例外字	备注
见系	匣	细音前	ɕ	霞瑕下夏下谐械鞋奚分系携淆效校感陷馅峡衔匣嫌协闲限辖贤弦现玄悬眩穴降学杏幸行形型	Ø肴萤 tɕʰ洽 tɕ茎迥	
	影		Ø	阿倭涴鸦哑蛙乌污恶于淤迂医煨蛙倚椅伊意衣依萎委威畏慰坳妖邀腰要幺吆优幽幼他鸭压厌音饮揸堰烟燕噎豌碗挖弯冤宛怨渊因印乙一殷隐温稳熨央约汪应忆樱英影映益翁屋郁雍拥	x秽 v淤迂冤怨渊	
			ŋ	哀埃爱蔼挨矮隘懊奥呕沤沤庵摁暗淹阉腌安按晏恩肮恶握扼沃	n肴 n蔫	
	云		Ø	于盂雨宇禹羽芋卫违围伟胃谓尤邮友又右炎焉圆袁援远越曰粤云韵运晕王往旺域荣永泳	ɕ熊雄	
	以		Ø	耶爷也野夜余与誉预豫榆愉愈裕锐移易夷姨肆已以异维惟遗唯摇谣姚舀耀由油游犹悠西柚盐阎焰叶淫延筵演缘沿悦阅寅引逸匀允尹洋杨养痒样药钥蝇孕翼盈赢亦易译液营颖疫融育容蓉勇用欲浴	tɕʰ铅 ɕ捐 v誉预豫榆愉匀允欲浴	

二、从中古声母看独山县方言声母来源表

表6-2

	帮	滂	并	明	非	敷	奉	微	端	透	定	泥	来	精	清	从	心	邪	知	澈
p	布		部																	
pʰ		拍	婆																	
m				木																
f					废	抚	肥													

续表

	帮	滂	并	明	非	敷	奉	微	端	透	定	泥	来	精	清	从	心	邪	知	澈
t									都		惰									
tʰ										跳	驼									
n												女								
l													梨							
ts														租		坐			猪	
tsʰ															苍	才				痴
s																	梭	似		
z																				
tɕ														姐		藉				
tɕʰ															枪	齐				
ɕ																	些	斜		
k																				
kʰ																				
x																				
ŋ																				
ø								忘												
v																				

	澄	庄	初	崇	生	章	昌	船	书	禅	日	见	溪	群	疑	晓	匣	影	云	以
p																				
pʰ																				
m																				
f																				
t																				
tʰ																				
n															倪					
l																				
ts	住	渣		助		者														
tsʰ	除		叉	锄			车	船		酬										
s				士	沙			蛇	奢	社										
z											如									

续表

	澄	庄	初	崇	生	章	昌	船	书	禅	日	见	溪	群	疑	晓	匣	影	云	以
tɕ												家		拒						
tɕʰ													区	茄						
ɕ																虚	霞			
k												歌		跪						
kʰ												跨	可	逵						
x																火	河			
ŋ															我			爱		
∅											儿				牙			阿	于	爷
v															元			迁		匀

三、中古声母在独山方言中的演变规律

（1）全浊声母清音化。古音十个全浊声母"并、定、澄、从、邪、崇、船、禅、群、匣"在独山方言中都变成了清声母。全浊声母的清化，是独山方言声母简化的一个重要原因。

（2）古音帮系声母在独山方言中对应发音部位和发音方法相同的辅音。如：

帮母字和并母的上声、去声、入声字在今独山方言中读为[p]，如"布波薄部"等；

滂母字和并母的平声字在今独山方言中读为[pʰ]，如"拍滂婆琶"等；

明母字在今独山方言中读为[m]，如"明木梦"等；

非敷奉母字在今独山方言中读为[f]，如"废抚肥"等；

微母字在今独山方言中读为[∅]，如"忘文晚"等。

（3）古音端系声母中，端透定泥来母字对应发音部位和发音方法相同的辅音，"精清从心邪"母字在今独山方言中分化为舌尖前音[ts]、[tsʰ]、[s]和舌面音[tɕ]、[tɕʰ]、[ɕ]。如：

端母字和定母的上声、去声、入声字在今独山方言中读为[t]；

透母字和定母的平声字在今独山方言中读为[tʰ]；

泥母、来母字在今独山方言中全分清，分别读为[n]、[l]，如"怒≠路"、"奈≠赖"、"你≠李"、"脑≠老"；

精清从心邪母字在今独山方言中分化为舌尖前音[ts]、[tsʰ]、[s]和舌面音[tɕ]、[tɕʰ]、[ɕ]，其中洪音前读舌尖前音[ts]、[tsʰ]、[s]，如"租苍坐矬襄似"等，细音前读[tɕ]、[tɕʰ]、[ɕ]，如"姐枪藉齐些邪"等。

（4）古音知系声母中，知组、庄组、章组合流为舌尖前音[ts]、[tsʰ]、[s]、[z]，无舌尖后音。如：

知母、庄母、章母字和崇母、澄母的上声去声入声字在今独山方言中读为舌尖前音[ts]，如"猪渣遮助柱"等；

澈母、初母、昌母字和澄母、崇母、禅母的平声字读为舌尖前音[tsʰ]，如"痴除叉查车蟾"等；

生母、船母、书母字和崇母止摄字、禅母上声去声入声字在今独山方言中读为舌尖前音[s]，如"沙蛇奢佘士"等；

日母中除止摄字在今独山方言中读零声母外，其他均读舌尖前音[z]，如"惹如汝儒乳"等。

（5）古音见系声母中，洪音字在今独山方言中一般仍读舌根音[k]、[kʰ]、[x]、[ŋ]，细音字则一般读为[tɕ]、[tɕʰ]、[ɕ]。如：

见母洪音字"歌过锅街皆界"等在今独山方言中读[k]；溪母洪音字"可科库楷盔慷"和小部分见母洪音字"跨箍桧昆坤孔"等在今独山方言中读[kʰ]；晓母洪音字"荷火货吓花呼虎"、匣母洪音字"河祸华胡湖壶互护"等在今独山方言中读[x]。

见母细音字"家加鸡纠绢"、群母细音字"技巨轿枢俭"等在今独山方言中读[tɕ]；溪母细音字"区企弃欠怯"、群母细音字"茄奇其乔求琴"等在今独山方言中读[tɕʰ]；晓母细音字"靴虾险响兄"、匣母细音字"霞谐系馅悬"等在今独山方言中读[ɕ]。

疑母开口呼字"我卧呆捱咬偶仰"、影母开口呼字"哀爱懊呕淹安恶"等在今独山方言中仍读舌根音[ŋ]；疑母非开口呼字除少量齐齿呼字"倪牛验孽研砚虐逆"等在今独山方言中读[n]外，其他均读为零声母，如"牙吴鱼宜危"等；影母字非开口呼字"阿倭妖弯印烟"、云母字"于违邮又炎援"、以母字"耶余易由盐洋"等在今独山方言中读零声母。

（6）中古音在独山方言的演变中也存在一些例外字，这些例外字主要是后来出现的字，由于受到普通话、外来方言、少数民族语言等的影响，使其产生了一定的变化。如：

从演变规律上来看，疑母开口呼、影母非开口呼、云母、以母字在今独山方言中应读为零声母，但由于受到当地少数民族苗语和布依语中声母[v]的影响，使得疑影云以母部分撮口呼字"淤于冤怨渊玉誉预榆匀允"的声母在独山方言中变读为唇齿音[v]。

第二节　韵母比较

中古韵母有阳声韵、阴声韵、入声韵三类，独山方言中只有阴声韵和阳声韵，古入声韵归入阴声韵，中古韵母在独山方言中的演变也有一定规律性，现将情况对比如下：

一、古今韵母比较表

表6-3

中古音			声母条件	独山方言音	例字	例外字
果摄	开口	一等歌	端系见系	ɔ	多拖搓歌	a那；ə饿
		三等戈	见系	ye	茄	
	合口	一等戈	帮系端系见系	ɔ	波躲裸坐科和	uə过锅；浣
		三等戈		ye	瘸靴	
假摄	开口	二等麻	帮系端系知系	a	芭拿茶查沙	
			见系	ia	家牙霞哑	ə吓
		三等麻	端系见系	ie	姐些爹爷也	
			知系	ə	遮车蛇奢社	
	合口	二等麻	见系	ua	瓜夸花华蛙	uə蜗
			知系	a	傻	
遇摄	合口	一等模	帮系端系见系	u	铺都奴姑呼污	
		三等鱼虞	端系见系	y	女徐居虚于	u庐ui缕屡
			帮系知系	u	猪除书如著	ɔ所
蟹摄	开口	一等哈泰	端系见系	ai	戴台灾才该孩	
			帮系	ei	贝沛	
		二等皆佳	帮系知系见系	ai	排豺皆挨界街解蟹	i齐；ia佳ie懈；谐
		三等祭废	帮系端系见系	i	蔽例际艺	
			知系	ɿ	滞制世誓	
		四等齐	帮系端系见系	i	闭迷帝丽济婚计缢	

续表

中古音			声母条件	独山方言音	例字	例外字
蟹摄	合口	一等灰泰	帮系	ei	杯培梅背妹	
			端系见系	uei	堆雷盔灰煨	块会uai
		二等皆佳	知系见系	uai	拽怪坏歪快	画话ua；蛙ua；卦ua
		三等祭废	帮系	ei	废肺吠	
			端系知系见系	uei	脆缀税秽卫锐	
		四等齐	见系	uei	圭桂奎惠慧	
蟹摄	开口	一等咍泰	端系见系	ai	戴台灾才该孩	
			帮系	ei	贝沛	
		二等皆佳	帮系知系见系	ai	排豺皆挨界街解蟹	i齐；ia佳ie懈；谐
		三等祭废	帮系端系见系	i	蔽例际艺	
			知系	ɿ	滞制世誓	
		四等齐	帮系端系见系	i	闭迷帝丽济婿计缢	
	合口	一等灰泰	帮系	ei	杯培梅背妹	
			端系见系	uei	堆雷盔灰煨	块会uai
		二等皆佳	知系见系	uai	拽怪坏歪快	画话ua；蛙ua；卦ua
		三等祭废	帮系	ei	废肺吠	
			端系知系见系	uei	脆缀税秽卫锐	
		四等齐	见系	uei	圭桂奎惠慧	
止摄	开口	三等支脂之微	帮系、端系泥来组、见系	i	披离奇比尼伊李基熙	ei碑卑悲；眉美寐
			端系（除泥来组）、知系（除日组）	ɿ	雌知差迟脂持	
			知系日组	ə	儿尔二而耳饵	
	合口	三等支脂微	帮系非敷奉组	ei	非妃肥匪费翡	
			端系、知系（除庄初崇生组）、见系	uei	累嘴随吹规谁归挥威	
			知系庄初崇生组	uai	揣摔帅	

续表

中古音			声母条件	独山方言音	例字	例外字
效摄	开口	一等豪	帮系端系见系	au	褒刀曹高好奥	
		二等肴	帮系端系知系见系影母	au	包跑挠抄交梢吵	
			见系（除影母）	iau	交肴搅教校	au敲咬窖
		三等宵	帮系端系	iəu	标苗表妙燎蕉消悄小笑	au剽俏
			知系	au	朝超招烧饶少绍	
			见系	iau	骄乔嚣妖舀	
		四等萧	端系	iəu	刁挑聊钓料萧	iau尿
			见系	iau	浇尧缴幺叫	iəu晓
流摄	开口	一等侯	帮系端系见系	ɔu	剖偷头走勾侯	u楼
			帮系明组	u	某牡母拇茂贸	
		三等尤幽	帮系非敷奉明组	u	浮否富谋妇负	au矛
			帮系帮滂并明组、端系、见系	iəu	彪谬流秋修求休优邮纠幽	
			知系	ɔu	抽愁搜周收手	
咸摄	开口	一等覃合谈盍	帮系端系见系	a	耽贪堪龛庵担蓝三甘酣喊	ɔ合喝盒磕
		二等咸洽衔狎	知系	a	站馋杉炸蘸	
			见系入声	ia	夹恰峡甲匣压	
			见系非入声	ie	减咸陷监嵌衔	
		三等盐叶严业	帮系端系见系	ie	贬廉敛尖钳盐	a淹
			知系	ə	沾瞻陕闪饐摄	
		四等添贴	端系见系	ie	添点店跕谦嫌	
	合口	三等凡乏	帮系	a	凡帆范泛法乏	
深摄	开口	三等侵缉	帮系、端系非入声、见系非入声	in	禀品淋侵心今禁钦音荫	
			端系入声、见系入声	i	立笠缉集习袭急及吸揖	
			知系非入声	en	沉参森针深枕任	a簪in岑
			知系入声	ɿ	执汁湿十拾什	

续表

中古音			声母条件	独山方言音	例字	例外字
山摄	开口	一等寒曷	端系、见系非入声	a	丹滩难兰餐干旦散干看汉按	
			见系入声	ɔ	割渴喝	
		二等山黠删辖	帮系知系	a	扮办八班攀山产杀栈铡	
			见系非入声	ie	艰简闲限奸雁	
			见系入声	ia	轧瞎辖	ie晏
		三等仙薛元月	帮系端系见系	ie	鞭绵连焉变箭谚言轩	
			知系	ə	缠善扇燃战折	
		四等先屑	帮系端系见系	ie	边天年前肩研贤燕捏结	
	合口	一等桓末	帮系非入声	ə	般潘瞒半绊叛	
			端系、见系非入声	uə	端短暖官欢碗	
			帮系入声、见系入声	ɔ	钵泼末脱夺撮活括	ua豌玩
		二等山黠删辖	知系见系	ua	闩拴刷顽滑挖关还惯刮	uə篡患宦幻
		三等仙薛元月	帮系非敷奉组	a	藩反贩发翻伐罚	
			帮系微组	ua	晚万袜	
			端系来组	ie	恋劣	
			端系精清从心邪组、见系	ye	全宣旋圈拳圆冤怨	
			知组	uə	传转篆传专川船喘串	
		四等先屑	见系	ye	玄渊决血穴	ie县
臻摄	开口	一等痕	端系见系	ən	吞跟痕恩很恨	
		三等真质殷迄	帮系端系见系非入声	in	彬宾缤津巾银因寅印勤殷隐	
			帮系端系见系入声	i	笔毕必栗吉乙一逸	
			知系非入声	ən	珍陈真神辰人	
			知系入声	ʅ	秩质实失室日	

续表

中古音		声母条件	独山方言音	例字	例外字
臻摄	合口	一等魂没	帮系、端系端透定泥来组非入声	ne	奔喷盆门论本村存孙损寸	
			见系非入声	uen	昆昏温滚困混	
			帮系端系见系入声	u	不突骨窟忽	
		三等谆术文物	帮系（除微组）	ən	分粉焚愤坟	
			帮系微组、端系（除心邪组）、知系非入声	uən	文吻问椿遵春唇顺准盾蠢纯	yn俊
			端系心邪组、见系非入声	yn	荀巡均匀允军裙云熨运	
			帮系端系知系见系入声	u	佛物出术桔屈	y律率恤；uai率蟀；ye掘倔
宕摄	开口	一等唐铎	帮系端系知系见系非入声	aŋ	帮滂忙郎岗昂杭肮葬浪	
			帮系端系知系见系入声	ɔ	博莫诺作索恶	u幕ə胳
		三等阳药	帮系端系见系非入声	iaŋ	娘将详疆强香亮向样	
			知系知徹章昌船书禅日组非入声	aŋ	张长章商常瓤	
			知系庄初崇生组非入声	uaŋ	庄疮床霜壮创	
			帮系端系见系入声	iɔ	略爵削脚约药	iau跃
			知系入声	ɔ	着酌绰	au勺芍
	合口	一等唐铎	见系非入声	uaŋ	光荒黄广晃旷	
			见系入声	ɔ	郭扩霍廓	ua劐
		三等阳药	帮系（除微组）	aŋ	方房纺放访	u缚
			帮系微组、见系	uaŋ	匡狂王枉往旺	

续表

中古音			声母条件	独山方言音	例字	例外字
江摄	开口	二等江觉	帮系非入声、见系非入声	aŋ	邦庞棒胖夯项巷扛豇港虹	iaŋ江降讲
			知系非入声	uaŋ	椿窗双撞	
			帮系知系见系入声	ɔ	剥桌戳浊镯觉角确岳乐学握	u朴iau饺
曾摄	开口	一等登德	帮系非入声	əŋ	崩朋	
			端系见系非入声	nə	登疼能曾僧恒	
			帮系端系见系入声	ə	北墨得特肋则塞刻	
		三等蒸职	帮系端系见系非入声	in	冰凭陵凝兴应	yn孕
			知系非入声	nə	征澄橙瞪称升承拯	
			帮系端系见系入声	i	逼匿力即极忆翼	
			知系(除庄初崇生组)入声	ʅ	植直织食蚀式	
			知系庄初崇生组入声	ə	侧测色啬	
	合口	一等登德	见系非入声	ɔŋ	弘	
			见系入声	uə	国惑或	
		三等职	见系入声	iu	域	
梗摄	开口	二等庚陌耕麦	帮系非入声	ɔŋ	烹膨猛孟棚萌迸	ən彭aŋ盲虻
			端系知系见系非入声	ən	冷撑生省更坑争耕樱	a打in行杏茎幸莺鹦
			端系知系见系入声	ə	百拍拆窄格额麦脉摘责革扼	
		三等庚陌清昔	帮系端系见系非入声	in	兵平明名精井轻婴影敬	ɔŋ盟
			知系非入声	ən	贞呈正声成整圣郑	
			帮系端系见系入声	i	碧僻积籍席益亦译	
			知系入声	ʅ	掷只赤适释石	ə射
		四等青锡	帮系端系见系非入声	in	姘屏丁宁青星经形	
			帮系端系见系入声	i	壁觅的踢溺绩寂锡吃激	

续表

中古音		声母条件	独山方言音	例字	例外字
梗摄	合口	二等庚陌耕麦 见系群组	uaŋ	矿	
		见系晓匣组	ɔŋ	轰宏	uən横uə获ua划
		三等庚 见系	ɿoŋ	兄荣永泳永	
		三等清昔 见系非入声	in	营颖	yŋ倾顷琼
		四等青 见系	ɿoŋ	迥	in萤
通摄	合口	一等东屋冬沃 帮系端系见系非入声	ɔŋ	篷蒙龙棕公烘翁科农松	
		帮系端系见系入声	u	卜木秃族哭屋毒醋	ɔ沃
		三等东屋钟烛 帮系端系知系见系（除晓匣影喻组）非入声	ɿoŋ	风丰隆中虫充引浓从松重恭	ɿoŋ穷
		见系晓匣影喻组非入声	ɿoŋ	熊雄融雍容拥勇用蓉	
		帮系端系知系入声	u	福六肃畜叔足俗续烛束	
		见系入声	iu	菊曲畜郁育局狱浴欲	y玉

二、从中古摄、开合、四等看独山县方言韵母的来源表

表6-4

韵母	止摄开三	止摄合三	蟹摄开一	蟹摄开二	蟹摄开三	蟹摄开四	蟹摄合一	蟹摄合三	遇摄合一	遇摄合三	假摄开二	假摄开三	假摄合三	果摄开一	果摄合一
a											芭		傻		
ɔ														多	波
ə												遮			
i	披				蔽	闭									
u									铺	猪					
y		雎								女					
ɿ	儿				滞										
ai			台	排											
ei			贝				杯	废							
au															
ia											家				
ua													夸		
ie												姐			
ue															
ɔ															

续表

韵母	果摄 开一	果摄 开三	果摄 合一	果摄 合三	假摄 开二	假摄 合二	遇摄 合一	遇摄 合三	蟹摄 开一	蟹摄 开二	蟹摄 开三	蟹摄 开四	蟹摄 合一	蟹摄 合二	蟹摄 合三	蟹摄 合四	止摄 开三	止摄 合三
ou																		
iu																		
ye		茄		癍														
iau																		
iei																		
uai														怪				
uei													堆		脆	桂		
en																		
in																		
uen																		
yn																		
ɑŋ																		
iuŋ																		
iɑŋ																		
tɕʰ																		
tɕi																		

续表

韵母	效开一	效开二	效开三	效开四	流开一	流开三	咸开一	咸开二	咸开三	咸开四	咸合三	深开三	山开一	山开二	山开三	山开四	山合一	山合二	山合三	山合四
a							眈	站			帆		丹	扮					反	
ɔ													割				钵			
ə									沾						缠		般			
i												立								
u					杜							执								
y						浮														
ɿ																				
ai								夹						轧						
ei								赚						产						
au	褒	包	朝																	
ia								减						艰						
ua									盐						鞭			幻		
ie										点						边			恋	
en																	豌	冤	晚	
iɔ					剐	抽														
uɔ																	端		传	

续表

韵母	效摄				流摄		咸摄					深摄	山摄							
	开				开		开				合	开	开				合			
	一	二	三	四	一	三	一	二	三	四	三	三	一	二	三	四	一	二	三	四
iu																				
ye																			全	玦
iau		交	骄	浇																
uei			标	刁																
uai			彪																	
uei																				
ue												沉								
in												禀								
uen																				
yn																				
ɑŋ																				
iɑŋ																				
uɑŋ																				
ɔŋ																				
iɔŋ																				

续表

韵母	臻摄 开一	臻摄 开三	臻摄 合一	臻摄 合三	宕摄 开一	宕摄 开三	宕摄 合一	宕摄 合三	江摄 开二	曾摄 开一	曾摄 开三	曾摄 合一	曾摄 合三	梗摄 开二	梗摄 开三	梗摄 开四	梗摄 合二	梗摄 合三	梗摄 合四	通摄 合一	通摄 合三
a																					
ɔ					博	着	郭		剥	北											
ə		笔									侧			百							
i											逼				碧	壁					
u			突	物																木	福
y																					
ɿ		质									直				掰						
ai																					
ei																					
au																					
ia																					
ua												国									
ie						略															
en																					
iɔ																					
ue																					

续表

	臻摄				宕摄				江摄	曾摄			梗摄						通摄	
	开		合		开		合		开	开		合	开			合			合	
	一	三	一	三	一	三	一	三	二	一	三	三	二	三	四	二	三	四	一	三
iu																				菊
ye												域								
iau																				
ieu																				
uai																				
uei																		迴		
ən	吞	珍	奔	分						登	征		冷	贞		弘			蓬	风
in		彬									冰			兵	丁		营			
uen			昏	文																
yn				荀													顷			
aŋ					帮	张		方	邦											
iaŋ						娘														
uaŋ						庄	光	匡	窗											
ɔŋ										崩			猛			矿				
iɔŋ																	兄			熊

三、中古韵母在独山方言中的演变规律

总体来看，中古韵母在独山方言中的演变为：中古果假遇蟹止效流七个阴声韵摄在独山方言中仍读阴声韵；中古的咸、深、山、臻、宕、江、曾、梗、通九个阳声韵摄在独山方言中分化演变成为了两类读音，一类是以鼻声韵尾[-n]或[-ŋ]收尾的阳声韵，另一类则演变为丢失了鼻音韵尾的阴声韵。演变规律如下：

（1）中古果假遇蟹止效流七个阴声韵摄在独山方言中仍读阴声韵。如：

①以下中古韵摄在独山方言中读[a]。

假摄开口帮系端系知系二等字、合口知系二等字，如"芭拿茶沙傻"等。

②以下中古韵摄在独山方言中读[ɔ]。

果摄开口一等端系见系字、合口一等帮系端系见系字，如"多拖歌波躲裸坐科"等。

③以下中古韵摄在独山方言中读[ə]。

假摄开口三等知系字、止摄开口三等帮系见系和端系泥来母字，如"遮车蛇奢儿二而耳"等。

④以下中古韵摄在独山方言中读[i]。

蟹摄开口三等和四等帮系端系见系字、止摄开口三等帮系见系和端系泥来母字，如"蔽例际艺闭迷帝披离比尼"等。

⑤以下中古韵摄在独山方言中读[u]。

遇摄合口一等帮系端系见系字和三等端系见系字、流摄开口一等帮系明母字和开口三等帮系非敷奉明母字，如"铺都奴姑猪除书如牡某母浮否"等。

⑥以下中古韵摄在独山方言中读[y]。

遇摄合口三等端系见系字，如"女徐居虚于"等。

⑦以下中古韵摄在独山方言中读[ɿ]。

蟹摄开口三等知系字、止摄合三等字，如"滞制世誓雌知差迟脂持"等。

⑧以下中古韵摄在独山方言中读[ai]。

蟹摄开口一等端系见系字、二等帮系知系见系字，如"戴台灾才该孩排皆挨界街蟹"等。

⑨以下中古韵摄在独山方言中读[ei]。

蟹摄开口一等、合口一等三等的帮系字，如"贝沛杯培梅背妹废肺吠"等。

⑩以下中古韵摄在独山方言中读[au]。

效摄开口一等帮系端系见系字、二等帮系端系知系和见系影母字、三等知系字，如"褒刀曹高包抄交朝烧少"等。

⑪以下中古韵摄在独山方言中读[ia]。

假摄开口二等见系字，如"家牙霞哑"等。

⑫以下中古韵摄在独山方言中读[ua]。

假摄合口二等见系字，如"瓜夸花华蛙"等。

⑬以下中古韵摄在独山方言中读[ie]。

假摄开口三等端系见系字，如"姐些爹爷也"等。

⑭以下中古韵摄在独山方言中读[əu]。

流摄开口一等帮系端系见系、三等知系字，如"剖偷头走勾侯抽秋搜周"等。

⑮以下中古韵摄在独山方言中读[ye]。

果摄开口三等见系字、合口三等字，如"茄瘸靴"等。

⑯以下中古韵摄在独山方言中读[iau]。

效摄开口二等见系（除影母外）字、三等见系字、四等见系字，如"交肴搅教校骄嚣妖舀尧缴叫"等。

⑰以下中古韵摄在独山方言中读[iəu]。

效摄开口三等帮系端系和开口四等端系字、流摄开口三等端系见系和帮系帮滂并明母字，如"标苗表妙消小笑刁挑聊料萧彪谬流秋修求休优纠"等。

⑱以下中古韵摄在独山方言中读[uai]。

蟹摄合口二等知系见系字，如"拽怪坏歪快"等。

⑲以下中古韵摄在独山方言中读[uei]。

蟹摄合口一等端系见系字、三等端系知系见系字、四等见系字，如"堆雷盔灰煨脆缀税桵桂惠慧"等。

（2）中古的咸、深、山、臻、宕、江、曾、梗、通九个阳声韵摄在独山方言中分化演变成了两类读音，一类是以鼻声韵尾[-n]或[-ŋ]收尾的阳声韵，另一类则演变为丢失了鼻音韵尾的阴声韵。

中古咸、深、山、臻、宕、江、曾、梗、通九个阳声韵摄在普通话中演变为以鼻音韵尾[-n]或[-ŋ]收尾的阳声韵，而在独山方言中，这九个阳声韵摄分化演变成了两类读音：

第一类是如普通话一样，演变为以鼻声韵尾[-n]或[-ŋ]收尾的阳声韵。这类阳声韵包括深、臻、宕、江、曾、梗、通这七个韵摄所包含的各韵字，在今独山方言中共演变为了[ən]、[in]、[uen]、[yn]、[ɑŋ]、[iɑŋ]、[uɑŋ]、[ɔŋ]、[iɔŋ]九个阳声韵。如：

①以下中古韵摄在独山方言中演变为鼻音韵母[ən]。

深摄：开口三等知系非入声字，如"沉参森针深任"等。

臻摄：开口一等端系见系字，如"吞跟痕恩很"等；三等知系非入声字，如"珍陈真神辰人"等；合口一等帮系和端系端透定泥来母非入声字，如"奔喷盆门论村"等；三等帮系（除微母外）字，如"分焚愤坟"等。

曾摄：开口一等端系见系非入声字，如"登疼能曾恒"等；三等知系非入声字，如"征澄称升拯"等。

梗摄：开口二等端系知系见系非入声字，如"冷撑生省更坑争樱"等；三等知系非入声字，如"贞呈正声成整圣郑"等。

②以下中古韵摄在独山方言中演变为鼻音韵母[in]。

深摄：开口三等帮系字端系见系非入声字，如"禀品淋侵钦音荫"等。

臻摄：开口三等帮系端系见系非入声字，如"彬宾粼津因寅殷隐"等。

曾摄：开口三等帮系端系见系非入声字，如"冰凭陵凝兴应"等。

梗摄：开口三等帮系端系见系非入声字，如"兵平明名精井轻婴敬"等；四等帮系端系见系非入声字，如"妍屏丁宁青星经形"等；合口三等见系非入声字，如"营颖倾"等。

③以下中古韵摄在独山方言中演变为鼻音韵母[uen]。

臻摄：合口一等见系非入声字，如"昆昏温滚困混"等；三等帮系微母、端系（除心邪母）、知系非入声字，如"文吻问椿遵春唇顺准盾蠢纯"等。

④以下中古韵摄在独山方言中演变为鼻音韵母[yn]。

臻摄：合口三等端系心邪母、见系非入声字，如"荀巡均匀允军裙云熨运"等。

梗摄：合口三等见系非入声少量字，如"顷琼"等。

（由于受到唇齿浊擦音[v]的影响，臻摄合口三等端系心邪母和见系非入声字，如"荀巡均匀允军裙云熨运"等的韵母发音有时会变为[vn]。）

⑤以下中古韵摄在独山方言中演变为鼻音韵母[ɑŋ]。

宕摄：开口一等帮系端系知系见系非入声字，如"帮滂忙郎岗昂杭吭葬浪"等；三等知系章昌船书禅日母非入声字，如"张长章商常瓤"等；合口三等帮系（除微母）字，如"方房纺放访"等。

江摄：开口二等帮系见系非入声字，如"帮庞棒胖夯项巷扛豇港虹"等。

⑥以下中古韵摄在独山方言中演变为鼻音韵母[iɑŋ]。

宕摄：开口三等帮系端系见系非入声字，如"娘将详疆强香亮向样"等。

⑦以下中古韵摄在独山方言中演变为鼻音韵母[uɑŋ]。

宕摄：开口三等知系庄初崇生母非入声字，如"庄疮床霜壮创"等；合口一等见系非入声字，如"光荒黄广晃旷"等；三等帮系微母和见系字，如"匡狂王枉往旺"。

江摄：开口二等知系非入声字，如"椿窗双撞"等。

⑧以下中古韵摄在独山方言中演变为鼻音韵母[ɔŋ]。

曾摄：开口一等帮系非入声字，如"崩朋"等；合口一等见系非入声字，如"弘"等。

梗摄开口二等帮系非入声字，如"烹膨猛孟棚萌迸"等；合口二等见系晓匣母字，如"轰宏"等。

通摄：合口一等帮系端系见系非入声字，如"篷蒙龙棕公烘翁科农松"等；三等帮系端系知系见系（除晓匣影喻母）非入声字，如"风丰隆中虫充引浓从松重恭"等。

⑨以下中古韵摄在独山方言中演变为鼻音韵母[ioŋ]。

梗摄：合口三等四等见系字，如"兄荣永泳迥"等。

通摄：合口三等见系晓匣影喻母非入声字，如"熊雄融雍容拥勇用蓉"等。

第二类演变为丢失了鼻音韵尾的阴声韵。这一类共包括山、咸两韵摄所含的十五个阳声韵。在今独山方言中这十五个阳声韵全部演变为阴声韵[a]、[ɔ]、[ə]、[ie]、[uə]、[uo]、[ye]、[uai]。如：

①以下中古韵摄在独山方言中演变为韵母[a]。

山摄：开口一等端系见系非入声字，如"丹单安鞍檀残寒汉旦按"等；二等帮系知系字，如"山孱潺盏班扳攀板慢晏栈"等；合口三等帮系非敷奉母字，如"翻番烦繁蘩藩樊饭"等。

咸摄：开口一等帮系端系见系字，如"耽躭眈堪谈痰含函男毯览暂"等；开口二等知系字，如"杉谗尴斩站蘸搀衫巉"等；合口三等帮系字，如"帆凡范犯泛"等。

②以下中古韵摄在独山方言中演变为韵母[ɔ]。

山摄：开口一等见系入声字，如"割葛渴喝"等；合口一等帮系见系入声字，如"钵拨泼钹末沫掇脱夺捋括聒阔豁活"等。

③以下中古韵摄在独山方言中演变为韵母[ə]。

山摄：开口三等知系字，如"氈煽缠廛然善单膳鳝缮"等；合口一等帮系非入声字，如"般搬潘盘螨半拌伴满判叛畔"等。

咸摄：开口三等知系字，如"沾詹瞻陕闪染冉髯占"等。

④以下中古韵摄在独山方言中演变为[ie]。

山摄：开口二等见系非入声字，如"艰闲简柬拣奸颜谏涧雁"等；三等帮系端系见系字，如"鞭编焉蔫变汴辨辩件溅骗"等；四等帮端系见系字，如"边天先颠扁典显辫练见现烟燕宴"等；合口三等端系来母字，如"恋劣"等。

咸摄：开口二等见系非入声字，如"减咸陷馅监鑑严衔嵌"等；三等帮系端系见系字，如"尖歼签笺渐险掩厌艳焰蹀猎接叶页严俨剑欠劫怯业协"等；四等端系见系字，如"掂添甜鲇拈兼点舔店协跌帖叠碟牒"等。

⑤以下中古韵摄在独山方言中演变为[uə]。

山摄：合口一等帮系非入声字，如"端酸官棺观冠宽团鸾乱算贯换"等；二等知系见系少量字，如"幻患宦纂"等；三等知系字，如"传砖川穿船椽软阮"等。

⑥以下中古韵摄在独山方言中演变为[ua]。

山摄：开口二等庄组字，如"产铲删疝"等；合口一等帮系见系入声少量字，如"豌剜腕玩"等；二等知系见系字，如"鳏顽滑猾挖闩拴关弯还湾涮惯"等；三等帮系微母字，如"晚挽万袜"等。

咸摄：开口二等字，如"赚"。

⑦以下中古韵摄在独山方言中演变为[ye]。

山摄：合口三等端系精清从心邪母和见系字，如"圈宣捐旋全泉倦眷院员圆怨元园源袁援原"等；四等见系字，如"渊眩玄悬犬"等。

（注：由于受唇齿浊擦音[v]的影响，此类部分零声母字读为[ve]，如"圆怨元园源袁原渊"等）

⑧以下中古韵摄在独山方言中演变为[uai]。

山摄：合口三等仙韵字，如"喘"。

第三节　声调比较

中古声调在普通话的演变特点为"平分阴阳，浊上变去，入派三声"，中古声调在今独山方言的演变也有一定规律，具体如下：

一、古今声调对照表

表6-5

古声调/独山方言今声调		阴平	阳平	上声	去声	入声
		33	45	323	21	41
平	清	边飞丁知尊三专开蒸刚				
	浊		扶唐才陈寒时麻难文人			
上	其他			粉体走展古武女五老手		
	浊				倍妇坐断似柱社跪厚视	
去	全部				盖变正对醉共助大望用	
入	全部					积出急白德笔目物必惕

二、中古音声调在今独山方言中的演变规律

1. 平分阴阳

中古的平声在独山方言分化为阴平和阳平。阴平的调值为33，阳平的调值为45。平分阴阳的条件很明显，按声母的清浊来分化，即清音变成了阴平，浊音变成了阳平。清音包括全清和次清，浊音包括全浊和次浊。例如：

全清：帮方当张相庄章商香央；

次清：滂芳汤仓昌康；

全浊：旁房堂肠藏常强航；

次浊：忙囊郎瓤昂羊。

2. 浊上变去

所谓的浊上变去，指全浊声母的上声字变为去声。例如：

并母：部薄罢倍被婢抱鲍鳔辨辩辫伴笨棒蚌并；

奉母：父妇负阜范犯愤忿奉；

定母：舵惰杜待怠殆弟道稻淡簟诞断盾荡动；

澄母：柱痔峙赵兆肇纣朕篆丈杖仲重；

从母：坐聚在罪皂造渐践尽静；

邪母：序叙绪祀似象像；

崇母：士仕柿撰；

船母：葚；

禅母：社墅竖是氏市恃绍受甚善肾上；

群母：巨拒距技妓跪臼咎件键圈近菌；

匣母：祸下户亥骇汇浩后厚撼旱限混项杏幸。

但也有少数例外字，如"釜腐辅（奉）、挺艇（宕）、缓皖蟹（匣）"仍念上声；还有少数变读为阳平，如"揆（群）"。但从大多数来看，全浊上声变去声这条规律在独山方言中较明显。

3. 入声自成一类

入声是古四声中的一个调类。经历了漫长的时代变迁，声调如今已经发生了很大的变化，在现代普通话中，原古音中的四个调类已经分派普通话阴平、阳平、上声、去声的四个声调中，即"入派三声"。而在独山方言中，入声仍然自成一类，入声在独山方言中的调值为41。例如：

帮组：法乏八拔抹别鳖灭憋撇箧钵拨泼末沫发伐筏罚袜笔毕必弼密蜜不勃饽没博泊薄莫膜寞剥驳朴北墨默逼百柏伯迫拍魄白帛陌擘檗麦脉碧壁僻辟壁劈觅扑仆曝瀑木；

非组：佛物勿福幅蝠腹覆服伏袱复目穆牧；

端组：答踏沓塔榻塌涾跌贴叠碟蝶獭达铁掇脱夺突托讬铎踱得特的滴嫡踢剔笛敌狄秃独读犊椟笃督毒；

泥组：纳腊聂镊蹑猎立笠粒捺辣列烈裂捏劣栗律率诺落洛骆酪洛络乐掠肋勒靁力溺历鹿禄六陆绿录；

精组：接妾捷缉集辑习袭擦萨薛泄节切截屑楔撮绝雪七漆疾悉膝卒猝恤作昨索爵雀鹊嚼削则贼塞即鲫息熄积迹脊籍藉惜昔席夕绩戚寂锡析族速肃宿足促粟俗续；

知组：蛰哲彻撤辙秩术着桌卓琢啄戳浊植直值拆泽择宅摘掷竹筑畜逐轴；

庄组：眨插闸炸涩札察杀铡刷瑟虱捉镯汜朔侧测色啬宅责策册缩；

章组：摺褶摄涉执汁湿十什拾折浙舌设折拙说质实失室出术述秫酌绰焯织职食蚀识殖植炙赤斥尺适释石祝叔熟淑烛触赎束蜀属；

日组：入热日若弱肉；

见组：合蛤磕夹恰甲胛劫怯业挟急级给及割葛渴杰擘揭结洁括阔刮倔掘月决诀缺吉讫乞骨窟杌桔各阁胳鄂脚却虐郭廓扩觉角确壳岳乐刻克极格客额革隔击激吃谷哭酷菊掬麴曲局狱；

晓组：盒合狭峡洽匣协吸喝瞎辖歇蝎豁活滑猾血穴忽鹤霍学黑吓核获畜蓄；

影组：鸭押揖噎挖悦越粤乙一逸恶约药钥握抑域扼轭益亦译液腋疫役屋沃郁欲浴育。

也有极少数例外字，如"幕摸雹卜（帮母）、缚（非母）、拉捋（泥母）、撒戍错（精母）、率蟀（庄母）、勺芍式饰射粥嘱（章母）、辱褥（日母）、泣玉（见母）、喝恨核郝劁划（晓母）、压腌轧拽曰跃翼忆亿易（影母）"。但从绝大多数来看，入声均自成一调。古入声字塞音尾在今独山方言中已消失，但入声仍自成调类，这点与湘语较为相似。

第四节　中古音在独山方言语音演变的几个特点

一、中古咸山两摄在独山方言中的演变特点

中古的咸、深、山、臻、宕、江、曾、梗、通九个韵摄，在普通话中全部发展演变为以鼻音尾[-n]或[-ŋ]收尾的阳声韵，在独山方言中，这部分韵摄却分化演变为两类读音：第一类是如同普通话一样，以鼻声韵尾[-n]或[-ŋ]收尾的阳声韵。这类阳声韵包括通、江、臻、宕、梗、曾、深这七个韵摄所包含的各韵字，如"帮张方邦娘庄光窗矿"等。第二类则演变为丢失了鼻音韵尾的阴声韵。这类阴声韵包括了咸、山两韵摄所含的十五个阳声韵。这十五个阳声韵在独山方言中全部演变为阴声韵，如"耽站帆丹扮钵沾缠夹轧赚产减艰端全决"等，具有整齐而严格的规律性。具体如下：

1. 演变情况

在独山方言中，中古山、咸两韵摄所含《广韵》的十五个阳声韵失落了片音韵尾之后，一共演变为以下八个阴声韵母：[a]、[ɔ]、[ə]、[ie]、[uə]、[uo]、[ye]、[uai]。举例说明如下：

（1）[a]

咸摄：

开口一等覃：耽眈眈堪龛覃潭谭罈谈痰含函男南感坎惨毯览揽榄敢喊担（担子）滥暂

开口二等咸：杉馋尴斩站蘸

开口二等衔：搀衫巉

合口三等凡：帆凡范犯泛

山摄：

开口一等寒：丹单安鞍刊餐干肝难檀残寒懒散罕汗汉旦但蛋赞灿岸按案

开口二等山：山孱潺盏盼扮绽瓣

开口二等删：班斑扳攀蛮板版慢晏（晚）栈

合口三等元：翻番烦繁蘩藩樊反返饭贩

（2）[ɔ]

山摄：

开口一等寒曷：割葛渴喝

合口一等桓末：钵拨泼钹末沫掇脱夺捋括聒阔豁活

（3）[ə]

咸摄：

开口三等盐：沾詹瞻陕闪染冉髯占

山摄：

开口三等仙薛：氈扇（扇凉）煽缠廛然燃展战颤善单（姓）膳鳝缮扇（扇子）

合口一等桓末：般搬潘盘瞒半拌伴满判叛畔

（4）[ie]

咸摄：

开口二等咸：减咸陷馅

开口二等衔：监鑑严衔嵌

开口三等盐：尖奸签笺潜钳淹炎盐阎贬敛渐检脸俭险掩厌艳焰聂镊蹑猎接
　　　　　　妾捷叶页

开口三等严：严俨剑欠劫怯业协

开口四等添：掂添甜鲇拈兼谦嫌点舔店协跌帖叠碟牒蝶谍

山摄：

开口二等山黠：艰间（空间）闲简柬拣眼限间（间断）

开口二等删鎋：奸颜谏涧雁

开口三等仙：鞭编焉蔫篇偏迁煎钱乾虔捐免娩缅剪浅变汴辨辩件贱箭钱
　　　　　　溅骗

开口三等元：掀轩言建犍键健宪献

开口四等先：边天先颠肩坚田填前贤圆扁典显毽遍片电殿奠垫练见现烟
　　　　　　燕宴

（5）[uə]

山摄：

合口一等桓：端酸官棺观冠（衣冠）欢宽团鸾碗缓管馆款卵暖短断锻段乱算
　　　　　　贯灌罐唤焕换

合口二等山：幻

合口二等删：患宦

合口三等仙：传专砖川穿船传（宣传）椽篆传（传记）串软

合三等元：阮

（6）[ua]

咸摄：

开口二等咸：赚

山摄：

开口二等山：产铲

开口二等删：删疝（疝气）

合口一等桓：豌剜腕玩

合口二等山：鳏顽滑猾挖

合口二等删：闩拴关弯还湾涮惯刷刮环还（还原）

合口三等元：晚挽万袜

（7）[ye]

山摄：

合口三等仙：圈（圆圈）宣捐旋全泉拳权颧圈（猪圈）倦眷院员圆缘

合口三等元：喧劝券怨元园源袁援原

合口四等元：渊眩玄悬犬

（8）[uai]

山摄：

合口三等仙：喘[tsʰuai³²³]

2. 演变现象的成因分析

（1）归并简化是主要发展演变趋势。山咸两韵摄所包含的十五个阳声韵，在现代普通话中一共演变为[an]、[ian]、[uan]、[yan]四个阳声韵母。王力先生在《汉语史稿》[⑮]中指出，山咸两摄主要元音有[ɒ]、[ɑ]、[a]、[æ]、[ɐ]、[ɛ]、[e]共七个，发展到普通话中，这七个主要元音只保留了一个低舌位的央元音[a]。可见，归并简化是山咸两摄诸韵韵母和主要元音在普通话中发展演变的趋势。

在独山方言中，山咸两摄诸韵的发展演变趋势也与普通话相似，只是略有差异：山咸两摄的十五个阳声韵，其鼻音韵尾[-n]、[-m]在独山方言中全部失落，共演变为[a]、[ɔ]、[ə]、[ie]、[uə]、[ua]、[ye]、[uai]八个阴声韵母；其主要元音既保留了低舌位不圆唇元音[a]，同时也保留了半高舌位不圆唇元音[ə]。

（2）保留半高舌位不圆唇元音[ə]。作为单元音韵母，它出现在山摄开口三等仙韵和合口一等桓韵、咸摄开口三等盐韵。其原因何在呢？

根据王力先生在《汉语史稿》的构拟音，山咸两摄开口三等仙韵、盐韵的中古韵母分别为[iɛn]、[iɛm]。王力先生指出：在发展演变过程中，"仙韵知照系字由齐齿变成了开口"，即在卷舌音的影响下，齐齿变成了开口⑯。这就是说，三等仙韵、盐韵知照组字的韵母[iɛn]、[iɛm]由于受卷舌声母的影响，丢失了韵头[i-]、由齐齿变为开口：[ɛn]、[ɛm]。开口三等仙、盐知照组字变为开口韵之后，发展演变到独山方言中，除了失落鼻音韵尾[-n]、[-m]之外，其主要元音的舌位又向半高方向移动，于是[ɛ]转为一个半高的不圆唇元音[ə]。就这样，山咸两摄开口三等仙、盐两韵知照组字的韵母，在独山方言中演变成为了单独的阴声韵母[ə]。

此外，"在唇音的影响下，合口呼和撮口呼都变了开口"，所以普通话中桓韵去掉了韵头[u]，由合口变为了开口[an]；再发展到独山方言中，桓韵除丢失鼻音韵尾[-n]之外，其主要元音[a]的舌位又由后向前、由低向半高方言中变为单独的阴声韵母[ə]。

（3）在独山方言中失落了鼻音韵尾之后，其韵母演变为单独的阴声韵[a]的字，其来源有二：

第一，来自山摄开口一等寒曷、二等山黠、二等删鎋三韵和咸摄开口一等覃合、一等谈盍、二等咸洽、衔狎四韵。这类字在独山方言中直接失落鼻音韵尾，保留主要元音[a]。

第二，来自山摄合口元月韵非组三等字和咸摄合口凡乏韵非组三等字。

这两摄合口非组字为何演变为开口呼呢？丁声树、李荣二位先生指出："非组字不论开合口，非敷奉三母字今音除合口呼的[u]韵之外，一律读开口呼。"⑰也就是说，山摄合口三等元韵非组"翻番烦繁樊反饭"等字和咸摄合口三等凡韵非组"凡帆范犯泛"等字，因受其轻唇声母（非敷奉）的影响，除合口呼[u]韵母外，全部失掉了韵头，由合口呼变为了开口呼。此外，合口三等元韵非组字和合口三等凡韵非组字发展演变到独山方言中，除失掉其韵头外，又失落了鼻音韵尾，所以山摄合口三等元韵非组字和咸摄合三等凡韵非组字，其韵母在独山方言中也演变为开口的阴声韵母[a]。

二、咸山两摄阳声韵与入声韵的比较

在对咸山两摄在独山方言的变化进行研究中，我们发现，咸山两摄所包含的阳声韵在独山方言中失落了鼻音韵尾后转变为了阴声韵，其韵母读音分别与同它们相配合的失掉了塞音韵尾（[-p]、[-t]、[-k]）的入声韵的韵母读音相同。例如：

表6-6　咸摄开口一等字对照表

	平	上	去	入
	谈	敢	阚	盍
来母	蓝[la^{45}]	览揽[la^{323}]	滥[la^{21}]	腊蜡[la^{41}]
端母	担（担任）[ta^{33}]	胆[ta^{323}]	担（担子）[ta^{21}]	褡[ta^{41}]

表6-7　咸摄开口三等字对照表

	平	上	去	入
	盐	琰	艳	叶
来母	廉[lie^{45}]	敛[lie^{323}]	殓[lie^{21}]	猎[lie^{41}]
喻母	淹[lie^{33}]	掩[ie^{323}]	厌[ie^{21}]	靥[ie^{41}]

表6-8　咸摄开口四等字对照表

	平	上	去	入
	添	忝	掭	贴
端母	掂[tie^{33}]	点[tie^{323}]	店[tie^{21}]	跌[tie^{41}]
透母	添[t^{h}ie^{33}]	舔[t^{h}ie^{323}]	掭[t^{h}ie^{21}]	帖贴[t^{h}ie^{41}]

表6-9　咸摄合口三等字对照表

	平	上	去	入
	凡	范	梵	乏
奉母	凡帆[fa^{45}]	范犯[fa^{323}]	泛[fa^{21}]	乏[fa^{41}]

表6-10　山摄开口一等字对照表

	平	上	去	入
	寒	旱	翰	曷
端母	丹单[ta^{33}]	掸（掸子)[ta^{323}]	旦[ta^{21}]	笪妲[ta^{41}]

表6-11 山摄开口三等字对照表

	平	上	去	入
	仙	狝	线	薛
心母	仙鲜[ɕie³³]	癣[ɕie³²³]	线[ɕie²¹]	泄[ɕie⁴¹]
书母	扇煽 [sə³³]	闪[sə³²³]	扇（扇子)[sə²¹]	设[sə⁴¹]

（说明：仙韵的中古韵母为[ĭɛn]⑧，独山方言仙韵的韵母为[ie]。两者比较起来，独山方言仙韵的韵母除了失落鼻音韵尾[-n]之外，其主要元音的舌位还向前、向半高方向移动，由[ɛ]旁转为[e]。如"扇（扇凉）、煽、扇（扇子)"等禅母字的韵母演变为单独的阴声韵母[ə]。)

表6-12　山摄开口四等字对照表

	平	上	去	入
	先	铣	霰	屑
帮母	边[pie³³]	扁匾[pie³²³]	遍[pie²¹]	憋[pie⁴¹]
见母	坚肩[tɕie³³]	茧筧[tɕie³²³]	见[tɕie²¹]	结洁[tɕie⁴¹]

表6-13　山摄合口三等字对照表

	平	上	去	入
	元	阮	愿	月
非母	藩[fa³³]	反[fa³²³]	贩[fa²¹]	发[fa⁴¹]
喻母	袁圆[ye⁴⁵]	远[ye³²³]	怨[ye²¹]	越[ye⁴¹]

表6-14　山摄合口三等字对照表

	平	上	去	入
	仙	狝	线	薛
心母	宣[ɕye³³]	选[ɕye³²³]	渲[ɕye²¹]	雪[ɕye⁴¹]

通过上述语音演变现象，我们发现在独山方言中，山咸两摄各个阳声韵失落了鼻音韵尾之后全都转为了阴声韵，与阳声韵类相配的入声韵，失落了塞音韵尾之后也都转为了相同的阴声韵；而且无论该韵类阳声韵和入声韵的韵尾变化有何差异，其主要元音总是与变化后的该韵类阴声韵的主要元音相同。即说明了该韵类阳声韵、阴声韵、入声韵在一定的条件下，是可以互相通转的。

"阴阳相配，可以对转。"这是有清学者孔广森在其《诗声类》中第一次提出来的著名的"阴阳对转"的观点。王力先生对此曾解释说："'阴阳对转'不应该了解为有阴阳两读，而应该了解为语音发展的一种规律，即阳声失去鼻音韵尾变为阴声，阴声加上鼻音韵尾变为阳声。"[18]山咸两摄各个阳声韵在独山方言中失落了鼻音韵尾之后，全都转为了阴声韵，这种有规律的语音演变现象，正是现代汉语方言对"阴阳对转"理论中阳转阴的最好说明。

第七章　独山方言语音的内部及外部差异

第一节　独山方言的内部差异

在独山县所辖8个镇、7个乡、3个民族乡的方言中，内部一致性较强。独山县城关镇方言的语音系统与其他乡镇的方言基本上对应整齐，但也有个别地区方言有自己的特点。本文选取了独山县人口密度较大的城关镇方言、下司镇方言、兔场镇方言、麻尾镇方言进行比较。

一、声母比较

表7-1

声母/地区	城关镇	下司镇	兔场镇	麻尾镇
p pʰ m f	+	+	+	+
t tʰ n l	+	+	+	+
v	+	+	−	−
k kʰ x	+	+	+	+
ŋ	+	+	+	+
tɕ tɕʰ ɕ	+	+	+	+
ts tsʰ s	+	+	+	+
z	+	+	+	+
∅	+	+	+	+

说明：

（1）独山县城关镇与下司镇、兔场镇、麻尾镇的声母大体相同。

（2）[n]与[l]在独山县城关镇、下司镇、兔场镇、麻尾镇四个方言区均有严格的区分。

（3）唇齿浊擦音[v]在独山县城关镇老派方言和下司镇方言中存在，与[i]、

[in]、[ie]三个韵母相拼，如"雨、玉、晕、云、元、院"等。受普通话影响，虽然独山县城关镇老派方言中仍然普遍存在[v]，但在独山城关镇年轻一代的方言中已基本丢失，在兔场镇和麻尾镇方言中也完全丢失了[v]。因此，在独山县城关镇会经常有双音现象，即部分[vi]、[vn]、[ve]的字也可读零声母[y]、[yn]、[ye]韵。

4. 独山城关镇方言读[ts]、[tsʰ]、[s]声母的字，在下司镇方言中部分会变读为[tɕ]、[tɕʰ]、[ɕ]。如"酸"，独山城关镇音为[suə]，下司镇音为[ɕuə]；"船"，独山城关镇音为[tsʰuə]，下司镇音为[tɕʰuə]；"租"，独山城关镇音为[tsu]，下司镇音为[tɕu]；"专"，独山城关镇音为[tsuə]，下司镇音为[tɕuə]。

二、韵母比较

表7-2

韵母/地区	城关镇	下司镇	兔场镇	麻尾镇
a ɔ ə i u y ι ʅ e ɛ	+	+	+	+
ai、ei、au、ia、ua、iɛ、uə、iɔ、əu、ye、iau、iəu、uai、uei、	+	+	+	+
ən、in、uen、yn、aŋ、iaŋ、uaŋ、ɔŋ、iɔŋ	+	+	+	+
iu	+	+	+	－

说明：

（1）独山县城关镇与下司镇、兔场镇、麻尾镇的韵母大致相同，个别有差异。韵母最多的31个（城关镇、下司镇），最少的也有30个（麻尾镇）。

（2）单元音韵母[ə]的发音在四处略有区别，城关镇、麻尾镇、兔场镇发音情况为[ə]舌面、央、半高、不圆唇元音。而下司镇发音情况则为[ɤ]舌面、后、半高、不圆唇元音。但由于其无区别意义的作用，因此，我们均写作[ə]。

（3）[tɕ]、[tɕʰ]、[ɕ]在独山城关镇、兔场镇、麻尾镇方言能与[u]相拼，如"菊"[tɕu]、"屈"[tɕʰu]、"蓄"[ɕu]；但在下司镇方言中这些与[u]相拼的字则变成了[iəu]，如"菊"[tɕiəu]、"屈"[tɕʰiəu]、"蓄"[ɕiəu]。

（4）遇摄一等端、精组和三等庄组字、通摄三等入声字韵母，今城关镇、兔场镇、麻尾镇大多读[u]，和流摄字合流，但下司镇多数读为了[əu]。如"露路"[ləu]、"粗"[tsəu]、"六陆绿鹿"[ləu]。

第二节　独山方言与周边地区方言的语音比较

《贵州省志·汉语方言志》中将黔南州方言一分为二，都匀、独山、平塘、荔波、三都属于黔南片区，而其他福泉、瓮安、贵定、龙里、惠水、罗甸、长顺县（市）方言则属于过渡区方言。属于黔南片区的独山、都匀、三都、平塘、荔波县方言一致性较强，与黔南州其他县市方言差别较大，在贵州省乃至西南官话中都颇具特点。笔者将独山、都匀、平塘、荔波方言进行比较，发现其内部也存在一定差异性。

一、声母比较

独山与都匀、平塘、三都、荔波的声母大致相同，略有差别。区别如下表：

表7-3

声母/地区	独山	都匀	平塘	三都	荔波
p pʰ m	＋	＋	＋	＋	＋
f	＋	＋	＋	－	＋
v	＋	＋	＋	－	－
t tʰ n l	＋	＋	＋	＋	＋
k kʰ x	＋	＋	＋	＋	＋
ŋ	＋	＋	＋	＋	＋
tɕ tɕʰ ɕ	＋	＋	＋	＋	＋
ts tʰ s z	＋	＋	＋	＋	＋
∅	＋	＋	＋	＋	＋

说明：

（1）独山与都匀、平塘的声母大体相同。

（2）唇齿浊擦音[v]是独山、都匀、荔波、三都的声母的主要差别。独山、平塘和都匀老派音系（年轻一代的基本消失）均有声母[v]，如"雨、玉、鱼"等，而荔波、三都则无。[v]发音时，唇齿的接触较重，而遇摄微母发音，前面的摩擦较轻，可视为[u]，如"舞、无、巫"等。

（3）唇齿音[f]是独山、都匀、荔波、三都的声母的主要区别特征。独山、都匀、荔波有声母[f]，且[f]、[x]区别非常清楚。三都因为无[f]，[f]、[x]的读音界线不明显，如"风＝烘"、"浮＝糊"、"方＝慌"等。

二、韵母比较

从韵母上看，独山与都匀、平塘、三都、荔波方言的韵母多寡不一，具体异同见下表：

表7-4

韵母/地区	独山	都匀	平塘	三都	荔波
a o i u y ɿ	+	+	+	+	+
ei ia ua ie uə ɔi əu ye iəi uei	+	+	+	+	+
ən in uen yn aŋ iaŋ uaŋ ɔŋ iɔŋ in ne	+	+	+	+	+
ɛ	−	−	−	−	+
ə	+	+	+	+	+
e	−	+	−	−	−
o	−	−	−	−	+
io	−	−	−	−	−
ai	+	+	+	+	−
uai	+	+	+	+	−
iu	+	−	−	−	+
ɔ̃	−	−	−	−	+
uɔ̃	−	−	−	−	+
ɛ̃	−	−	−	−	+
iɛ̃	−	+	−	−	−
uɛ̃	−	+	−	−	+
yɛ̃	−	+	−	−	−
au	+	+	+	+	−
iau	+	+	+	+	−

说明：

（1）独山、都匀、平塘、三都、荔波的韵母多数相同，部分有差异。韵母最多的36个（荔波），最少的只有30个（平塘、三都）。

（2）独山与都匀方言相比较，独山韵母31个，都匀32个，都匀方言多了[iɛ̃]、[uɛ̃]、[e]。此外，独山有的[iu]、[ə]韵母都匀则无。

（3）独山与平塘、三都相比较，独山方言增加了[iu]韵母，其他则相同。

（4）独山与荔波相比较，差别较大，独山31个韵母，荔波36个韵母，其中[ɛ]、[o]、[io]、[ɔ̃]、[uɔ̃]、[ɛ̃]、[iɛ̃]、[uɛ̃]、[yɛ̃]韵母独山方言中无，而独山方言中的[ai]、[uai]、[au]、[iau]荔波方言无。

三、声调比较

1. 调类、调值比较

表7-5

调类/调值	例字	独山	都匀	平塘	三都	荔波
阴平	天三关	33	33	33	44	33
阳平	明晨拿	45	45	45	45	42
上声	手反打	323	323	323	323	323
去声	探那迈	21	21	21	21	21
入声	踏辣杀	41	41	31	41	42

说明：

独山、都匀、平塘、三都、荔波的声调调类相同，调值也基本相同。

2. 古今声调比较

表7-6

古声调	平			上			去			入		
清浊	清	次浊	全浊	清	次浊	全浊	清	次浊	全浊	清	次浊	全浊
例字	天安	棉拿	田寒	古手	马两	坐道	四到	怒面	定大	秃竹	纳麦	浊合
独山	33	45		323		21	21			41		
都匀	33	45		323		21	21			41		
平塘	33	45		323		21	21			31		
三都	44	45		323		21	21			41		
荔波	33	42		23		21	21			42		

从调类来看，根据入声的有无，可将五处方言分为两大类：

一类是独山、都匀、平塘、三都，有阴平、阳平、上声、去声和入声五个调类；一类是荔波，有阴平、阳平、上声、去声四个调类，无入声。

古今调类的演变关系：独山、都匀、平塘、三都四处入声均自成一调。古入声字塞音尾今已消失，但仍自成调类。荔波古入声字不论清浊今全归阳平。平上去的古今演变关系五处都相同，即古平声清声母字今读阴平，古平声浊声母字今读阳平，古上声清声母字及次浊声母字今读上声，古上声全浊声母字和古去声字无论清浊今一律读去声。

从调值看，独山、都匀、平塘、三都的阳平是个高平调，调值45，与贵州大多数片区的低降调不同。

四、五处方言比较特点

1. 声母[v]的运用

独山、都匀、平塘三个地区有个特殊的声母[v]，但它们使用又有一定区别，独山和都匀一样，即遇、山、臻、梗四摄合口三等的疑、影、云、以四母的字，今普通话与贵阳话读为零声母，独山、都匀均读为[v]声母。如：鱼余[vi]、语雨[vi]、玉预[vi]、晕[vin]、云匀[vin]、永允韵运[vin]、渊冤[ve]、员圆[ve]、怨院[ve]、月阅[ve]。

平塘也有[v]声母，但与都匀、独山不同，平塘仅限于遇、臻、梗摄字。

2. 声母[n]、[l]的运用

中古泥来两母在贵州方言中一般是没有分别的，即"女泥=旅来"、"娘泥=凉来"、"年泥=连来"，[n]、[l]不分，二者是同一音位中的两个自由变体。但在独山、都匀、平塘、三都、荔波这五个地区中，[n]、[l]的分别很明显。

3. 声母[f]、[x]的使用

三都没有[f]声母，中古非敷奉母字在三都读作[x]。如：通摄，风丰蜂[xɔŋ]；宕摄，方芳房[xuaŋ]；咸摄，反翻烦[xa]；山摄，凡范泛[xa]；流摄，浮否富[xu]；止摄，夫符敷[xu]；蟹摄，废肺吠[xuai]。

值得注意的是，三都年轻一代语音中已经出现[f]，可见这个韵母也有向普通话靠拢的倾向。

遇摄一等晓匣母字，独山读为[x]声母，如"呼乎葫狐壶虎浒护忽"等均读为[xu]，而贵州的大多数地区读为[fu]。

4. 遇摄、精组、庄组字韵母

遇摄一等端、精组和三等庄组字韵母，今都匀读[əu]，和流摄字合流，如：都[təu]、路[ləu]、粗[tsəu]；而独山、平塘、荔波今多数读[u]，如：都[tu]、路[lu]、粗[tsu]。

5. 端组字韵母

端组止摄合口三等、蟹摄合口一等字独山、三都、平塘仍读合口，都匀、荔波则读开口。如：

端组：（独山、三都、平塘）堆[tuei]、兑[tuei]、对[tuei]、推[tʰuei]、颓[tʰuei]；

（都匀、荔波）堆[tei]、兑[tei]、对[tei]、推[tʰei]、颓[tʰei]。

泥组：（独山、三都、平塘）雷[luei]、内[nuei]、累[luei]、类[luei]、泪[luei]；

（都匀、荔波）雷[lei]、内[nei]、累[lei]、类[lei]、泪[lei]。

6. 帮端精组字韵母

效摄宵、肖韵的帮端（来）精组字，今独山、平塘的韵母为[iəu]，与流摄字合流。如：标[piəu]、飘[pʰiəu]、表[piəu]、瞄[miəu]、小[ɕiəu]、笑[ɕiəu]、条[tʰiəu]。

7. 山摄合口字韵母

中古山摄合口一二等字在独山、都匀、平塘、三都、荔波的读音略有不同。如下表：

表7-7

例字	一等	二等	一等	二等	一等	二等	一等	二等
	潘 ≠ 攀		满 ≠ 蛮		官 ≠ 关		缓 ≠ 幻	
独山	-ə	-a	-ə	-a	-uə	-ua	-uə	-uə
都匀	-e	-iɛ	-e	-iɛ	-uɛ̃	-uɛ̃	-uɛ̃	-uɛ̃
平塘	-ə	-a	-ə	-a	-uə	-ua	-uə	-uə
三都	-ə	-a	-ə	-a	-uə	-ua	-uə	-uə
荔波	-ɔ̃	-ɛ̃	-ɔ̃	-ɛ̃	-uɔ̃	-uɛ̃	-uɔ̃	-uɛ̃

从中古山摄合口一二等字在五处的演变比较来看，在今独山、平塘、三都方言的演变相同，合口一等演变为[ə]、[uə]，合口二等演变为[a]、[ua]、[uə]；在都匀方言中，合口一等演变为[e]、[uɛ̃]，合口二等演变为[iɛ̃]、[uɛ]；在荔波方言中，合口一等演变为[ɔ̃]、[uɔ̃]，合口二等演变为[ɛ̃]、[uɛ̃]。

8. 咸山摄读开尾韵

咸山摄一律丢掉鼻音韵尾，读开尾韵，是独山与都匀、平塘、三都、荔波的共同特点。但它们的演变情况又略有不同，这一点比咸山摄在西南官话中演变的普遍情况要复杂。如下表：

表7-8　开口表

中古字	咸山开口一等				咸山开口二等			咸山开口三四等				
例字	端组贪坛	泥组男兰	精组参残	见系甘肝	知组站绽	衣组斩山	见系减简	精组尖	知章组展善	日组染	来组联	见系坚
独山	-a	-a	-a	-a	-a	-a	-ie	-ie	-ə	-ə	-ie	-ie
都匀	-e	-e	-e	-e	-e	-e	-ie	-ie	-ye	-ye	-ie	-ie
平塘	-a	-a	-a	-a	-a	-a	-ie	-ie	-ə	-ə	-ie	-ie
三都	-a	-a	-a	-a	-a	-a	-ie	-ie	-ə	-ə	-ie	-ie
荔波	-ɛ̃	-ɛ̃	-ɛ̃	-ɛ̃	-ɛ̃	-ɛ̃	-iɛ̃	-iɛ̃	-ɛ̃	-ɔ̃	-ɔ̃	-iɛ̃	-iɛ̃

上表显示，咸山开口一二三四等在今独山、平塘、三都的演变情况相同，咸山开口一等演变为[a]，咸山开口二等演变为[a]、[ie]，咸山开口三四等演变为[ie]、[ə]；在今都匀方言中，咸山开口一等演变为[e]，咸山开口二等演变为[e]、[ie]，咸山开口三四等演变为[ie]、[ye]；在今荔波方言中，咸山开口一等演变为[ɛ̃]，咸山开口二等演变为[ɛ̃]、[iɛ̃]，咸山开口三四等演变为[iɛ̃]、[ɛ̃]、[ɔ̃]。

表7-9　合口表

中古字	咸山合口一等	咸山合口二等	咸山合口三四等
例字	帮组 端组 精组 见系 般　短　算　欢	衣组 见系 撰　关患	非组 精组 知组 章组 日组 来组 见系 山咸 泉 选 转 专 软 恋 绢 反帆
独山	-ə-uə-uə-ən	-uə-ua、uə	-a、ie-ye-uə-uə　-uə-ie-ye
都匀	-uə-uə-yə-ən	-yə yɛ̃	-e、ie-ye-ye-ye　-ye-ie-ye
平塘	-ə-uə-uə-ən	-uə-ua、uə	-a、ie-ye-uə-uə　-uə-ie-ye
三都	-ə-uə-uə-ən	-uə-ua、uə	-a、ie-ye-uə-uə　-uə-ie-ye
荔波	-uə̃-uə̃-uə̃-uə̃	-uə̃ ə̃	-ɛ̃-yɛ̃-yə̃-uə̃　-ə̃　-yɛ̃-yə̃-uə̃-iɛ̃-yə̃

上表显示，咸山摄合口一二三四等在今独山、平塘、三都的演变情况相同，咸山合口一等演变为[ə]、[uə]，咸山合口二等演变为[ua]、[uə]，咸山合口三四等演变为[a]、[ie]、[ye]、[uə]；在今都匀方言中，咸山合口一等演变为[uə]、[yə]，咸山合口二等演变为[yə]、[uɛ̃]，咸山合口三四等演变为[e]、[ye]、[ie]；在今荔波方言中，咸山合口一等演变为[uə̃]，咸山合口二等演变为[ə̃]、[uɛ̃]，咸山合口三四等演变为[ɛ̃]、[yɛ̃]、[uə̃]、[iɛ̃]。

第八章　少数民族语音的影响

第一节　概述

　　贵州汉语方言是西南官话（即川滇黔方言）的一部分，贵州省的绝大部分地区都操着川黔话。贵州省黔南州有十二县市，在这些地区的方言中，我们从语音上很容易分辨出南北差异，其中北部地区的福泉、贵定、龙里、惠水、罗甸、长顺县（市）方言属于受川音影响的过渡区川黔话；而南部地区独山、都匀、平塘、荔波、三都方言则属于黔南方言。从语音上看，黔南话与川黔话在语音上颇有差异，在贵州方言乃至西南官话中都有一定特色。其方言的形成很复杂，如历史上受邻省不同方音的影响、汉族移民的来源不同及行政区划分的不同等原因，但少数民族语言的影响不能不说也是其中一个重要的原因。

　　黔南布依族苗族自治州长期以来是一个被布依、苗、水等少数民族包围的多民族杂居地，全州以布依族、苗族、水族等为主的少数民族人口占全州总人口的2/3以上。聚居、杂居于黔南州境内的十多个少数民族和汉族友好往来、和睦相处，风俗习惯上相依相存、平等相待，加上汉族与苗族、布依族等少数民族有着长期的经济生活来往、文化交流以及普遍的民族通婚，血缘上有密切的关系，语言的互相影响也成为必然现象。

　　布依族是黔南州的主体民族，大多住在平坝、河谷或依山傍水之处，房屋为干栏叠檐式吊脚楼，素有"布依水乡"、"水乡布依"的美称。布依语属于汉藏语系壮侗语族壮傣语支。布依族内部语言比较一致，只有土语之分，没有方言之别。黔南布依族土语大约可分为两个区：第一土语区包括独山、罗甸、荔波、惠水、长顺、平塘、都匀等地区；第二土语区包括贵定、龙里、惠水、长顺、都匀等县市的大部分地区和独山、平塘小部分地区。

　　苗族也是贵州南部地区的主体民族，在黔南布依族苗族自治州，苗族有20多个支系，人口约占全州总人口的15%左右。操黔南方言的苗族分布在都匀市的坝固、新场、王司、基场、阳河等地，三都县的都江、打鱼、阳基等地，荔波县的水维、岜鲜等地，独山县的翁台、新民、上道、云堆、尧梭等地。据传，都匀、独山这支苗族是从江西迁来，途经湖南进入广西，然后从独山迁入都匀。在都匀已有五六百年的历史[19]。其他县市的苗族大多是从黔东南州迁入黔南，在都匀、翁安、福泉等地定居下来。

水族分布于黔南州的三都、荔波、都匀、独山等县（市），聚族而居。三都水族自治县为水族主要聚居地，也是全国唯一的水族自治县。水语属汉藏语系壮侗语族水语支，并有独特的文字——水书，与甲骨文同源异种，被喻为世界象形文字的"活化石"。

侗族主要分布在贵州省黔东南州的黎平、从江、榕江、天柱、锦屏、镇远、岑巩、三穗、剑河、黄平等地和黔南州的翁安、福泉、惠水等地。侗族使用侗语，属汉藏语系壮侗语族侗水语支，分南、北部两个方言。原无文字，沿用汉文，1958年设立了拉丁字母形式的侗文方案。现在大部分通用汉文。

黔南州这些不同时期移入的少数民族，长期与当地的汉族和其他少数民族交往，在语言上不可避免地互相沟通、互相渗透。一方面由于汉民族是我国的主体民族，汉语是我国各民族共同的交际用语。因此，汉语对少数民族语言产生了巨大而深远的影响，如在语音上，苗语、布依语中都存在因为引入了大量的汉语借词，而增加了声母、韵母的现象。另一方面，聚居于黔南地区的少数民族也不可避免地将本民族语音渗透到当地的汉语方言之中，夹杂少数民族语言的双语现象是当地少数民族聚居区汉语方言基本特征的一个形象概括。

第二节　独山县布依族聚居地汉语方言使用的语音特点

独山县是一个多民族杂居的地方，少数民族总人口占全县总人口的67.36%。在少数民族总人口中，布依族是县境各民族中人数最多的一个民族，布依族人口占全县总人口54.83%，占全县少数民族总人口的81%。县境布依族多居于平坝、河谷及其附近的山岭地带，以村寨为单位聚居。村寨又以姓氏的多寡形成分支分片聚居，如望城、羊凤、尧梭、三桥、麻万、新民、翁奇、兔场、拉林、甲定、翁台、基长、上道、狮山、本寨、上司、筹洞、下司、星朗、麻尾等。

布依族是我国一个历史悠久的古老民族，布依语属于汉藏语系壮侗语族壮傣语支。长期以来，杂居地区布依族人民在与汉族人民的频繁交往过程中，逐渐掌握了汉语并以之与汉族人民进行日常交际。一些经济较发达、交通便利的布依族村寨，随着学校教育的普及，青年一代甚至已经不会讲布依语，只会说汉语方言。

但是由于受到母语的干扰，布依族人所掌握、使用的汉语方言与其实际状况是有所差别的，形成了一种土汉式的混合语，即他们所讲的汉语方言里带有一些布依语的成分。一般说来，居住的村寨距离汉族居住地越远的地区，这种差别就会越加明显，而没有文化或文化水平较低、与外界接触很少或较少的中老年一辈，情况又比青少年一代严重。布依族使用汉语方言与其实际状况的偏差主要表现在语音上。我们以独山县布依族聚居地羊凤、上司、下司等地汉语方言为例。

一、声母比较

表8-1

发音部位	独山方言声母	布依语声母
唇音	p、pʰ、m、f、v	p、pʰ、ʔb、m、f、w/v
舌尖音	t、tʰ、n、l	t、tʰ、ʔd、n、ɬ、l
舌根音	k、kʰ、x、ŋ	k、kʰ、x、ŋ、ɦ
舌面音	tɕ、tɕʰ、ɕ	tɕ、tɕʰ、ɲ、ɕ、j
舌尖前音	ts、tsʰ、s、z	ts、tsʰ、s、z
零声	∅	
腭化音		pj、mj、ʔj
唇化音		kɯ、ŋɯ、ʔɯ

注：其中布依族声母中[w]在圆唇元音前音值为[w]，[pʰ]、[tʰ]、[kʰ]、[ts]、[tsʰ]一般只用来拼写现代汉语借词。

二、语音特点

通过语音调查及声母比较，布依族在使用汉语方言时有如下语音特点：

1. 送气音与不送气音混读

独山方言有送气音，而布依语中本无送气音（送气音[pʰ]、[tʰ]、[kʰ]、[tsʰ]一般只用来拼写现代汉语借词）。因此，布依族在发送气音时经常会发成不送气音。

[pʰ]是双唇、送气、清、塞音，[p]是双唇、不送气、清、塞音，布依族在发[pʰ]音时，经常会无意识地发为[p]。如"派"说成"败[pai]"、"皮"说成"笔

[pi]"、"飘"说成"彪[piu]"、"拼"说成"兵[piŋ]"、"怕"说成"霸[pa]"、"配"说成"倍[pei]"、"婆"说成"剥[po]"、"跑"说成"饱[pau]"等。

[tʰ]是舌尖中、送气、清、塞音，[t]是舌尖中、不送气、清、塞音。布依族在发[tʰ]时，往往会发成[t]，造成语音中的偏误。如"烫"说成"荡[taŋ]"、"跳"说成"掉[tiau]"、"土"说成"堵[tu]"、"通"说成"东[toŋ]"、"提"说成"敌[ti]"、"贴"说成"叠[tie]"。

[kʰ]是舌根、送气、清、塞音，[k]是舌根、不送气、清、塞音。二者区别在于前者发音时呼出的气流较强，是送气音，而后者发音时呼出的气流较弱，是不送气音。布依族人在讲汉语时，经常错误地将[kʰ]发成[k]。如"块"说成"拐[kuai]"、"苦"说成"古[ku]"、"可"说成"果[ko]"、"靠"说成"告[kau]"、"宽"说成"官[kuə]"。

[tɕʰ]是舌面、送气、清、塞擦音，[tɕ]是舌面、不送气、清、塞擦音。布依人在发[tɕʰ]时往往会误发为[tɕ]。如"星期"说成"新鸡[xiŋ tɕi]"、"轻"说成"精[tɕiŋ]"、"钱"说成"[tɕiə]"、"秋天"说成"[tɕiu tiə]"。

2. 部分塞擦音读为了擦音

[tsʰ]是舌尖前、送气、清、塞擦音，[ts]是舌尖前、不送气、清、塞擦音，[s]是舌尖前、清、擦音。这三个音都是舌尖前音，发音时由舌尖抵住或接近齿背阻碍气流而形成。它们都是清音，发音时声带都不颤动。不同的是前二者是塞擦音，后者是擦音。由于这三个音的发音部位和发音方法相似，因此，布依族讲汉语时，常常将[ts]、[tsʰ]误发成[s]。如"猪"说成了"书[su]"、"找"说成了"扫[sau]"、"冲"说成了"松[soŋ]"、"川"说成了"酸[suə]"、"站"说成了"散[sa]"等。

3. 区分鼻音[n]和边音[l]。

在西南官话的大多数地区，鼻音[n]和边音[l]是不区分的，而独山县布依族在使用汉语时，鼻音与边音区别很清楚。究其原因，主要是因为布依族语中本身就有这两个音存在，因此，在发此音的时候从不出错。

三、成因分析

"双语现象是一种语言的文化现象，社会文化因素和评议本身有机地交织在一起。双语现象是在同一言语集团范围内两种以上语言的并存现象，该言语集体依据交际行为的社会情景及其他参数在相应的交际领域内使用其中的某一种语言。"②

独山县的布依族在进行交际的过程中，除使用当地汉语方言——独山话外，还使用自己本民族语言——布依语。为这同一言语集体布依族服务的两种语言——布依语和独山话，构成了一个统一的社会交际系统。在功能上它们是互相补充的。

一般情况下，独山县的布依族在本民族内部使用布依语，对外（与汉族或其他少数民族）交际时使用独山话。独山话与布依语相互接触，使得它们之间相互影响，引起了包括语音在内的各方面的变化。"语音成分的变化要受语音条件的影响，同类语音成分的变化要受同一语音条件的影响。"[20]只要我们拿独山话和布依语进行比较，就可以看出，独山县布依族说汉语方言的几个特点，正是受到布依语的语音条件影响形成的。

由于语言的影响是长期的、渐进的，在不同的地域、不同的社会群体以及不同的文化背景，它们表现出来的语言差异也不尽相同。这种因语言接触产生相互影响、相互渗透，引起的语音变化是横向的，受语音系统的制约，具有一定的系统性。我们这里所调查到的布依族说汉语时的几个语音特点也只是其中的一些变化。从这些特点里，我们也可以得出一些规律性的东西，对我们研究双语现象、方言语音的演变情况以及少数民族语文教育，都可以提供很好的帮助。

第三节　苗语对黔南片区方言语音的影响

苗族是贵州南部地区的主体民族之一，主要分布在黔南布依族苗族自治州和黔东南苗族侗族自治州的西部地区，如黔南州都匀的坝固、新场、王司、基场、阳河等地，三都县的都江、打鱼、阳基等地，荔波县的水维、岜鲜等地，独山县的翁台、新民、上道、云堆、尧梭等地，黔东南州西部凯里、麻江、雷山、丹寨、施秉、台江等地。这些地方长期处于苗语苗音的包围之中，在汉、苗音互相交流、渗透中渐渐形成了自己的特色。这些特色主要反映在声、韵、调及拼合规律的各个方面。我们以黔南州属于黔南片区方言点的独山、都匀、平塘、三都、荔波语音为例进行分析。

一、声调调值调类的影响

黔南州独山、都匀、平塘、三都、荔波五地声调系统基本一致。调类、调值分别为：阴平33，阳平45，上声323，去声21，入声41。

《苗语简志》等指出苗语因古声母的清浊不同，古四声分化为今八调：阴平33，阳平55，阴上435，阳上324，阴去44，阳去13，阴入53，阳入31。

比较来看，黔南片区方言（即黔南话）中具有的调类或调值，苗语中大致存在或基本相似，调类的古今分化规律也较一致，显示出二者声调关系的接近。此外，黔南片区方言中入声自成一调，苗语中入声也自成一调。

我们再将黔南片区方言与川滇黔强势方言西南官话作比较，选取西南官话中的代表音点成都话、昆明话、贵阳话的声调，并附苗语声调相应调类和调值。如下表：

表8-2

	黔南话	成都话	昆明话	贵阳话	苗语	备注
阴平	33	55	44	55	33（阴平）	
阳平	45	21	31	21	55（阳平）	
上声	323	53	53	53	324（阴上）	
去声	21	31	31	12	44（阴去）	
入声	41	无	无	无	31（阳入） 53（阴入）	

比较显示：

黔南话与成都话、昆明话、贵阳话三地存在较大的差异。首先是成都、昆明、贵阳三地古入声均已消失，仅存四个调类，而独山话古入声调自成一类；其次在四声调值上也颇有差异，主要表现在阴平、阳平、上声，阴平独山话是中平调33，三地则是高平调55，阳平独山话是高平调45，而三地则是中降调31或低降调21，独山话入声自成一类，西南官话成都、昆明、贵阳三地则全无入声，古入声多归入了阳平。

黔南话与苗语相比具有较大的相似性。阴平、阳平、上声、去声四声均能从苗语中找到相同或相似者；此外，黔南话与苗语一样保留了入声调，且调值相似。

黔南话在声调上与西南官话存在较大的差异，而与当地苗语则有一定的相似性，这种相似性使我们在当地的汉语方言中能较清楚地听到苗语的腔调，由此分析，其很有可能是苗语与当地方言互相影响、渗透的结果。

二、声母的影响

苗语的声母有：[p]、[pʰ]、[m]、[f]、[v]、[t]、[tʰ]、[n]、[nz]、[ŋʐ]、[ʎ]、[l]、[k]、[kʰ]、[x]、[ŋ]、[ɣ]、[tɕ]、[tɕʰ]、[ɕ]、[ʑ]、[ts]、[tsʰ]、[s]、[z]。

与普通话、川黔话相比，苗语的声母有以下特点：保留唇齿浊擦音[v]声母；边鼻音[n]、[l]能够区分清楚；[ŋ]既可作韵尾又可作声母；无舌尖后音。

身处苗语地区的黔南话的声母同样具有以上的特点，与苗语相比，具有较大的相似性。我们试对其成因作分析。

唇齿浊擦音[v]。唇齿浊擦音[v]的有无，是黔南话与川黔话、普通话的区别所在。语言调查表明，与黔南汉语方言可能有语源关系的赣、湘、粤、闽等方言和川、滇、鄂等西南官话均无[v]声母。据《汉语方音字汇》对全国官话区、方言区的20个音点的统计，有15个音点皆无[v]声母。有[v]声母的只有西安、太原、苏州、温州、梅县五地，这五地地理分布为我国东北部、西北部、东南部、南部，呈远距离散点分布状态。而黔南州的独山、都匀、平塘均有[v]声母，并形成了成片的语音分布，而且这些地区历史上汉族移民并非源于一时一地，故所形成的特殊汉语方音应该不是到上述五地中个别音点的影响所致。

我们把目光投向当地少数民族语言苗语中，发现苗语中有唇齿浊擦音[v]声母，且[v]声母构成音节的能力极强，可以出现在各个调的音节中。如此活跃的音素，在苗、汉长期的语言交融中是完全有理由进入汉语音系中的。在有[v]声母的黔南州都匀市的坝固、新场、王司、基场、阳河，三都县的都江、打鱼、阳基，荔波县的水维、岜鲜，独山县的翁台、新民、上道、云堆、尧梭等地均有一个共同的语境：一是地处黔南州的南部，远离交通要道；二是清改土归流后始直接设府厅州县；三是苗、汉为主的杂居地。由此可见，少数民族语音影响的地理、政治、语言条件均非常充分，影响的机率很大。

边鼻音[n]、[l]的区分。在川黔话中，舌尖中浊鼻音[n]和边音[l]是不作区分的，古泥、来两母合流，多数地方读[n]，少数地方读[l]。但黔南话与此不同，区分得很清楚。究其原因，从历史上来看，操黔南话的独山、都匀、平塘、三都、荔波五地的移民主要来自两广、两湖、江西、四川等地，但这些地区大部分并没有[n]、[l]的对立。川、鄂方言不分[n]、[l]，多数地方读[n]。赣方言南昌话[n]只作韵尾，开合口只有[l]而无[n]；湖南长沙话（新湘语）的[n]和[l]是同一音位的无条件变体，双峰话（老湘语）虽有[n]、[l]之别，但各自出现在不同的韵母前，为互补音位，也可视为同一音位变体。粤方言广州话虽分[n]、[l]，但部分人念[n]为[l]，或发[l]时用力极松，听不清晰，以至与[n]相混，实际上往往是有[n]无[l]，或有[l]无[n]。显然，黔南州周边的这几种方言大多不严格区分[n]、[l]，因此，可以得出结论，它们并不是直接影响黔南话严格区分[n]、[l]的语音因素。当我们再对当地的苗语进行考察，发现它们均能区分鼻边音[n]、[l]，且具有确定的区别词义的语义功能。如：天[na]、吃[nəu]、头发[nioŋ]、他[nei]、野鸡[niaŋ]、腐烂[la]、铁[ləu]、奸[lioŋ]、短[lei]、犊[liaŋ]。

因此，可以推断，在苗族聚居的黔南布依族苗族自治州，能严格地区分鼻边音[n]、[l]，也是与当地少数民族语言互相影响、渗透的结果。

三、韵母的影响

相对汉语普通话和川黔话而言，苗语韵母的特点有：

（1）韵母较少。苗语韵母26个，比普通话少了10个。在26个韵母中，为拼写汉语借词而采用的有9个，包括[ee]、[ao]、[iee]、[iao]、[ui]、[ua]、[uai]、[un]、[uaŋ]。实际苗语自身用韵的仅17个：[a]、[ɔ]、[e]、[u]、[i]、[ai]、[ei]、[ən]、[ɑŋ]、[ɔŋ]、[ia]、[ie]、[iɔ]、[iu]、[in]、[iɑŋ]、[iɔŋ]。

（2）苗语韵母又表现为鼻韵母少，且发音效果与普通话的鼻韵母不一样。

受到这样一种语音体系的影响，身处苗语聚居地的黔南话也出现了相同类型化的变化。最具特征的就是古山咸两摄舒声字韵尾的开闭。如下表：

表8-3

韵母/地区	独山	都匀	贵阳
a、ɔ、i、u、ɿ、ʅ	+	+	+
y	+	+	−
ia、ua、iɔ、ei、uei、uai、ai、au、əu、iau、ie iəi	+	+	+
ən、in、uən、yn、ɑŋ、iɑŋ、uaŋ、ɔŋ、iɔŋ、ne	+	+	+
ɛ	−	+	−
yɛ	−	+	−
ə	+	−	−
ye	+	−	−
iu	+	−	−
iẽ	−	+	−
uẽ	−	+	−
e	−	+	−
uə	+	−	−
an、ian、uan、yan	−	−	+

通过比较我们发现：独山、都匀辅音韵尾数量很少，贵阳辅音韵尾较多，而这当中的 [an]、[ian]、[uan]、[yan] 四母字，正是古咸山两摄舒声字。黔南话中的独山、都匀话皆无此四韵，全部变读为开尾韵。黔南话辅音韵尾很少而开尾韵较多的一个重要原因，就是古咸山两摄舒声字均变读为开尾韵字。都匀话变读为：贪 [tɛ]、盐 [iɛ]、山 [sɛ]、田 [tʰiɛ]、端 [tuɛ]、关 [kuɛ]、拳 [tɕʰye]、元 [ye]；独山话变读为：贪 [ta]、盐 [ie]、山 [sa]、田 [tʰie]、端 [tuə]、关 [kua]、拳 [tɕʰue]、元 [yə]。

针对黔南话这一特点，我们试作分析：

黔南苗语中只有很少的几个鼻韵母，且发音效果与普通话的鼻韵母很不一样，人们不习惯鼻音韵尾的发音，因此，在实际生活中不自觉地省略了复元音韵母的韵尾部分，而用自己熟悉的并经过简化了的韵母取而代之。如苗语中没有 [an] 这个鼻音韵母，受此影响的当地汉语也都没有这一韵母，与此有关的读音，当地汉语方言采取的方法就是用苗语常用的一些韵母如 [a]、[e] 等来代替，这种替代是成系列的，这是黔南汉语方言中最具特色的语音变化。如：

[an]，黔南话变读为了 [a] 或 [ɛ]，如"贪婪"、"班干"。

[ian]，黔南话变读为了 [ie] 或 [iɛ]，如"天线"、"变迁"。

[uan]，黔南话变读为了 [ua] 或 [uɛ]，如"转弯"、"宦官"。

[yan]，黔南话变读为了 [yə]，如"圆圈"、"全选"。

四、声韵配合规律的影响

（1）[tiaŋ] 音节的出现。"提东西"的"提"在黔南方言中说成 [tiaŋ³³]，"我帮你提"，说的是"我帮你□[tiaŋ³³]"。汉语普通话的声母 [t] 不能跟韵母 [iaŋ] 相拼，[tiaŋ] 这个音节在普通话四个声调中都没有意义。而在苗语中，[t] 可以跟韵母 [iaŋ] 相拼，[tiaŋ] 这个音节在苗语八个声调中差不多都有意义。如：[tiaŋb]（走访、祭）、[tiaŋx]（油）、[tiaŋd]（转）、[tiaŋl]（诞生、生育）、[tiaŋs]（肥、胖）、[tiaŋk]（麝，通称香獐子）。显然，黔南话中 [tiaŋ] 音节的出现，是受到了苗语声韵配合规律的影响而形成的。

（2）连词"和"、"跟"的读音变化。在黔南话中，连词中"和"、"跟"读 [nia]。如："你跟他去"说成"你□[nia]他去"。分析其成因，普通话中声母 [n] 不能跟韵母 [ia] 相拼，而苗语中声母 [n] 可以跟韵母 [ia] 相拼，如：[niad]（哑、愚蠢）、[nial]（稀疏）、[nias]（扶）、[niak]（婴儿、牛）。因此，也可以推断，连词"和"、"跟"在黔南话中的这种读音变化也是受到了苗语声韵配合规律的影响而形成的。

第四节　从中古音演变看独山方言影响状况

独山县位于贵州省南部的黔南布依族苗族自治州境内，少数民族占总人口的80%以上。由于历史悠久，长期处于少数民族聚居地区，特定的地理条件、历史原因和文化环境等诸多因素使独山县形成了与众不同的语言特点，本节从独山方言中古音韵母的演变特点分析研究少数民族地区汉语方言的影响情况。

一、独山方言中古音韵母的演变特点

1. 中古果假遇蟹止效流七个阴声韵摄的演变

中古果假遇蟹止效流七个阴声韵摄在今独山方言中仍读阴声韵。如假摄开口帮系端系知系二等字、合口知系二等字"芭拿茶沙傻"等在今独山方言中读[a]；果摄开口一等端系见系字、合口一等帮系端系见系字"歌多拖坐波裸躲科"等在独山方言中读[ɔ]；假摄开口三等知系字、止摄开口三等帮系见系和端系泥来母字"车遮奢蛇儿二耳而"等在独山方言中读[ə]；蟹摄开口三等四等帮系端系见系字、止摄开口三等帮系见系端系泥来母字"蔽际例艺迷闭披帝离尼比"等在独山方言中读[i]；遇摄合口一等帮系端系见系字和三等端系见系字，流摄开口一等帮系明母字和开口三等帮系非敷奉明母字"都铺奴猪姑除书牡如某浮否母"等在独山方言中读[u]；遇摄合口三等端系见系字"女徐居虚于"等在独山方言中读[y]；蟹摄开口三等知系字、止摄合三等字"滞制世誓雌知差迟脂持"等在独山方言中读[ʅ]。蟹摄开口一等端系见系字、二等帮系知系见系字"戴台灾才该孩排皆挨界街蟹"等在独山方言中读[ai]；蟹摄开口一等、合口一等三等的帮系字"贝沛杯培梅背妹废肺吠"等在独山方言中读[ei]；效摄开口一等帮系端系见系字、二等帮系端系知系和见系影母字、三等知系字"曹褒高刀烧抄包交少朝"等在独山方言中读[au]；假摄开口二等见系字"家牙霞哑"等在独山方言中读[ia]；假摄合口二等见系字"瓜夸花华蛙"等在独山方言中读[ua]；假摄开口三等端系见系字"姐些爹爷也"等在独山方言中读[ie]；流摄开口一等帮系端系见系字、三等知系字"剖偷头走勾侯抽秋搜周"等在独山方言中读[əu]；果摄开口三等见系字、合口三等字"茄瘸靴"等在独山方言中读[ye]；效摄开口二等见系(除影母外)字、三等见系字、四等见系字"交肴搅教校骄嚣妖骢尧缴叫"

等在独山方言中读[iau]；效摄开口三等帮系端系和开口四等端系字、流摄开口三等端系见系和帮系帮滂并明母字"标苗表妙消小笑刁挑聊料萧彪谬流秋修求休优纠"等在独山方言中读[iəu]；蟹摄合口二等知系见系字"拽怪坏歪快"等在独山方言中读[uai]；蟹摄合口一等端系见系字、三等端系知系见系字、四等见系字"堆煨盔慧惠"等在独山方言中读[uei]。

2. 中古的山、咸等阳声韵摄的演变

中古咸、深、山、臻、宕、江、曾、梗、通九个阳声韵摄在普通话中演变为以[-n]或[-ŋ]收尾的阳声韵，而在独山方言中，这九个阳声韵摄分化演变成为了两类读音：

第一类是如普通话一样，演变为以鼻声韵尾[-n]或[-ŋ]收尾的阳声韵。这类阳声韵包括深、臻、宕、江、曾、梗、通这七个韵摄所包含的各韵字，在今独山方言中共演变为了[ən]、[in]、[uen]、[yn]、[aŋ]、[iaŋ]、[uaŋ]、[ɔŋ]、[iɔŋ]九个阳声韵。如：

深摄开口三等知系非入声字"沉参森针深任"等；臻摄开口一等见系端系字"吞跟痕恩很"，三等知系非入声字"珍陈真神辰人"，合口一等帮系和端系端透定泥来母非入声字"奔喷盆门论村"，三等帮系（除微母外）字"分焚愤坟"等；曾摄开口一等端系见系非入声字"登疼能曾恒"等，三等知系非入声字"征澄称升拯"等；梗摄开口二等端系知系见系非入声字"冷撑生省更坑争樱"，三等知系非入声字"贞呈正声成整圣郑"等在独山方言中演变为鼻音韵母[ən]。

深摄开口三等帮系字端系见系非入声字"禀品淋侵钦音荫"等；臻摄开口三等帮系端系见系非入声字"彬宾粼津因寅殷隐"等；曾摄开口三等帮系端系见系非入声字"冰凭陵凝兴应"等；梗摄开口三等帮系端系见系非入声字"兵平明名精并轻婴敬"，四等帮系端系见系非入声字"妍屏丁宁青星经形"，合口三等见系非入声字"营颖倾"等在独山方言中演变为鼻音韵母[in]。

臻摄合口一等见系非入声字"昆昏温滚困混"等，三等帮系微母、端系（除心邪母）、知系非入声字"文吻问椿遵春唇顺准盾蠢纯"等在独山方言中演变为鼻音韵母[uen]。

臻摄合口三等端系心邪母、见系非入声字"荀巡均匀允军裙云熨运"，梗摄合口三等见系非入声少量字"顷琼"等在独山方言中演变为鼻音韵母[yn]（由于受到唇齿浊擦音[v]的影响，臻摄合口三等端系心邪母和见系非入声字，如"荀巡均匀允军裙云熨运"等的韵母发音有时会变为[vn]）。

宕摄开口一等帮系端系知系见系非入声字"帮滂忙郎岗昂"等，三等知系章昌船书禅日母非入声字"张长章商常瓤"等，合口三等帮系（除微母）非入声字"方房纺放访"等；江摄开口二等帮系见系非入声字"帮庞棒胖夯项巷扛豇港虹"等在独山方言中演变为鼻音韵母[ɑŋ]。

宕摄开口三等帮系端系见系非入声字"娘将详疆强香亮向样"等在独山方言中演变为鼻音韵母[iɑŋ]。

宕摄开口三等知系庄初崇生母非入声字"庄疮霜床"，合口一等见系非入声字"光黄荒广"，三等帮系微母和见系字"王匡枉往"等；江摄开口二等知系非入声字"椿窗双撞"等在独山方言中演变为鼻音韵母[uɑŋ]。

曾摄开口一等帮系非入声字"崩朋"；梗摄开口二等帮系非入声字"烹膨猛孟棚萌迸"，合口二等见系晓匣母字"轰宏"等；通摄合口一等帮系端系见系非入声字"篷蒙龙棕公"等，三等帮系端系知系见系（除晓匣影喻母）非入声字"风丰虫充引重恭"等在独山方言中演变为鼻音韵母[ɔŋ]。

梗摄合口三等四等见系字"兄荣永泳迥"等；通摄合口三等见系晓匣影喻母非入声字，如"熊雄融容拥勇蓉"等在独山方言中演变为鼻音韵母[iɔŋ]。

第二类演变为丢失了鼻音韵尾的阴声韵。这一类共包括山、咸两韵摄所含的十五个阳声韵。在今独山方言中这十五个阳声韵全部演变为阴声韵[a]、[ɔ]、[ə]、[ie]、[uə]、[uo]、[ye]、[uai]。如：

山摄开口一等端系见系非入声字"丹单安寒汉旦按"，二等帮系知系字"山屏潺盏班扳攀板慢晏栈"，合口三等帮系非敷奉母字"翻番烦繁蘩藩樊饭"等；咸摄开口一等帮系端系见系字"耽眈眈堪谈痰含函男毯览暂"，开口二等知系字"杉谗尴斩站蘸搀衫巉"，合口三等帮系字"帆凡范犯泛"等在独山方言中演变为韵母[a]。

山摄开口一等见系入声字"葛割喝渴"，合口一等帮系见系入声字"拨钵末脱夺捋阔活"等在独山方言中演变为韵母[ɔ]。

山摄开口三等知系字"毡煽缠然善膳缮"，合口一等帮系非入声字"半拌判畔满潘叛"等；咸摄开口三等知系字"沾詹瞻闪冉髯占"等在独山方言中演变为韵母[ə]。

山摄开口二等见系非入声字"艰闲简柬拣奸颜谏涧雁"，三等帮系端系见系字"鞭编焉蔫变汴辨辩件溅骗"，四等帮系端系见系字"边天先颠扁典显辫练见现烟燕宴"，合口三等端系来母字"恋劣"等；咸摄开口二等见系非入声字"减咸陷馅监鑑严衔嵌"，三等帮系端系见系字"尖歼签笺渐险掩厌艳焰蹀猎接叶页严俨剑欠劫怯业协"，四等端系见系字"掂添甜鲇拈兼点舔店协跌帖叠碟牒"等在独山方言中演变为[ie]。

山摄合口一等帮系非入声字"端酸官棺观冠宽团鸾乱算贯换",二等知系见系少量字"幻患宦篡",三等知系字"传砖川穿船椽软阮"等在独山方言中演变为[uə]。

山摄开口二等庄组字"产铲删疝"等,合口一等帮系见系入声少量字"豌剜腕玩",二等知系见系字"鳏顽滑猾挖闩拴关弯还湾涮惯",三等帮系微母字如"晚挽万袜"等;咸摄开口二等字"赚"等在独山方言中演变为[ua]。

山摄合口三等端系精清从心邪母和见系字"圈宣捐旋全泉倦眷院员圆怨元园源袁援原",四等见系字"渊眩玄悬犬"等在独山方言中演变为[ye]。(注:由于受唇齿浊擦音[v]的影响,此类部分零声母字读为[ve],如"圆怨元园源袁原渊"等。)

山摄合口三等仙韵字"喘"在独山方言中演变为[uai]。

二、演变趋势及成因分析

(一)简化和舌位变化是主要演变趋势及方式

山咸两摄主要元音有[ɒ]、[ɑ]、[a]、[æ]、[ɐ]、[ɛ]、[e]共七个,发展到普通话中,这七个主要元音只保留了一个低舌位的央元音[a]。中古山咸两韵摄所包含十五个阳声韵,在现代普通话中一共演变为[an]、[ian]、[uan]、[yan]四个阳声韵母。可见,简化是主要元音和山咸两摄在普通话中发展演变的趋势。在独山方言中,这种演变趋势也与普通话相似,只是略有差异:山咸两摄的十五个阳声韵,其鼻音韵尾[-n]、[-m]在独山方言中全部失落,演变为[a]、[ɔ]、[ə]、[ie]、[uə]、[ua]、[ye]、[uai]八个阴声韵,其主要元音既保留了低舌位不圆唇元音[a],也保留了半高舌位不圆唇元音[ə]。

山咸两摄开口三等仙韵、盐韵的中古韵母分别为[iɛn]、[iɛm],在发展演变过程中,三等仙韵、盐韵知照组字的韵母[iɛn]、[iɛm]由于受卷舌声母的影响,丢失了韵头[i-]、由齐齿变为开口[ɛn]、[ɛm]。开口三等仙、盐知照组字变为开口韵之后,发展演变到独山方言中,除了失落鼻音韵尾[-n]、[-m]之外,其主要元音的舌位又向半高方向移动,于是[ɛ]转为一个半高的不圆唇元音[ə]。就这样,山咸两摄开口三等仙、盐两韵知照组字的韵母,在独山方言中演变成为了单独的阴声韵母[ə]。此外,在唇音的影响下,合口呼和撮口呼都变了开口,所以普通话中桓韵去掉了韵头[u-],由合口变为了开口[an];再发展到独山方言中,桓韵除丢失鼻音韵尾[-n]之外,其主要元音[a]的舌位又由后向前、由低向半高方言中变为单独的阴声韵母[ə]。

（二）与少数民族语言接触是主要演变原因

1. 失落鼻音韵尾

中古山咸两摄的十五个阳声韵在今独山方言中均全部丢失了鼻音韵尾[-n]、[-m]，演变为[a]、[ɔ]、[ə]、[ie]、[uə]、[ua]、[ye]、[uai]八个阴声韵。为何出现这样的变化？我们把目光投向当地少数民族语音。当地苗族语音常用的[a]、[ɔ]、[e]、[u]、[i]、[ai]、[ei]、[ən]、[ɑŋ]、[ɔŋ]、[ia]、[ie]、[iɔ]、[iu]、[in]、[iɑŋ]、[iɔŋ]十七个韵母中，鼻韵母很少，且发音效果与普通话的鼻韵母不同。当地少数民族居民因在本民族语言中未养成发鼻音韵尾的习惯，当他们与汉族交流而说汉语时，则会对其进行简化和归并，省略韵尾，简化归并为常用的一些韵母。如苗语中没有[an]这个鼻音韵母，当地人发此音时，就会采用与其有关的读音[a]或[ə]等来代替。如：[an]在独山方言读为[a]（贪班干妈）；[ian]在独山方言读为[ie]或[iɛ]（天线变迁）；[uan]在独山方言读为了[uə]（转川宦官）；[yan]在独山方言变读为了[yə]（圆圈全选）。时间久了，鼻音韵尾则丢失了。

2. 保留半高舌位不圆唇元音[ə]

山咸两摄的十五个阳声韵在今独山方言中，鼻音韵尾全部丢失，演变为[a]、[ɔ]、[ə]、[ie]、[uə]、[ua]、[ye]、[uai]八个阴声韵，其主要元音既保留了低舌位不圆唇元音[a]，同时也保留了半高舌位不圆唇元音[ə]。究其原因，在当地布依族语音、苗族语音系统中，韵母[a]和[ə]非常活跃，能与之相拼的音节非常多。受其影响，山咸两摄发展演变到独山方言中，当地的布依族、苗族居民在讲汉语方言时，除了失落鼻音韵尾[-n]、[-m]之外，其主要元音的舌位又向半高方向移动，于是[ɛ]转为一个半高的不圆唇元音[ə]。

3. 借用少数民族的唇齿浊擦音[v]、鼻音[ŋ]作声母

疑母、影母、云母部分撮口呼"淤于冤怨渊玉誉预榆匀允"等字在今老派独山方言中演变为唇齿音[v]，影疑母开口呼字"爱矮欧安岸恩昂袄"变读[ŋ]声母。究其原因，与独山方言相邻广西、湖南、湖北、江西、四川等地区方言无[v]、[ŋ]声母，显然[v]、[ŋ]声母不是受到外地语音影响所致，而在当地少数民族苗语语音系统中存在有[v]声母，且出现在各个调的音节中，非常活跃。同时，布依族语音中也存在有声母[ŋ]，由此可见，唇齿浊擦音[v]、[ŋ]极有可能是当地少数民族在发汉语方言读音时，借用本民族的[v]、[ŋ]来进行发音，长此以往，便形成了这样的习惯。

4. 借用少数民族的音节

如[tiaŋ]（即"提"的意思，如"我帮你提东西"说成"我帮你□[tiaŋ³³]东西"）

在汉语方言中该音节无意义，而在苗语中却可以找到[tiaŋ³³]这个音节，并且也能区分意义，显然，独山方言中的[tiaŋ³³]音节，是借用了少数民族苗族语音中的音节。

此外，汉语方言中一般舌面声母[tɕ]、[tɕʰ]、[ɕ]不能与合口呼相拼，而在独山方言中舌面声母[tɕ]、[tɕʰ]、[ɕ]可以与合口呼[u]相拼，且能区分意义，如"旭[ɕu]、蓄[ɕu]、畜[ɕu]、菊[tɕu]"等。究其原因，是因为当地布依族语音中[tɕ]、[tɕʰ]、[ɕ]可以与合口呼[u]相拼。因此，当地少数民族在说汉语方言时，不由自主地将这种音节借用到汉语方言中。

词汇篇

第九章　独山方言特色词汇

说明：

1. 本章所列词汇为独山方言中与普通话有差异的特色词汇。

2. 词条以词汇首字的拼音按字母顺序排列。

3. 有音无字的用"□"标记，后加国际音标注音。

4. 方言读音与普通话有别的加国际音标注音，同义字不再加注。

5. 词条后为词义解释，解释后加冒号，后为方言举例，该词条用～标注；两例之间用分号隔开；词条有多个义项的用①②……的顺序排列，一般前为常用的义项。

p

巴　①黏着，黏连：饭～锅了。②挨着，靠着：～倒他（黏着他）。③顾家：～家。

巴掌　手掌。

爬　爬：～树子；～墙。

疤　补～，～～，指衣服上的补丁。

粑　①苞谷粑，糍～：用玉米面、米面等弄碎的食物做成的饼状食物。②粑粑：泛指用糯米制成与饼相似的食品。

拔　～火罐，用火罐治病。

把　①占据，守住：帮我～个位置。②大腿：鸡～腿（鸡腿）。③带～，小男孩生殖器：他们家生了个带～的。④铺，垫：～床单；～床垫。

把　量词：一～菜；一～蒜。

□pa³²³　大便：抽～；给娃娃抽个～。

把八　八哥。

把连　①全部：～来克喫酒（全部一起去喫酒）。②非常：他～累完啦。

把脉　号脉。

把把　柄，把子：锄头～；锅～。

把单　床单：把这个～拿过去。

坝　①院子，院坝。②泛指一块阔平地：～～；太阳～。

坝子　院子。

罢脚　①卖剩下的东西：～菜。②剩女：～老奶。③季末最后的蔬菜瓜果：～毛秀才（西红柿），价钱还有点贵。

把自　特地：～来一回。

霸　蛮横，不讲理：～道。

跛pai³³　①瘸：脚～了，走靡得啦（脚瘸了走不了了）。②瘸子：～子。

摆　①说，聊天：～门子。②讲故事：～龙门阵。③搁置：把东西～起，不要拿。④摇：～老壳（摇头）。

败　①褪色，～色。②破坏，～味。

般　①适合，般配：他们俩～配得很。②般配，搭配恰当：这个家具和房子很～配。

扳　①用力转：那颗螺丝～靡动。②翻本：我要～本。③争辩：～嘴巴劲。

掰pa³³　①用手将植物摘下：猴子～包谷。②两手将物体掰开：把这个粑粑～成两半。③扒手指：～指头数。

板　①木板，～～。②挣扎，乱动：这条鱼～得凶。

板栗　栗子。

半　①物体中部：～中拦腰。②事情进展中途：电影放一～又停了。

半天　①半天时间。②较长时间：他这个人～不讲话，哪个晓得。

帮　量词：那～人真讨厌；这～崽真逗人喜欢。

包包　①衣兜：这件衣服有四个～。②身体的小疙瘩：他身上起了很多～。③小山堆：坟～；山～。

包谷　玉米。

包谷嘴　形容门牙向前突出的嘴形。

包谷秆　玉米秆。

饱嗝　打嗝。

保坎　田边、坡边用石头砌成的坎。

饱气　形容待人接物不合时宜，傻气：这人有点～。（也说"饱里饱气"，进一步强调）

抱　①孵化：赖～鸡（不孵蛋的鸡）。②领养：～养。

抱鸡崽　母鸡孵小鸡。

龅牙齿　①向前突出的门牙，龅牙。②长着龅牙的人：他是个～。

白乍乍　①惨白，无血色的样子：看她的脸～的，一点血色都靡得（没有）。②白白的，略带贬义：看他做的这个菜，～的，做哪子喫嘛。

白喜　办丧事，与"红喜"相对。

背　①欠账：他家年年～账过年。②躲避，背着：他做哪子事都～倒我做。③没有光亮：～光；亮；这堂是～光的，靡好。④用竹条编的用来背负的运输工具：～篼。⑤背运，倒霉：今天我点子～得很。⑥猪里脊肉：～溜肉。⑦背背，背面：他的手～～还靡洗干净。

背时鬼　倒霉鬼。

背带　背负小孩的布带。

臂膀　①胳膊。②喻指后台：他家～硬。

本　确实：～是好喫得很。

笨　挣扎：鸡靡捆好，～脱跑啦。

□□$pɔŋ^{323}$　凸起的痕迹：蹲时间长了，克膝头爱起～。

滗　滤去水汁：把水～干净。

鼻涕拉脓　挂着鼻涕脸很脏的样子。

笔壳壳　笔套。

扁pie^{21}壳　干瘪：今年收成靡好，谷子都是～的。

煸　长时间干炒，使食物炒干：干～肉丝。

□$piə^{323}$：玩，耍：讲他紧倒～水，全身都湿啦。

别pie^{323}，插上，扣上：把门～好；把扣子～好。

别个　别人：~已经认输了，你做算了嘛。

彪piu³³　①喷射、彪水：~出来。②快速前行：那条蛇~得快快的。

憋倒　被逼无奈：靡得办法，~答应啦。

蹩手蹩脚　笨手笨脚：做点活路~的。

蹩脚货　茶叶货，质量差的东西：这种~还要送人。

别个　别人：这个事情喊~去办，办靡成了。

病壳壳　体弱多病的人：这点人~的，做成哪子事情嘛。

布　到处看：你去~回看哪家打落东西啦。

布壳　用布等黏糊成的厚布片，用来做鞋等：街上有~卖。

绷面子　虚荣，撑门面：他做是爱~嘛，这回见料子啦么，都晓得完啦。

玻砖　厚玻璃。

簸簸　簸箕。

pʰ

□pʰa³³　①熟软过火了：饭煮~了。②无力：他跑得~气完。

□耳朵　怕老婆，对老婆言听计从的男人。

泡pʰau³³　量词：一~鼻涕一~屎。

□pʰa³³拉　群，堆：他拿来大~的东西，讲了大~的话。

扒　翻弄：~东西。

趴　俯伏在地：吓得~在地下起靡来啦。

帕子　毛巾，手绢。

怕　以为：我~靡会喔。

怕人　吓人、可怕：他的样子有点~。

□pʰai³²³　①量词，两臂伸直后的长度：扁担有一~长。②展开：把手脚~开。

盘　①盘绕：~脚坐在床上。②折腾：豆腐~成肉价钱。③整理：~点货赶场天去卖。④拉扯，养育：她一个人~四点崽读书，确实靡容易啊。⑤操办：这回~姑娘出嫁用了两万多。⑥量词：让我再打一~乒乓球吧。

□pʰə³²³ 砍、割：～草。

襻 扣，挂：晚上把门～好。

襻襻 搭扣，挂钩：鞋～；门～。

泡pʰau³³ 肿胀：馒头～～的很好喫；～眉～眼。

蛇泡 一种野生水果，酸中带甜。

刨 扒拉：把碗头的饭～干净。

刨汤 用新杀的猪杂碎及肉做成的火锅：我们去喫～。

泡汤 ①用汤泡饭：天天～喫饭靡好。②落空：这个生意又～啦。

□pʰaŋ³²³ 碰，撞，触动：他～到电线啦；你靡要～我。

螃海 螃蟹：今天喫～。

碰 倚靠：他在墙壁上～得一身灰。

皮 ①动作缓慢：他做事情～得很。②麻木：这个崽打得把连～完啦。

皮皮 ①皮肤：老壳～痒痒的。②外皮：桔子～拿来熏腌肉。

皮子 ①皮肤：再靡过来小心你的～。②衣服：脱你那层～下来洗回。

皮面 表面，上面：东西放在那堆货的～。

皮□lia²¹ 拖拖拉拉：他做事情～很。

皮沓 拖拉：做事情靡要总是～的。

皮皮翻翻 皮肤开裂粗糙：脸遭晒得～的。

皮实 ①结实，耐用：这种鞋～得很。②顽皮：这个鬼崽崽～得很，哪个讲的话都靡听。

屁股 臀部。

屁孩 小孩子。

□pʰie³²³ ①扭到：～到手，～到脚啦。②吃：去他家～饭去。

□pʰia³²³ ①歪：看他的脚有点～。②词缀：黄～；他的脸黄～的。

偏耍 情人：搭～。

片片pʰiə³²³ 竹子削成薄片：靡听话就拿～打。

片pʰiə²¹ 尿布：尿～。

□pʰiə²¹ 质量低劣：这种产品～得很，靡得人买。

撇　把东西弄成两半。

撇脱　①干脆，爽快：他办事情~得很。②简单，容易：这个事情~。

□pʰiu³³　打赌：我~你靡得这个胆子。

瓢羹　汤匙。

飘pʰiu³²³　火苗从表面烧过：火把鞋都~糊完啦。

瞟　略看：他进来~一眼做走了。

撇脱　①简单：他讲得该~啦。②爽快：他办事最~啦。

撇开　掰：把包子~；一把筷子~靡断。

坡坡　山坡：那群~还整齐完的。

坡脚　山脚：我晓得啦，我们在~见了么。

破鞋　骂坏女人。

泼　泼辣，撒泼：那点女的~得很。

泼　①群，伙：来了一~人。②阵：下了一~雨。

婆　①祖母。②对老年女性的尊称。

婆娘　①妻子：我家~同我发气。②已婚妇女：那个~恶得很。

婆家　婆婆家：过年我在~过的。

□pʰɔŋ³³　①烟土飞扬：到处~灰。②玩耍：你厉害，一天到晚在外头~灰。③气势汹汹往前扑：别个已经认输了，他还~上去打诺一拳。

捧泡　拍马屁：本事靡大，专门~。

碰到　遇见：我在城头~他。

铺盖　床上用品。

扑拉　①衣裤长，拖到地上的样子：他穿得~很。②大把：大~的东西都扔了，只剩这一点啦。

扑里扑拉　又长又累赘：那天她搞得~的，大家笑死去。

□pʰu⁴⁵　因煮沸而溢出：牛奶~出锅来啦。

扑鼾　鼾声：他的~吵死人了。

扑爬　摔跤：今天倒霉，一出门得~。

扑　①伏：他~在桌子上睡觉。②倒扣：把碗~起放。

泡雪　絮状雪。

坡顶　山顶。

排时　平时。

拍落　荧火虫。

m

妈也　惊叹词，哎呀：～，你要遭啦。

抹ma⁴¹　擦，揩。

麻ma⁴¹溜　麻利：他做活路～得很。

麻利　做事利索，有办法。

麻雀　①男性生殖器官：他的小～歪啦。②鸟的泛称：天上有～在飞。

麻皴　皮肤因寒风吹导致开裂或变粗糙：看回，你的脸开～了。

麻子　脸上长雀斑多的人：他是个～脸。

麻麻亮　黎明时分，天刚亮：天～，他做起来做活路啦。

蚂蚱　蝗虫：田坝～多。

抹　擦，抹：～桌子。

抹汗　紧张：一听到要交45万，他～完啦。

马　拉长脸：一天到晚～起个脸，像哪个得罪他总点。

码　估计，判断：我～靡到他的衣服长度。

码倒　占起，号起：帮我～这点地皮。

码倒喫　以势压人：她遭这点人～了。

码倒起　占住靡放，守住靡放，霸道：他一个人～两个摊摊。

马眉马脸　板着脸：一天～的，靡晓得哪个惹倒他啦。

马马肩　小孩骑在肩上的游戏：来搭～吧。

马桶盖　一种发型，只留顶一圈形如盖子：哪个粘他剪的～啊。

马凳　木工的工作台，形长如马得名：你敢坐他的～试回。

马牙凌　严冬时节在屋檐前垂挂的马牙状的冰条。

马路　公路。

马屎坨　猕猴桃。

迈　躲避：靡是弯腰～开的话，石头做打我老壳顶啦。

卖关子　说话留有悬念：少～，有哪子讲哪子。

蛮　①粗野：他打架最～啦。②强壮：他一身的～肉，像头牛总点。③粗大：你家的桌子～咯咯的。

蛮力　出苦力：他靡得文化，只能靠出～喫饭。

满mə⁴⁵　很，特别：她～能干的，哪子都会。

慢忙　①靡忙，别慌：～走，我讲件事情你听回。②等一会儿：～来，等我穿件衣服。

慢点　等会儿：你先走，我～来。

□maŋ³³　胖：这段时间喫～完啦。

□maŋ³³子　胖子：王～走过来啦。

□maŋ³³嘟嘟　胖乎乎：妈也，这坨小娃崽～的，好玩得。

□maŋ²¹　饭：快点来家喫～啦。

莽　粗声粗气：她讲话～～的，像男的总点。

毛　暴躁：他的脾气～得很。

毛毛雨　牛毛细雨：今天下点点个～，靡冷。

毛风细雨　微风细雨，形容天气较冷。

毛辣果　西红柿：今年～便宜。

毛焦火辣　焦急烦燥：他急得～的。

毛豆　未完全成熟的黄豆，又叫青豆：今天煮点～来喫。

毛栗　野生栗子，比板栗要小。

毛桃　桃子的一种，皮上毛多：～好多钱一斤？

毛秀才　西红柿。又叫"毛才"、"毛辣果"。

毛手毛脚　粗鲁：他～的，做靡好事情。

毛毛路　山间羊肠小道。

茅司　茅厕：他在～跌了一跤。

茅坑 茅厕坑：小心靡要落~。

毛mau⁴⁵ 冒火：你把他惹~来做见料子啦。

毛mau³²³ 关系靡好，有矛盾：他两个是~的。

毛冲 一种爬在杨桃树上的全身长毛刺的小毛虫。

磨罗鼓 鹅卵石。

默倒 认为：你~我靡晓得这件事情是靡是嘛。

靡 没，不。独山县方言的"靡"可随意替代"不"表示否定。如"~得"、"~有"、"~去"、"~喫"、"~来"。

靡去 不去：我~啦，你个人去。

靡要紧 没关系：~，我个人去罢啦。

靡在了 去世、死了的讳称。

咪咪mie³³ ①乳房。②乳汁：那个崽哭倒要喫~。

靡得讲的 无可挑剔：菜的味道~。

煤粑 ①用散煤捏成饼状：你的~还有靡有卖？②倒霉蛋：你像块~总点。

媒子 沟通好：他两个扎好~的，你做哪子比得过来。

妹妹头 额头前留流海：剪个~看倒年轻点。

明min⁴⁵年 第二年：~日子会好点。

漫mə²¹ 溢：稀饭~锅啦。

□mie³²³ 掰开：把馒头~开放肉进去。

篾片 用竹子划成细条：拿那个~过来回。

棉花雪 像棉花一样的雪。

抿 用手或工具抹：把墙~平来。

抿子 泥水工所用的抹平地面、墙面的工具：这个~好用点。

抿 添：他先~点点酒，再喫点点菜做成啦。

摸包 偷窃：我的钱遭~啦。

摸脉 诊脉：来，医生~。

□mɔ³³ 行动缓慢：每回都是他最~。

磨皮擦痒　烦燥不安：在家多坐点他就开始~的啦。

磨 mɔ⁴⁵　消耗时间：你在这点~半天也靡得哪子用，他靡去还是靡去。

磨 mɔ²¹　移动：你~过去点，我的手放靡下啦。

摸脉　切脉看病。

蒙 moŋ³³　遮盖：他拿衣裳~起老壳走，看靡见路。

蠓子　夏天一种咬人的小虫，多生长在湿地：看，我又遭~咬啦。

懵懂　无知，幼稚，靡开窍：他虽然六年幼啦，但是还~得很。

懵里懵懂　①与"懵懂"同。②稀里糊涂：睡得~的爬起来。

梦冲 tsʰoŋ³²³　讲梦话，梦游：昨晚他又发~啦。

木　①麻木：我的手遭压得~完啦。②笨，木讷：他有点~。

木老壳　愚笨者：他是个~。

木头木脑　脑子笨：这个人~的，哪子都靡会。

木头　①木料：这块~可以做好多家具。②棺材的避讳说法。也叫"老木"、"寿木"：他家头放了一个~。

木杵杵　①傻呆呆站着：他~的站在那点。②麻木，无知觉：手冷得~的完啦。

木板鞋　木拖鞋。

母老虎　①雌性老虎。②比喻凶狠妇女：对门王大妈是点~。

米麻雀　麻雀。

麦桩　麦子收割后留在田里的根茎。

呣　语气词，用于口语：接下来~就到他了。

好呣　语气词，接着、接下来的意思：~，他做过去了。

母猪疯　癫痫病：他发~了。

媒婆　媒人。

f

发　①膨大：先把海带~起，下午才得喫。②变富：他这几年搞~啦。

发福　长胖：这几年~啦。

发火 ①生火：~的时候柴要架空。②生气发怒：某人要~了。

发毛 ①发怒，发脾气：靡要惹他，他~来好怕好怕的。②害怕，不寒而栗：这点阴森森的，让人心头有点~。

发大水 水灾：拐了，那边~啦。

发鸡爪疯 ①手指发抖：这两天我的手像~总点。②神经质：你~啦，天天窜前窜后。

翻 背后说别人：有话当面讲，不要在后面~。

翻嘴 背后讲小话：不要讲给他听，他最爱~。

翻本 捞回本钱：不要拦我，我要~。

烦 厌恶：~死你了。

反脸 ①调脸，转头：你~来看回。②翻脸：~靡认人。

饭蚊 苍蝇：把那个~撵走。

方子 规整，成正方体或长方体的木头：这块~很规整。

房间ka³³ 房间，有里头间、外头间等：回你的~头去。

房圈 卧室。

放药 ①擦药：给出血的地方~。②下毒：他遭别个~了。

放血 ①用刀捅使人流血：再靡拿钱，~啦。②舍财：这次要你~才对得起兄弟。

肥胴胴 很肥的样子：看他~的一身肉。

肥唭唭 肥得肉叠起的样子：下马~的。又叫"肉唭唭"。

□fei²¹ ①顽皮：他家小娃~得很。②玩：几点鬼崽还在那点~。

粉 ①米粉：今天我们喫~。②粉末：把米压成~~。③成粉末：衣服在箱子头放久了，拿出来都~了。④粉刷：把房子~一~。

粉肠 猪胃部和小肠连接的一小段，即小肠头。

坟山 墓地：他家~风水好。

敷 ①粘贴：把奖状~在墙上。②对付：这段时间生意还能~得过去。

复山 埋葬死人后的次日，死者亲属上山去死者墓旁给死者煮喫的。这种仪式叫~。

浮飘 浮萍，钓鱼用的标志物。

唬　大声训斥：你好好讲，～他做哪子。

富态　因体胖而显示出福气：他家婆娘越来越～了。

疯　嘻笑打闹：成天～也靡学习。

封火　炉火里用细煤盖住保留火种。

v

蚊子　泛指蚊子和苍蝇。

匀　①均分使匀称：把菜～成三份；把菜秧～下。②悠着做：～倒点，靡要累倒。

匀净　均匀，匀称：字写得～；分东西要～。

玉　①光滑，滑溜：鞋底板都磨～了。②喻玩得熟溜：这门活路早就玩～了。

鱼花　鱼苗。

圆子　肉丸。也说"肉～"。

圆不溜秋　形容圆的形状：苹果大个大个～的。

圆噜噜　圆溜溜的样子。又说"圆咕噜"。

圆罗罗　①圆形物：拿笔画个～。②很圆的样子：一个个鸡蛋～的。

园子　菜地。又说"菜园子"。

圆泛　周到，圆满：说话～些；事情办得～。

院干 ka²¹　篱笆。

院坝　屋前屋后的场院或较大的平地。

原前　最初，原先：那是～的事了。

沿　绕着，绕弯：我～路走远了；你～倒河边一直走就到了。

□ye³³　①扭曲，弯曲：拿竹子～个粪夹；把脚杆～起。②扭伤：腰杆～倒喽。

t

搭　①咂：菜没上来就～嘴巴靡好。②下垂：眼睛皮都～下来啦。

挞 ta²¹　①摔倒：一出门就～一跤；～倒。②用手摔：他发气了，把书～地下。

打 ①用毛线编织：~件衣服来穿。②用容器装：~水；~油；~酒。③处理：生意靡好，铺子只好~出去啦。④十二：一~。

打本 亏本：这些货~卖给他吧。

打摆子 全身发抖，忽冷忽热：他发烧，~。

打整 收拾：他家小娃崽天天~得漂漂亮亮的。

打齐 高度达到：他十岁做~他家爸的肩膀了。

打□ten³²³ ①中途停顿：他念书有点~。②犹豫：他有点~。

打比 ①假如：~是你的钱你会舍得来？②举例：靡要拿我来~方。

打湿 弄湿：靡要~衣服。

打烂仗 胡混，生活一团糟：天天~。

打圆场 从中调解：靡是我~，他们两个要打起来的。

打边鼓 从旁帮忙：我只在旁边~而已，帮靡到哪子。

打雨点 天开始下雨了：~了，我们快点跑。

打粑粑 打糍粑：每年过年前都要~。

打伙 结伴，一起：我们~一路回家。

打伙计 结拜兄弟：他们两个~。

打闪 闪电，又叫"扯闪"：快跑，~啦。

打扑鼾 又叫"扯扑鼾"：他~吓死人。

打平伙 聚餐：大家凑钱~。

打头 ①酒、药等饮后头部不适：这种酒喝完有点~。②伤脑筋：这个问题问得有点~。

打脱 跑掉：捉倒的鱼~了。

打脚 因鞋子小等原因挤脚、磨脚：新皮革一般都会~。

打被窝 睡觉踢被子：他睡觉靡老实，天天~。

打佬蹿 跌跌撞撞站靡稳的样子：三天不喫酸，走路~。

打□ɔŋ³³堆 蜂拥而上：排队，不要~。

打□tʰeŋ³²³ 停顿，犹豫：他讲话一点都靡~。

打早 清早：明天~去割草。

打死疙瘩　打死结。

打屁虫　①椿象。②指屁多的人：他是个~，不要挨倒他。

打拔筒　拔火罐。

大汗戏水　大汗淋漓：忙哪子嘛，~的。

大声武气　粗声粗气：讲话~的，喫火药啦。

大溲　解大便。

大清八早　大清早。

大肚婆　孕妇。

单另　另外，额外：他来了，我妈~炒个菜。

逮　①捉：老子~倒你要你好看。②咬：离这条狗远点，一发是遭~一口划靡着。③拉，拽：他~断索子就跑啦。

歹毒　狠毒：这点崽~得很，惹靡起。

带　抚养：这点崽是他姨妈~大的。

带把子　说话不文明，带脏字。

带把的　指香烟带过滤嘴的。

担待　承担：责任太大了，怕~靡起。

掸　烹调法的一种，将生食置入沸水后迅速捞起：先把萝卜放滚水中~一~。

当倒　当面：有话~面讲。

当靡倒　比不上：家花~野花香。

当 taŋ⁴¹　笨，木讷：他脑子是~的。

党　群，拨：外头那~人是你的同学？

档头　两边的顶端：床~的枕头底下。

当顿　当作正餐：天天拿酒~。

荡　在外闲逛：在街上~了半天。

砀　磨刀斧：把刀~一刚再切。

凼凼　小坑：小心这个水~。

倒转　①回头走：走错了做~回去。②反而：你个人走错的，~来怪我。

倒嵌 指甲边脱的细皮：手上长～。

得脸 得寸进尺：表扬点点做～啦。

等刚刚gaŋ³²³ 等一会儿：～再走吧。

炖 放置：把锅～在火上。

点点嘎牙巴丝 一点点：我只剩～了。

抵 ①值：你们几个人都～靡到他一个。②顶住：用脚～倒门。③顶出去：那头猪～脱一半学费。

抵用 管用：他去了靡～。

抵拢 靠近：大家站～点。

抵嘴 顶嘴：那小姑娘最好～。

底脚 底下：～有条狗。

地萝卜 地瓜：又叫"葛苕"。

爹tia³³ 父亲。

点点嘎 一小点：我只要～。

□tiaŋ³³ 拎，提：～起一根棒棒就冲上去了。

巅巅 尖儿，顶端：豌豆～。

癫东 颠三倒四，糊涂：老～。重叠词为"癫癫东东"。

点水 告发秘密：靡是有人～，他靡会遭抓。

点把 一小点：你去城头，带～东西去。

垫背 代人受过：死也要拉个～。

叼tiu³³ 挑剔：他嘴巴～得很。

叼嘴 挑食。

叼tiu³²³ 流里流气：那人～得很。

吊tiu²¹ 自由散慢，吊二郎当：他一天到晚～惯了。

吊吊 ①坠子：你脖子上的那个～好看。②成熟下垂的穗：谷子起～了。

吊颈 上吊自杀。

吊脚楼 苗家住宅，依岩而建，楼下悬空，楼上住人。

吊二郎当 自由散漫。

吊盐水 输液。

顶顶 顶端：柜子～；山～。

□tin²¹ 扔，投掷：拿石头～出去。

锭子 拳头：打他一～。

多的靡是 很多，有的是：那个东西在我们那点～。

戳tɔ⁴¹ 捅，戳：我的脚遭钉子～倒啦。

躲猫猫 捉迷藏。

逗təu³³ ①逗引：你～得我口水都出来了。②招：靡听话的崽崽～人厌；这种布～灰；这种味道～苍蝇。

逗起闹 故意逗引：半夜出去买糖，～。

苑 量词：一～白菜。

兜兜 泛指小孩的围兜、口水兜。

斗篷 斗笠等雨具。

鬪təu²¹ ①凑钱、凑集：两家钱～起来才够。②拼接：断的那点可以～起来。③冲着，正对着：～倒水管喝凉水。

斗 争辩，争吵：他两兄弟天天～。

冻包 冻疮，手脚因受冻引起发红发痒的包块。

独丁丁 一门单传的人。

独独一点 只有一点人。

独食 ①有东西自己吃：他只会喫～。②比喻只为自己：有好处他尽是喫～。

读望天书 会念书但是不识字：要注意认字，不要～。

独崽 独子。

独姑娘 独女。

度tu²¹ 怂恿：你不要～我，我靡会去的。

肚皮眼 肚脐。

赌钱 赌博。

断tuə³²³ 拦住：快把牛～倒。

堆tui³²³ 整批买卖：～点香蕉来卖。

对头 正确，不错。

对对眼 对子眼，斗鸡眼。

对门对户 房门相对或相邻：~的，靡用客气。

t^h

塌皮 脱落：太阳晒得要~了。

沓 量词：一~钞票；一~书。

挞 t^ha^{21} 在锅中压扁压碎食物：~洋芋粑粑。

□ t^hai^{33} 用乒乓球拍颠球：他~球~得很好。

□ t^hai^{33} ①讨好，巴结：他~领导~得好。②抚慰，哄劝：靡要惹老伯，要~好点。

坛盘 泡菜坛子盖沿放水阻隔空气的边沿。

坛盘水 泡菜坛子盖沿用于封气的水。

抬 ①挑，担：~挑谷子去卖。②两手用力端抬重物：~盆水来喔。

太阳筋 太阳穴。

太阳坝 太阳照到的地方。

□ $t^haŋ^{33}$ 碰上，遭遇：~倒你算我倒霉。

搪 ①抵挡：他一锭子打来，我拿锅盖~。②垫：~块布再熨。

塘塘 小水坑：路上尽是~。

陶屋 正厅堂，老式住宅的厅堂，摆有神龛和祖宗牌位的地方。

淘神 耗费精力：这个小娃崽让人~得很。

桃花运 好姻缘，好运气。

讨 ①采摘：~花~树叶。②取下：把帽子~下来。

讨嫌 讨厌。

讨孃媌 娶媳妇：准备到他~的日子啦。

套 ①绊：~他一扑爬。②用计使其说真话或上圈套：想~我话啊。

套套 圈套：给你下~。

□ $t^hən^{323}$ ①颠簸：这个路~死人了。②停顿：他~了一刚才接倒讲。

□tʰən²¹　①磨蹭，拖延：我看你要～到哪天才算完。②量词，级：过几～坎。

□□tʰən²¹　石礅，台阶：要踩几个～才过得倒河；到学校要爬好高的～。

提　大人给孩子把尿：～尿。

蹄膀　猪肘子。

体子　身体：他一直来～做差。

天堂　上鄂：我的上～都肿了。

天狗喫月亮　月食。

天火　流星：你看～落下去了。

天干　天旱。

天麻麻亮　天刚亮，拂晓。

天井　宅院中的露天空地：走去～玩去。又叫"天井坝"。

甜酒　①糯米醪糟。②甜味米酒。

甜盐　有盐味。又说"甜咸"、"香盐"、"咸盐"。

挑嘴　挑食。

调羹　勺子，汤勺。

调tʰiəu³²³　①调换：我拿钢笔～你的橡皮擦。②反转：～来看到你。

调头　掉头：车子～；你～看回。

淘米　洗米、擦米。

铁公鸡　吝啬之人。

听　感觉：你～看有靡盐？你～看疼靡疼？

挺　①揍，打：我～你哦。②支撑：难得～得过去。

挺尸　睡觉：一天到晚在床上～，哪子都靡做。

驼子　驼背。

砣　量词，团状物：一～石头；给你一～。

砣砣　团状物：泥巴～；肉～。

妥　下垂，耷拉：胡子～到胸口啦；肚皮内都～下来啦。

偷人　有外遇。

筒子骨　动物大腿骨。

捅 挪动：把桌子~回。

掏杨咩 摘杨梅。

土狗崽 蝼蛄。

土包子 没见过世面，土气的人。

土话 方言。

土疯子 专指埋死人的人。

兔 不通情达理：这人~得很，惹靡起。

兔兔的 非常不通情达理：这人~。

兔眉日眼 非常不通情达理：这人~的。

囤箩 农村用来装粮食的容积很大的圆形箩筐。

团 ①团拢，捏合：他~起被子回家了。②团结：他~得倒人，选他。

团拢 聚拢：他想把大家~起来做点事。

团转 附近，周围：~都是菜地。也说"团团转转"。

团鱼 甲鱼。

秃手秃脚 无手无脚的人。

n

拿脉 把脉。

哪点 哪里，哪个地方：你在~？

哪堂 义同"哪点"。

哪刚 什么时候。

那刚 那时。

哪阵 什么时候。

哪时 什么时候。

哪个 谁：来的是~？

哪该 同"哪个"。

哪样 什么：他~都靡会。

耐烦心 耐心：读起书来就靡得这种~了。

奶浆菌　一种食用菌。金黄色，其浆汁似奶汁。

难缠　不容易对付：大官好见，小鬼～。

闹热　热闹：大十字才～。

泥巴豆　扁豆。

拈菜　用筷子夹菜：给老人～。

撵鸡　把鸡赶开。

蔫败**pai³³**　打蔫：白菜都～啦；今天他有点～，靡讲话了。

年成　年景，收成：今年的～好。

念　①唠叨：一天到晚鬼～实～的，听得心烦完。②想念：你婆在家～你得很。

碾　用脚踩踏：～得一脚泥巴。

碾子　农村碾谷子的水磨。又叫"水～"。

尿包　猪尿包，即猪膀胱。

尿片　尿布。

牛　①犟：他脾气～得很。②气粗：他说话～哄哄的。

牛干巴　牛肉干。

牛混塘　牛在泥塘里打滚。

糯　黏性，有弹性：糍粑最～；今年的包谷最～。

糯包谷　富于黏性的玉米。

脓包　窝囊废：你真是个～，哪子都靡会。

酿**niaŋ²¹**　①腻味，腻油：看到这些肥肉心头都～。②闲得无聊：这几天～得很，哪子事都靡想做。

□**niu²¹**　身体动：不要～，领子理好。

□**nɔ³³**　睡，多用于对小孩说：快点～觉。

搡**naŋ³²³**　①推搡：把他～到门外头去。②甩拳打：～两锭子给他。

l

拉稀　①腹泻。②害怕，示弱：有胆量的就来找我，～摆带的靡算好汉。

辣　①热辣：今天太阳～；锅～了。②厉害：这个婆娘嘴～得很。

辣子 辣椒。

邋遢 窝囊，脏乱。

邋里邋遢 同"邋遢"。

腊月间 腊月。

腊月货 年货：有钱靡买～。

烫饭 热饭或很烫的饭。

癞疙癞宝 粗糙，不光滑：这块石头～的。

癞疙宝 癞蛤蟆，又说成"癞克蟆"。

赖 耍赖，赖皮。

赖抱 不下蛋：这个鸡～了。

赖抱鸡 下完一轮蛋后呈孵蛋状态，不下蛋的母鸡。

揽la^323 ①盐渍：～盐菜。②汗渍：汗水～得衣裳湿黏黏的。

懒 ①懒惰。②不愿意：这种人我～得管他。

烂 ①稀烂：这条路很～。②坏，出毛病：汽车～在路上了。③下流，乱搞两
性关系：这个女人～得很。

烂稀饭 比喻动不动就哭的人：你真是个～。

烂事 不好的事，下流无耻的事：我才懒得管你的～。

烂板凳 喻指闲聊久坐的人。

烂账 无法收回的借账：这又是一笔～。

烂仗 胡搅蛮缠：我就怕他来打～。

烂贱 多而不值钱：这种花～得很，到处都有。

烂崽 小流氓。

□laŋ^33 体形又瘦又长的样子：她穿的衣服～的。

□□laŋ^33垮垮 又长又大的样子：他的衣服～的。

□laŋ^33 无事东游西逛：他成天～过来～过去。

攘laŋ^323 ①摇晃容器中的液体：把瓶子～一刚。②清洗：衣服～干净后再晒。

攘laŋ^323粉 一种食品制作工艺，用铁盘装米浆加热做成米粉。

凉快 凉爽。

晾　晒：晾衣服。

捞　①从水头打捞起来。②撩，掀：把门帘～起。③拿着：～倒什么做打什么。

痨病　肺病。

牢实　结实：这种布～。又说"扎实"。

老实　①为人厚道：他这个人～。②确实：～是真的啦。

老磨石　用于说反话，形容人并不老实：他看倒老实，实际是～。

老口老嘴　老嘴老脸的样子：都～的了，还唱那种歌。

老者　①老头。也说"老者者"。②父亲。③引申指丈夫：我家鬼～又喫酒去了。

老子　①父亲：你家～回来跟你说。②自称，较粗鲁：～就是麿听你的。

老奶　①泛指中老年妇女：这点～嘴多得很。②妻子：他家～在家头。

老变妈　传说中的老妖婆。

老的　①长辈：～老得麿像话。②父母：他家～在屋头。

老木　棺木。

老窖　喻指多年积存下来的钱：他一直麿敢动他的～。

老庚　①同龄人。②结拜兄弟：打～。

老火　①厉害，严重：他遭气～了。②麻烦，难办：你这个人～得，讲半天还是油盐麿进。

老鸹ua⁴⁵　乌鸦。

老蛇　蛇。

老者　老头儿。

老公　丈夫。

老婆　妻子。

老爹　丈夫。

老奶　妻子。

老爹伙　成年男子的称呼。

老奶伙　对结过婚女性的称呼。

老烟刀　保存时间长的或大块的腊肉。

老天爷　天。

老油条　①做事油滑的人。②喻很难教育的人：他是个~，教靡转的。

老壳　①头：~痛。②头脑：他是个有~的人。

老壳疼　头疼。

老摆　腿瘸的人。

□lau²¹　游玩，玩耍，聊天：明天有空，来家~喏。

劳改犯　服刑的人。

癫壳　癫头。

络lɔ³²³腮胡　指长满脸颊的胡子。

烙铁　喻指卖淫的女人。

肋lə⁴¹巴骨　肋骨。

冷心　①灰心：这个病医来医去都~完了。②心寒，心凉：你做的事太让人~。③冷噤：寒噤。他打了一个~。

冷屁扬秋　又冷又寂寞：做哪子搞得~的，你家的人呢？又说"冷屁秋烟"。

嫩崽崽　婴儿。

擂luei⁴⁵　①敲击：把鼓~得咚咚响。②拳打、揍：~他一顿。

擂luei⁴⁵钵　小的石臼或木臼，捣食品、药物的器皿。

雷luei⁴⁵公　传说中的雷神。

雷公吼　雷声很大。

雷公合闪　打雷闪电：~的，靡要哭了。

雷公虫　蜈蚣。

□lɔu³³　偷：我种的辣椒被~完了。

立　竖立：~棵杆杆拉电线。

梨果　梨子。

里间　靠里的房间。

礼信　①礼貌：他家人讲~。②礼品：上门还要带点~才好。

礼拜天　星期天。

□lia⁴¹　①脱落：皮都晒~皮了。也说"塌"。②推御：这件事你~靡脱。③散慢，不正经：同学中就数他~。

□lie³²³ 舔：～口～嘴的。

脸包pau³³ 脸颊：～上有块黑疤疤。

脸貌 相貌：我看你的～像你家妈。

脸皮 脸面，面子：～厚得很。

两娘母 母子或母女：～相依为命。

凉倒 受凉感冒：这几天他～了。

料想 估计：我～他靡会来了。

亮liaŋ²¹ 炫耀：穿件新衣服到处～。

谅liaŋ²¹ 认定，有赌咒性质：我～死你靡敢去。

亮绍 明亮：这间房子要～点。

亮爽 光线好：这套房子～得很。

亮火虫 萤火虫。

缭liu⁴⁵ 缝，连：衣服破了，～几针。

了liu³²³ 完结，结束：电影～了。

摺liu²¹ ①扔：把石头～远点。②抛开：把这件事情～一边去。

灵光 精明灵活：他脑袋～得很。

临时临坎 临到事情开始：平时靡好好学，～抱佛脚。

淋秧鸡 比喻人全身上下被大雨淋湿了。

凌lin²¹ ①冰：路上好厚一层～。也叫"桐油～"。②结冰：路上都～起了。

溜 条：把布撕成几～做拖把。

溜溜 条状物：纸～；我家才有一～土。

流 下流：这个人～得很。

流话 下流粗俗的话。

留后手 给自己留后路：做生意总要～。

溜liu²¹ 讲话快：那个人讲话～得很。

□lɔ³³巴 末尾：你排头，我排～。

落 ①掉：钢笔～在教室了。②遗失：我的钱～了。也说"打落"。

落雨 下雨：扯火闪，要～了。

落雪　下雪：好冷，要~了。

落　轮到：这步棋~我走了；~我发言了。

落眍　眼眶深陷：病了几天，眼睛都~了。

落名　署名：同意就~。

落气　死，过世，咽气：早上才~的。

落气爆　人刚断气时所放的炮竹。

落水鬼　被水淹死的人。

落脚　居住：你~在哪点？

螺丝拐　踝骨。又叫"螺丝骨"。

摞　①动词，堆放：把桌子上的东西~好。②量词，叠：一~书。

捋lu³²³　①猛吃：回家就~了一顿。②搜刮：有点好东西都着他~走了。

捋得　吃得又多又快：这一伙人喫饭就数他~。

笼　①笼起，套住：~起手走路。②量词：一~被子。

龙头　①自行车的把手。②自来水龙头。

拢　到达：才~家做天黑了。

捞lu⁴¹　从水中捞：~酸菜。

绿lu⁴¹蚊子　绿头苍蝇。

绿lu⁴¹雅阴　绿得难看的颜色：那个东西~的，恐怖得要死。

卤水　①卤制食物的水。②点豆腐的碱水。

路路　细长条的痕迹：好好的桌子划得到处都是~。

团luə⁴⁵　圆：这个东西长得~。

团团luə⁴⁵的　圆圆的。

团luə⁴⁵转　附近，周围一带：~都是菜地。也说"团团转转"。

卵　男性生殖器，用于骂人：关你~事。也说成"卵子"。

卵蛋　睾丸。

乱管　随便，只管：~拿；~说；~整。

乱搞　①胡来：我的东西，你靡要~。②乱搞两性关系。

k

轧 ka⁴¹　割，剪：把电线～了。

□ ka³²³　肉：买点～来给崽喫；这个娃娃一身～（或叠说"～～"）。

敢讲　怪，责怪，埋怨：这事情靡办成，～他靡卖力。

该　①欠：～账要还。②命该：～他倒霉，出门碰倒个疯子。③活该：～，死了活该。

街 gai³³　～上落得尽是树叶子。

街 gai³³坊　一条街的人家：～上的事大家都要关心。

该账　欠账。

该时　幸亏：今天落大雨，～他靡上山。

改天　过些日子：～再来。

解 gai³²³　①解开：～鞋带；～扣子。②剖开：～板子；猪肉～刀。

解 gai³²³溲　解大便或小便。

该 gai²¹　句首副词，表程度高：～老实嘎；～爱哭，～好；～漂亮；～靡好意思。

干 ka³³　①副词，不费力：～得五十元钱。②实际：一个月就是这点～工资。③完：一晚上就输～了。④白白：一个人～讲，没得人听。

干煸　①烘焙，干炒：～牛肉丝。②喻无谓折腾：就晓得～那点名堂。

干菜　晒制的菜类，如黄花、木耳之类。

干疮　疥疮，有的地方又说成"干疙痨。"

干捡　白白地得到：～的还靡要？

干扯　毫无意义地闲扯：坐起还靡是～，有哪样意思。

干燥　干燥：要楼上才～。

干巴　失水后绉缩：肉都～了，喫靡动。

干丝丝　同"干巴"：～的面包，喫都喫靡下。

干精精　指人干瘦的样子：看他～的，手头还有劲嘞。

干跷跷　①形容干枯：早就死得～的喽。②形容人干瘦，义近于"干精精"。

赶 ①驱赶。②驾驶牛、马车：～车佬。③用筷子等拨：～点菜在碗头。④比：我们哪点～得倒你们。⑤走：我～哪点去。

赶场 赶集。

赶转转场 买卖人依场期轮流转场做生意。

赶先 ①刚才：～我给你说的，你记靡倒了？②时间靠前：你走～。

赶后 ①随后，后来：我先走，你～来；开始他靡肯，～还是答应了。②时间靠后：你走～。

擀面条 加工面条。

间 ka²¹ 开 隔开：～他们两个，靡要在这点打；这间房间从中间～。

豇 kaŋ³³ 豆 豇豆。

钢火 指刀刃的钢质好而锋利：这把刀～好。

钢鳅 鱼鳅。又叫"泥鳅"。

缸缸 杯子，茶缸。

茶缸 陶制或搪瓷等质地的大缸一类的器皿：拿～装盐巴。

刚刚 恰好：～装满。有的地方读为"□□tɕiaŋ³³"。也说"恰恰"。

杠 kaŋ³³ 炭 用好木头烧制出来的炭，耐燃。

扛 kaŋ⁴¹ ①扛：他～起袋靡就跑。②（背）微驼：他背有点～。

刚 kaŋ³²³ 一会儿：他才去一～。常说为"刚刚"或"一刚刚"。

虹 kaŋ²¹ 彩虹：天上有根～。

虹 kaŋ²¹ 吃水 彩虹。

杠杠 ①木杠。又说成"木杠杠"。②直线：书上尽划些～。

高低 坚决、死活：他～就是靡听话。

高寿 一般老人年纪在70岁以上就可称为高寿。

高 kau³³ 头 上面，顶部：打倒房子～的瓦了。

高叉叉 形容身材高的样子：现在的娃娃个个长得～的。

高挑 扁担直接插入箩筐里的一种担子，适于山地劳作。也形象地称为"蚂蚁箩"。

高脚蚊 家蚊，库蚊。

搞　①做：~哪样？②顽皮：~死；~得很。

搞得赢　①能战胜对手：我~他。②应付得过来：我~，靡要你帮忙。

搞得惯　能习惯：在新学校我也~了。

搞头　好处：现在跑车~大嘞。

搞落　丢失：书遭我~了。

搞打落　同"搞落"。

搞忘　忘记、忘了：昨天的事我~了。也说"搞忘记"。

窖kau²¹　窖藏：我家~得有红苕。②喻指埋藏在家：有钱靡用，~起送哪个嘛。

□□kau²¹　烂泥，烂泥塘：路上尽是稀~，车都开靡进来。

较kau²¹　①较量，比较：我两个~下手劲。②估量：你来~回，有好重？③称一下：你~会看够靡够秤。

格外　另外：你~找天走嗟。

疙疙涩涩　①言语不流利的样子：打个电话也~的。②言语吞吞吐吐：听他~的，肯定靡想帮人。

圪kə³³瘾　心头靡舒服：这件事让他觉得很~。

圪kə⁴¹腻　人皮肤上的泥垢：半个月靡洗澡了，~一大层。

疙瘩　①木材上的节疤：木头上有个~。②心节：心头的~要个人解开。

疙疙疤疤　①指器物、材料上节疤多。②形容不顺畅，行事磨难多：今年做事~的。

疙苑　树的根：树~。

疙螺　陀螺。打~。

隔奶　断奶：3岁的娃娃还靡~呀？

嗝kə³²³　打嗝。

隔食　积食不消化。

□kə²¹　①割，杀：把这块肉~下来；这只鸭子~靡死嘞。②喻像割肉一样来回拉：你~两曲二胡来听嗟。

跟倒　①跟着：~我走。②顺着：~大路走靡会错。③随后：你先走，我~就来。

跟斗扑爬 跌跌撞撞：他也～的追倒来了。

根底 底细：他的～我都晓得。

狗崽 小狗。又叫"狗崽崽"。

狗扯尾 狗交配。

哽kən³²³ ①噎住：～倒喉咙了。②硌：～脚；～背。

整kən³²³ 整：你给个～数。

整钱 面额较大的钱，与零钱相对。

各 自己：～做～喫。

各人 自己：我～去，靡要你们送。

各家 每家：～各户。

割耳朵 订婚。男方请媒人到订婚女子家要订婚女子的生辰八字，并带回一对花来给男方家。男方家里要把这对花插在香炉上。

割木头 解木料做棺材。又说"割老木"。

角角 角落：墙～。

裹 ①沾上：从哪点～来的一身灰。②接触、厮混：他～倒个烂货（坏女人）了；他们几个天天～在一起。③缠：～毛线。

个把 一两个，形容极少。

过guə²¹ 超过：火燃～了。

过世 死的委婉说法。

过早 早餐，早点。

过年 过春节。

勾 身体弯曲：～起脑壳；～腰驼背。

勾脑壳 低头。也说"勾头"。

狗刨骚 动作像狗的一种游泳姿势。

构凌 结冰：水缸～了。

够 竭力伸手去拿：东西放得太高，～靡倒。

够得 需要很长时间：莫着急，～等。

公 ①爷爷或外公。②对老头的尊称：潘～；杨～。也可叠称"～～"。

公家　①爷爷或外公家。②单位的：~的财产靡能动。

公佬　对老头的随意称呼。

拱 koŋ³³　身体弯曲，扛着背：~起个背。

拱 koŋ³²³　①头拱，钻：人多得很，我~靡进去；猪~槽。②冒出：头上~起个大包包。③喻指暗中攻击：把他~下台来再说。

拱屎虫　①蜣螂。也说"滚屎虫"。②浑身不停在动的人：他像坨~一样动来动去的。

供灶神菩萨　腊月二十三送灶。

□ku³³　①蹲：站起来说，靡要~倒。②喻指老呆在一个地方：~在家头一天也靡出来。

牯子　公牛。又说成"牯牛"。

估 ku³²³　①估计，猜测：我~倒他要来了。②认定：我~你靡敢跳。③强迫、硬逼：你~人得很嘞。

古　执拗：他的脾气越来越~了。

估倒　①硬是：他~要走，留都留靡住。②强迫：是他~我干的。

鼓鼓眼　大且向外突的眼睛。又说成"牛鼓眼"。

姑爷　女婿。

姑娘　女儿。

刮　①捞取：他把家头~干了。②训斥：他着老师~了。

刮耳　耳光：扇他几~。

寡　①缺少油水：清汤~水；肚子~恼火了，今天要喫顿饱的。②只：~说靡做。③副词，很：这人~坏；这肉~瘦。

寡公　鳏夫。

寡崽　孤儿。

寡母　孤儿的母亲。

寡蛋　①孵小鸡变质的蛋。②比喻指零分：他英语考了个~。

挂念　惦记：你婆在家~你得很。

挂欠　义同"挂念"。也说"挂记"、"记挂"。

挂角亲　较远的亲戚关系：我和他是~。

挂清 清明节前后上坟，奠祭死者。

挂社 为去世时间在3年以内的老人上坟扫墓，3年以后叫"挂清"。

褂褂 ①背心。②旧式短上衣。

乖 ①可爱：个个都长得~；这个茶壶好~噢。②听话、顺从：这次~得很，靡吵靡闹。③乖巧、灵活：出门学~点靡喫亏。

拐了 糟糕：这回~了。

拐火 糟糕：这回~了。

拐拐 ①转弯处：脸比城墙~厚。②胳膊肘。又叫"手倒拐"、"手拐拐"。

拐角 街道转弯处：他家在那边~。

怪值不得 怪不得：放农忙假，~靡有人来上学喽。

关风 口齿闭合得好，吐音正常：才40岁，说话就靡~了。

管火 起作用：你讲的化肥硬是~，青苗就是长得好。

惯肆 溺爱，放纵：你家崽~得靡成人样了。

灌脓 化脓：伤口~了。

光脚板 赤脚。

光胯 光屁股。

光胯郎当 指光屁股的样子。

光胴胴 赤身露体或光着上身：那么大了还打~洗澡。

光 kuaŋ²¹ 摩擦使（刀）快：菜刀在缸钵上~下。

光 kuaŋ²¹ 波 ①光头：咋个刮了个~哟。②喻输得精光：他们队遭剃了个~。

归拢 ①收拾聚拢：把碗~过来。②归纳总结：经验~起来就是两条。

鬼火 ①磷火，为迷信说法。②窝火、无名火：心头~起得很。

鬼火戳 义同"鬼火②"。也可说"鬼火冒"。

鬼念实念 不停地唠叨：一天~的，让人心烦。

跪搓衣板 家庭内体罚方式之一，比喻惧内的男人受妻子惩罚。

滚 沸腾：水~了。

滚滚 轮子或轮状物。

滚子 车轮。

滚水 开水，热水。

谷桩 稻谷收割后留在地里的根茎。又叫"谷桩桩"。

谷子 稻谷。

瓜籽 南瓜籽。

果罗 故意，假装：我～哄他们要去了。

滚塘 夏季牛或猪到水塘里戏水取凉，并驱赶蚊蠓：把牛赶去～。也说"牛滚凼"。

滚屎虫 蜣螂。也说"拱屎虫"。

k^h

卡 k^ha^{33} 嵌入、插入：菜～牙齿。

卡 k^ha^{323} ①卡住：脚着石头～倒了。②刁难、拿捏：他想～你。③不按次序排队，夹塞：好好站队，靡要～。④非法占取：靡要～脓的东西。

旮 k^ha^{33} 旯 la^{33} ①角落：他住在乡～的地方。②缝隙：东西落到～缝去了。

旮旯 同"旮 k^ha^{33} 旯"。

旮旯角角 每个角落：认真点，～都扫干净了。

跨 k^hua^{21} 迈、跨：～个门坎，又喫两碗（俗语）。

卡 k^ha^{323} 量词，指两手指张开最长的长度：那张脸瘦得两～长。

卡白 惨白：她肚子痛得脸色～。

卡壳 受阻：他的话讲到一半做～了，急得一头汗。

开麻皴 皮肤受冻龟裂、起皴皮。

开顶 秃顶：才30岁就～了。

开黄腔 ①说外行话：靡懂靡要～。②说脏话：一开口就～，脏耳朵。

开叫 雄鸡成熟后的第一次啼叫。

开间 房间的宽度：这房子～大。

开交 应付，处理等：吵得靡可～。

开洋荤 初次享受、见世面：今天进城～了。

开亲　联姻。

开蒙　启蒙：他的～老师。

开刀　泛指外科动手术。

揩屁股　①擦屁股。②喻指收拾残局：各人的事情莫要等别个来帮你～。

嵌k^ha^{33}　镶嵌：用白石头～边边。

坎坎k^ha^{323}　台阶。又叫"坎子"。

砍老壳　骂人话：这点～的还靡来家。

看　①看守：～屋。②看望：～病人；～犯人。

看白　（把人或事）看透了，看扁了：我总算把他～了。

看耗子结娘嫫　看老鼠结亲，除夕守岁哄孩子的话。

□$k^haŋ^{323}$　罩住，盖住：把缸子～起。

炕$k^haŋ^{21}$　烘烤：～谷子；～腌肉。

炕$k^haŋ^{21}$笼　烘烤尿片、衣物的竹笼。又叫"烤笼"、"片笼"。

考人　考验人，为难人：这个事情有点～。

靠　①小睡：想睡就到床上～一会。②倚靠：扁担～到门后头去。

靠头　依靠：我们靡得哪样～，全靠各人。

蛤$k^hə^{41}$蟆ma^{33}　青蛙的一种，也泛指蛙类。

咳咳喘喘　不断咳嗽、病态的样子。

刻刻$k^hə^{41}$　刻痕、勒痕：绳子在树上勒的～越来越深了。

克膝头　膝盖。

肯　①愿意，容易：病好点他就～喫了。②很能、很容易：猪崽喫包谷～长。

去$k^hə^{21}$　去。

坑坑洼洼　形容道路凹凸不平：这条路～的。

□$k^hə^{41}$　敲打：～他脑壳；～门。

骒马　母马。

磕捯　用勾曲的食指骨节敲击头部，一般是家长对小孩进行惩罚。

磕　冲，砸：～辣椒面；～胡椒粉。

壳子　闲话，大话：你听他吹～。

瞌睡迷兮　昏昏欲睡的样子：一喊你做功课你就～的。

瞌睡虫　爱睡觉的人。

瞌睡大　睡得死，不易醒：你们各自打牌，他～。

颗颗　①颗粒状的东西：萝卜～。②疙瘩：脸上长好多～哟。

搁 kʰɔ²¹　①搁放：～点盐巴；把书～好。②搁置：我把生意～倒来帮你的。

搁板　衣柜、橱柜等当中的隔板，用于搁置东西。

空心　萝卜等空心：萝卜～了。

空手空脚　空手登门拜访：～的来了，靡好意思得很。

□ kʰɔŋ²¹　蒸，焖：用蒸子来～饭。

空空　①小的空间、缝隙：这间房子堆得满满的，一点～都没得。②空闲时间：你再忙也有个～嘛。

空话　空洞无用的话：说了半天都是些～。

抠　①挖：～耳屎。②抓，挠：～痒；～背。③用手指使力抓住：爬岩石手要～紧。④小气，吝啬：～到家了。

扣扣　门窗拉手或栓扣：门～；铁～。

扣子　纽扣。

扣门　布的宽度：这种布二尺八的～。

眍眉眍眼　眼窝深陷的样子，有贬义，常指人相貌难看。

口口　①口子：裤子着挂了个～。②容器口或道路口：瓶～；路～。

口水话　口头上啰嗦多余、不含实义的言语。

口重　指人吃盐吃得重。又叫口味重。

口轻　指人吃盐吃得淡。又叫口味轻。

箍　①套住东西加固的圈：桶～；盆～。多重叠说"～～"。②用竹条、铁条等加箍捆扎：～水桶。③喻用力抱紧、限制：你把他～紧点，小心跑喽；这点小利益就把他的手脚～倒喽。

箍箍　环，圈儿：黄桶～；手上戴个～。

哭兮兮　哭的样子：一天～的，哪个惹倒你了嘛。

垮脸　变脸色、翻脸：一句话靡对就～。

胯胯　大腿骨，大腿。

快　①刀锋很利：这把刀很～。②速度快。

块头　身体魁梧，壮实，块头大：这两年～起来了呐，长大了。

块块钱　一元钱：路上多要点～好买东西。

快当　很快，迅速：她手脚～得很；～点，要迟到了。

款天　夸口，说大话：他就会～，你信他的？

款壳子　①吹牛：一天就晓得～。②聊天，说闲话。又说成"款嘴、款门子"。

款天壳地　①形容大话说得不着边际。②形容闲聊不止。

款古　讲故事。

款门子　①聊天。②讲故事。

款 kʰuə³²³　①扣住，绊死：门～倒的，进靡来。②绊住：门坎～倒脚，着跌一跤。

款款 kʰuə³²³　①绊住人或物的东西：拿个～来把门口款倒。②喻限制人的条款或条件等：靡要先拿些～捆各人的手。

诓　①哄，逗（小孩）：～娃娃一会喽，尽倒哭。②花言巧语使人服贴：王老者最会～人。

狂　嚣张，放纵：看你～得了几天，有人收拾你的。

魁　①身材魁梧：这两年长～了呐。②撑得起：他穿这件衣服～得起。③喻指某一方面更强：要讲做生意还是你～得起。

葵花　①向日葵。②葵花籽：来喫点～。

□ kʰuen⁴⁵　①完整饱满：豌豆米～颗～颗的。②全，整：红苕煮～个的。③喻壮实：那个崽长得好～噢。

馄吞　不经咀嚼就整个吞下食物。

X

沙 xa³³　沙哑：喉咙都～了。

沙声沙气　声音嘶哑：～的还来上课。

□ xa³³　①拨弄，搅弄：把谷子～开；～麻将。②摸弄、扒拉：靡要在我脑壳上东～西～的。③找寻、划拉：想办法～点钱来花。④钻营、应付：他在外头还算～得转。

□xa³³得开　①吃得开，玩得转：他在单位～。②忙得过来：他一个人就～。也说"口xa³³得转"。

哈xa³³　①张口哈气：冬天～出来的气都是白色的。②肉制品等变味：腌肉～了；猪油～了。

哈喉　肉制品等变味：腌肉～了；猪油～了。

□xa⁴¹里里　胳肢痒痒：我最怕～的。

□xa³²³　呆，傻：这个人～得很；他着吓～了。

□xa³²³包　傻子。又说"憨包"。

□□xa³²³的　傻傻的。

□xa³²³痴痴　憨傻的样子：那人～的，做靡成事。

□xa³²³矬矬　同"□xa³²³痴痴"。

□xa³²³兮兮　傻乎乎。

□xa³²³不溜秋　傻乎乎的生动说法。

□xa³²³不隆咚　傻乎乎的生动说法。

□xa³²³喫□xa³²³胀　死吃硬撑。

□xa²¹数　①套路，条理：我还摸靡到他的～。②主意、办法：我心里有～的。

□xa²¹　"下"的方言读音。

下xa²¹把　一下子，等下：～我还来靡倒；～再粘你讲。

□xa²¹把□xa²¹　有时：～他还会发脾气。

□xa³³　①无事东游西逛：只见他～进～出。②漫不经心地喝酒：来，～两杯。

海碗　大碗：喝两～。

害喜　怀孕：她～了。

好生　好好的：你～走，我靡送了。

憨痴痴　憨的样子：都头十岁了，还是～的。

憨不拢耸　傻乎乎的样子。又说"憨不溜秋"。

憨包水　烧煮但还未开的水。

寒心　心寒，怨恨：把事情做绝了要人～。

喊　①叫，喊。②叫做：他家姑娘～小娟。也说"喊做"。

喊做 叫做：那东西~哪样？

汗褂 贴身衬衣。

陷 xa²¹ ①陷：~得一脚烂泥巴。②被纠缠而不能脱身：着个电话~倒了。

汉子 男人：偷~；野~。

夯 筑紧，砸实：把地坪~一会。

薅 xau³³ ①铲：~秧；~草。②翻、抓：手爪爪在书包头乱~。③喻捞取：总算~倒了个位子。

好想 孩子长得乖巧，逗人喜爱：这个崽崽~得很。

好在 幸亏，多亏：~我们做了准备，要不然就遭雨淋了。

好多 多少：我们学校有~学生？

号 占据：拿书包~个位子。

号脉 把脉。

黄酸 一种用青菜叶子等多种原料制作成的泡菜。

黑尽 天色全黑：他~才落屋。

黑麻麻 指漆黑一片。又说成"黑不拢耸"、"黑东东"。

黑麻拉骏 极黑：皮子晒得~的；~的，一样都看靡倒。

狠实 用力，使劲：~跑。

狠 健壮有力：他70岁了，还~得很嘞。②有出息：他家个个~，几个都搞发了。

狠话 绝对的话、过头的话：尽说些~，逼我骂人喽。

恨 ①仇恨，怨恨。②怨恨的表情，瞪眼：你~我做哪子。

□ xɔ³³ ①哄骗：卖假药~钱的。②引逗：~倒他不要哭。③奉承：他上上下下都~得转。

喝 xɔ³³ 吸入气体：他长长的~一口气。

喝 xɔ³³风 ①吸入冷空气：早上~了，咳得很。②空气渗入腌制中的食品等：泡菜缸~了。

呵 xɔ³³欠 哈欠。

呵欠连天 形容一个接一个打哈欠。

藿xɔ³³ 被小东西扎身体，有点痒：身上尽是头发~得要死。

藿xɔ³³麻草 荨麻。分白、红两种。

合手 顺手，好使：这把刀~。

合巧 合适。

活甩甩 ①不结实：桌子脚~的。②不牢靠：他做事~的。

河坝 河边平地，涨水时成为河道一部分。

河沙坝 河滩地。

河埂 河岸边。

火xuə³边 灶台或火塘边：她在~煮菜。

火xuə³子 ①火种。②未烧尽的火烬：小心~烫倒。

火xuə³体 耐寒体质的人：他是个~，靡怕冷的。

火罐 ①土医治病用的工具。②烤火用的土钵。

火筒 吹火筒，烧柴火时所用。也叫"吹火筒"。

火笼 堂屋中间的火坑，用于取暖，也可做饭烧水。

伙计 结拜兄弟：他们两个打~。

伙xuə³²³ ①结伙：同他们~要喫亏的。②掺和：好米陈米~倒煮。

伙子 长相帅、漂亮：长得~；~哥，帮把手。

和xɔ²¹ ①搅和：把锅头的菜~下。②掺和：两种米~到一起煮。

活疙瘩 活结。

死疙瘩 死结。

烘笼 木竹制暖炉，内装小陶罐，烧木炭。也有说"火笼"。

红扯扯 非常红：这块肉~的；这件衣服~的。

红蛋 染红色的蛋，孩子满月礼客表示喜庆。

红油 辣椒油。

红萝卜 胡萝卜。

红肉 染红的肉，宴请时表吉庆的一道菜。

红喜 结婚。

红叶婆 媒人。

红黑　反正：～我是要走的，管靡倒那么多了。

黄蜡菌　色似黄蜡而味美的一种食用菌。

黄蟮　蟮鱼。

呴xau⁴⁵　气喘：一抽烟就～，还要抽。

喉咙管　咽喉：这几天～有点痛。

吼　①大声吼叫：～哪样，喊丧啊。②训斥：你老者来～你。③威慑、控制：这帮学生你来帮我～倒。

后头　①后面。②后来：开始我靡同意，～我才去的。③等会：你先走，我～来。

后早　后天早上：我～来。

后园　①房屋后面的菜园：我家～有好多菜。②房屋后自制的厕所：我想解溲，你家有靡有～？

后脑包　后脑勺。

后颈窝　颈后凹陷的窝。

划xua³³　划开、破开：～柴；～柚子喫。

划黄蟮　用刀从蟮鱼的背上把它的骨头与肉、内脏剖开并分开。

划xua⁴⁵　划擦。～火柴。

划得着　划算：这笔生意～得很。

滑鳔鳔piu²¹　滑溜：那条烂泥巴路～的。

花　①花心，恋爱不专一：他～得很。②心野：暑假心都玩～了。③脏：脸包是～的。

花苞　花蕾、花骨朵。

花心　①花心，恋爱不专一：他是个～大萝卜。②心野：暑假都玩～完了。

花眉花脸　形容脸脏。又说成"花眉实脸"。

花口花嘴　①指花言巧语。②指嘴弄脏了或泛指脸脏。

花里古哨　颜色杂乱纷呈。又说"花里胡哨"。

花哨　花色艳丽的样子：这件衣服太～。

滑刷　①光滑：他的家具漆得～。②细滑：那家面条～，好喫。③喻流畅：他的字写得～。

黄 ①喝歌走调：我的嗓子～声～调的。②外行：尽说些～话，还要插嘴。③失败，完蛋：这桩生意～了。

黄腔 外行话：靡懂少开～。

黄腔黄调 唱歌走调的形象说法。

黄皮寡脸 面黄肌瘦：一个个饿得～的。

恍 恍惚，健忘：他是～的，办靡倒事；今天脑壳是～的。

灰 ①灰尘，尘土。②尘土很多的样子：这间屋～得很。③灰心：搞得他～～的。

灰灰 ①灰尘，尘土。②泛指粉状物：木头朽得一捏就成～了。

灰面 面粉（用麦子制成的）。

灰不拢耸 ①灰尘很多的样子。②颜色灰扑扑的样子：颜色～的难看死了。

回 ①回炉、回锅等：菜是冷的，要～锅才能喫。②回潮：这些饼干都～了。

横xuen⁴⁵ ①横着：扁担靡要～起。②侧身：你～起走过得去。③蛮横：要讲好好讲，靡要～扯。④横蛮，执拗：你硬要～起来我也靡怕。

横竖 反正，无论如何：～我靡管，这是你的事。

横扯 强词夺理：你靡要～，错了就认账。

巷子 胡同。又说"巷巷"。

ŋ

压ŋa²¹ 压：车～死你算了。

挨ŋai³³ ①碰，摸：有哪样了靡起嘛～靡得。②挨着、挨拢：大家一个～一个走。③靠着、顺着：～倒河边一直走就到他家了。

挨边 接近、沾边：他说的话一点也靡～。也说成"巴边"。

挨拢 靠拢：～点才看得清。也说成"巴拢"。

挨倒起 一个挨倒一个。

呆ŋai⁴⁵板 保守，笨：他的脑筋～得很。

捱ŋai⁴⁵ ①遭受打骂等：他要～一顿打才行。②忍受：饿得～靡倒了。③介词，被：他～老师骂了。

挨 被：小王昨天～别个打。

挨刀的　骂人的话，该死的。又说成"挨千刀砍脑壳的"。

矮戳戳　个头粗短：他个子~的；那棵树~的长靡起来了。

爱人　使人喜爱：今年的葡萄~得很。

安　放置、设置、装置：早点把炉子~起；窗子要~防护栏。

安逸　舒服。

严 ŋa⁴⁵　闭合紧密：门关~点；~缝。

谙 ŋaŋ³²³　①估计：你~我靡来是靡是？②计划、计算：这点煤要~倒用完这个冬天。③卡着点：你~倒点讲，靡要讲错了。

晏 ŋa²¹　晚，迟：天~得很了，赶快回家。

晏点　晚点，过一会儿：我~再来。

案桌　菜市场卖肉卖菜的大木台。

案板　砧板。

按倒　①压、按：~起那头靡要翘了。也说"按"。②依照、根据：~大人讲的做靡会错。

昂 ŋaŋ³³　①响声洪大：唱得~呐。②发出响声：~哪样，嚎丧啊；广播~。

□ ŋaŋ²¹　表情、反应呆滞：他~得很。

□□ ŋaŋ²¹ 的　呆滞的样子。

□ ŋaŋ²¹ 头□ ŋaŋ²¹ 脑　比喻又笨又呆的样子。

拗 ŋau³³　①讨价还价：他肯~价得很。②争执：他~嘴巴劲的功夫强。

咬 ŋau³²³　①咬。②执拗：~倒靡放。③浸渍、腐蚀：汗水把衣服都~白了；脚都着药水~烂了。

咬倒靡放　①指揪住靡放，不依不饶。②坚持不改、固执：错了还要~。

傲　傲慢：得个奖就~起来了。

拗 ŋau³²³　撬：把门~开；~开他的嘴巴。

哽 ŋən³²³　①噎住：~倒喉咙了。②硌：~脚；~背。

硬梆　①硬朗：这个老者70了还~得很。②僵硬：他那手脚~得很，还想跳舞？

硬梆梆的　①硬朗：这个老者70了还~得很。②硬硬的：这个馒头硬梆梆的。

硬的　实打实的：这次整顿来~了。

硬是 ①确实：～是他，我看清楚了的。②坚决：他～靡肯去。

硬气 ①讲志气：～点，我们就靠各人考。②有底气：有本钱，讲话都～得多。

硬壳硬 真的，不做假：我～地亏了100块。

恘 ①伤心，生气：他～了几天了，饭都没喫。②使伤心、生气：你就晓得～我。

恘气 生闷气：他还在～。

恘人 让人生气：他～的事多得很。

tɕ

鸡把pa²¹腿 鸡大腿。

鸡巴 ①男性生殖器。②骂人的话。

鸡皮疙瘩 因受冷使皮肤形成的小疙瘩。

鸡抓xa³³豆腐 菜名，豆腐捣碎后烹炒。

鸡毛帚 掸灰尘的鸡毛掸子。

鸡爪疯 手指、脚趾痉挛，不能正常伸展。

叽拉鬼叫 高声吵闹：教室头～的像话呀？

挤tɕi³²³ ①掐、挤：～虱子。②因空间小而挤、夹：鞋子小，太～脚。

激tɕi⁴¹ 在滚热的基础上用冷水激：菠菜抄一下再～冷水；出了汗着雨～一下就感冒了。

几姨妈 关系密切的几个人，多指女人：她们～在一起做靡会清静。

几爷崽 父子、父女几个：他家～最爱钓鱼。

几娘崽 母子、母女几个。也说"几娘母"。

几发是 一下子、一会儿。

挤油渣 儿童游戏，互相挤着拥着来取暖。

祭幛 作吊唁用的整幅被单、绸绘等。

记挂 挂念、挂欠。

家 动物经饲养而驯服：这些雀雀都喂～喽！

家什 匠人或家中工具器物的总称：～现成的，要用说一声。

家门 同姓的人：～还是要帮～。

夹壳 吝啬：再~也发靡了财。

夹肢孔 腋下。又说成"夹肢窝"、"夹下孔"。

夹生 ①米饭未熟透。②喻指未办妥并使其更不好办的事：这件事遭搞成~的了。又叫"夹生饭"。

夹舌头 说话口吃的人。

夹脚 ①指鞋不合脚而不适。②喻给人小鞋穿：在单位上尽给我~鞋穿。

假巴 假装：她~意思和他好。

假比 假如：~你今天靡去成。

假兮兮 ①虚假：一看就~的，你靡要信。②装模作样：~的做这种人情，恶心人。

假茶叶 ①假冒伪劣的：你买到~货了。②虚假的：你玩~，说了靡算。

架势 ①姿态，样子：他那个~都是虚的。②局面，气氛：看今天的~靡太合。

尖 ①声音高而刺耳：那姑娘声音好~噢。②听力好：她耳朵~得很。③嘴挑食：她嘴巴最~。

奸 聪明，狡猾：他~得很，你玩靡过的。

尖脑壳 喻指好钻营的人。

捡来的 收养的孩子：你是~，靡是亲生的。又说"抱来的"。

拣 ①择，选：把豆芽~出来。②收拾：各人的衣服~好，靡要乱丢。③继承：小的拣大的衣服穿。

捡□pʰa³³和 ①捡便宜的：这回跑车他又~了。②占便宜：他就爱~。

捡柳子 强盗。

捡药 抓药。

见靡得 ①看不惯：我最~欺负小的。②不忍心看：最~伤心的电视剧。

见亮 天刚亮：天还没~就起身。

剪刀虫 瓢虫。

贱皮子 贱骨头，指不自尊和不知好歹的人。也常用于自嘲：我是个~，着人骂了还来帮他做事。

将就　①迁就：我靡要哪个来～我。②勉强、对付着：～睡一晚上算了。③顺便：坡上～带把菜回来。

讲礼　客气：这家人家～得很。

颈根脖子　颈脖。也叫"颈子"。

犟　①固执：他～得像牛。②狡辩：明明靡合还要咬倒～。③挣扎：牛绳都差点～脱了。

浆浆　糊状物：黄泥巴～；苞谷～。

焦　遍，全：一身都湿～了，靡得一根干的。

焦湿　湿了：他着雨淋得～。

焦人　使人着急：娃娃天黑都靡回来，好～噢。

焦心　义同"焦人"，心里着急。

叫花子　乞丐。

狡tɕiau²¹精　①灵活，滑头：几个娃娃数他～。②能言善辩：他嘴巴最～的。

叫机　哨子。

叫鸡　蟋蟀。

藠头　像葱头样的一种蔬菜，一般多用来泡酸后喫。

娇黏　娇气。

较劲　争辩：他两个在～。又说"较嘴巴劲"。

嚼牙巴骨　①搬弄是非：靡得事就靡要～。②无谓的争论：我没得时间跟你～。

结疤　竹木枝节处的疤：这块板子～多。

接尾巴　给孩子过生日。

接亲　男方派人迎接新娘：～的已经上路了。

接嘴　插嘴：大人说话娃娃莫要～。

接媳妇　①娶媳妇。②娶儿媳妇：张老者家今天～。

接生婆　民间给产妇接生的人。

接孃末　结婚。

金贵　重要，宝贵：他家的儿女要比别个～。

金瓜　色泽金黄，形似南瓜，但体积比南瓜小，只作观赏的瓜。

惊惊咋咋　①惊叫：你~哪样，别个听到好听得很？②喻大惊小怪、大呼小叫：哪里都听得到你~。

经　耐受力好：这双鞋特别~穿。

经事　结实，牢实：这种布~得很。

筋　①韧带：手扭倒~了。②皮下血管：手上的~都着打针锥烂了。③植物叶、干的细筋：这种菜~~多；这种纸~得很。④动物肉筋。

筋　柔韧性好，筋道：我喜欢喫那种~面。

精　精明，狡猾：她~得很，从靡喫亏。

精肉　瘦肉。

精的　瘦的肉：我喫肉只喫~。

筋筋　①植物叶、干细筋。②动物肉筋。③衣物破烂成条状：床单烂得都是~了。

筋筋吊吊　形容东西零碎得不像样子：衣服~的靡要补了；这块肉~的，我靡要。

筋骨人　形容瘦但身体硬朗健康的人。

尽　①任凭：饭~你喫，我们喫面条。②老是：靡要~喫，也说句话嘛。

紧 tɕin³²³ 倒　老是：靡要~喫，也说句话嘛。

警觉　注意到：我都没~他。

尽 tɕin²¹　①老是：~是你一个人说。②绝、绝对：话靡要说~了。

尽 tɕin²¹ 头牙　最后长出的臼齿。

噤 tɕin²¹　牙遇冷、酸时而感觉酸疼：这两天牙~了，靡敢喫酸的了。

鬏鬏 tɕiu³³　小孩扎在头顶翘起的小辫子。

揪 tɕiu³³　①用手抓住：~倒他的领子靡放。②用手指拧：靡要使劲~娃儿的脸包。

揪 tɕiu³³　抓住，逮住：把他~到公安局去。

扭 tɕiu³²³　①拧，扭：把湿衣服~干；毛线~在一起了；把螺丝~紧。②绞、扭：肚子~起~起的痛。③扭伤：脚~了。

久 tɕiu³²³　（一段）时间：这~他很少来。也说"一久"。

久靡久　时不时、隔一段时间：他~来一趟。

脚脚 tɕiɔ²¹ ①底部：坡～；楼～；床～。②东西的残渣：菜～靡要喫了。

脚盆 木盆，洗衣、洗澡、洗脚用。大木盆叫"大～"，小木盆叫"小～"。

脚转筋 脚抽筋。

脚包肚 小腿肚。

脚杆 腿。大腿叫"大～"；小腿叫"小～"。

脚板 脚掌。

脚丫巴 脚板。

脚旮旯 脚趾缝。

脚底板 脚底。也叫"脚板底"。

脚杆劲 两腿的力气：他的～大得很。

脚踏板 床前供踏脚放鞋的木板。

脚踏车 自行车。又叫单车。

角子 ①牌局中的成员：打麻将还差～。②角角钱：没得～找给你呐。

拘礼 拘于礼节：放开喫，靡要～。

蜷 tɕye³³ 躯体卷曲：～成一砣睡；～起腰杆。

卷心白 卷心大白菜。

噘 骂：～人也要有个理由嘛。

嚼舌根 背地乱说别人的坏话。

嚼牙巴骨 背地乱说别人坏话。

菌子 蘑菇。

$$tɕ^h$$

喫 tɕʰi⁴¹ 吃。

喫小嘴 吃零食。

喫豁皮 ①白吃：总是来～的。②喻占便宜：别个累了半天你们现成～。

喫酒 ①参加酒宴：他家办完丧事请～。②喝酒。

喫水　喝水。

喫茶　喝茶。

喫烟　抽烟。

喫得香　有地位，受欢迎：他在单位上~了。又说"喫得开"。

喫靡香　没有地位，不受欢迎：他在单位上~了。又说"喫靡开"。

喫独食　①指独吞：都还靡来你~呀？②喻单干、单打独斗：他打篮球尽~，个人投。

喫过早　吃早饭、早餐。

喫晌午　中午至晚餐中间的加餐。

喫饭还靡　吃饭没有。

去 tɕʰiu²¹　去：~年。

骑马马肩　指小孩骑在人肩膀上的游戏。又说"搭马马肩"。

七拱八翘　①不平整的样子：桌子~的摆靡平。②蠕动的样子：晚上~的硬是睡靡老实。

七月半　中元节，鬼节：~，鬼乱窜。

起　①长起：太阳晒得~皮；豆腐~毛了；②建造：我家今年~房子。③形成某种状态：我家的书多得~摞摞；面条煮得~砣砣了。

起　助词，表持续状态：看~容易，做~难。

起光　磨平，磨光得发亮。

起麻子眼　傍晚、擦黑的时候。

起先　原来、先前：~我家住在河边，后来搬到城头来了。

起心　存心、有心：你硬是~和我作对呦。

起眼　看得上眼：这人初看靡~。

起夜　夜间起床解手。

起首　①占先手：开头他占~，后来我扳过来了。②开头时：~我也靡会，学一会斗就行了。

起子　螺丝刀。

气气　①热气：锅冒~了。②气味：他身上的~冲鼻子。

气鼓气胀　①胀气：一天～的晓得喫到哪样喽。②喻生气：一天到晚～的，哪个惹倒你了嘛？

气粗　口气强硬傲慢：他讲话～得很。

掐　手掐：～指一算；～菜。

恰恰合　合适。

跨tς^hia^{45}　跨，迈：～沟沟；～门坎。

跷脚　喻指死去，死的婉语。

牵扯　①牵连：你靡要～到他们中间去。②瓜葛：你和他们有～靡有？

钱纸　清明扫墓，中元祭祖，过大年烧给古人的打印有钱眼的黄纸、草纸。又叫"纸钱"。

欠　①挂欠，思念：你婆就是～你。②缺乏：你就是～打。

强盗　①小偷：今天包着～摸了。②强盗：～进家。

强盗肉　指人身上表面看靡显眼的肉：他阴倒一身～。

□tς^hi$\mathfrak{o}^{323}$**眼**　斜眼、吊角眼（眼有缺陷）。

雀子　鸟儿。

像这种　像这样。

翘tς^hiau^{45}　（木板等）扭曲不平：楼板都～了。

俏市　①紧俏：现在的大学生～呐。②喻人傲慢自大：你看他～的样子。

清　①清点，查验：先～好书包再睡觉。②清洗：臭袜子多～几遍。

清早八早　大清早：～的吵哪样？

清亮　水清：水太～了没得鱼。

青篾　竹子剖开后取的表层（青色）。

青苔　水里长的绿色藻类。

清汤寡水　少油无盐的菜：天天～的把连想喫肉了。

清老火　①水太清了。②喻指肚里太素了，一点油水都靡有。

轻巧　轻松：说得～，喫根灯草。

勤快　①做事勤快。②用作反语：喊我帮他，我该～喽？相当于说"我耐烦"。

勤利　勤快。

浸tɕʰin^{21}　冰冷：我要喝～水；今天的风～人。

穷讲究　不切实际的讲究：靡得两个钱也要～。

穷啰嗦　唠唠叨叨：靡得时间听你～。

穷赖盖　耍赖，不讲道理。

□tɕʰiu^{33}　烟熏：～腌肉；你的烟～死人了。

瞅tɕʰiu^{323}　①通过窄缝窥视：从门缝～下。②偷看：他在后头～你。③看：你上楼～看他起了还靡。

瞅瞅眼　眯缝眼、近视眼。

瞅眉瞅眼　①眯缝眼的样子。②喻两眼耷拉的样子：～的没睡醒啊？

□tɕʰiɔ^{323}　看，瞟：我～了一眼，这个女人哪样都靡有，靡晓得为哪子看上她。

蛐蟮　蚯蚓。

全靠　全部依靠，幸亏：～你哟，多谢喽。

缺嘴　豁嘴：碗都～了还要啊？

缺牙巴　缺牙的人。

缺口缺嘴　①指缺牙的人。②指残破缺口：得个碗～的。

茄瓜　茄子。

ɕ

嘻哈打笑　嘈杂嘻闹：上课还～的。

嘻尔不痴　嬉闹没正形的样子：靡要一天～的，没得个正经。

稀罕　①不屑一顾，讨厌：我～你来呀？②少有的：～得很呢，贵客呀！

稀奇　同“稀罕”。

稀汤汤　水太多，过于清淡：稀饭～的靡得几颗米。

稀稀拉拉　形容很少的样子：树上～结了几个果子。

稀粑烂　①稀烂：黄泥巴路踩得～的。②粉碎：碗遭他打得～的。

稀里呼噜　①拟声：稀饭喫得～的难听死了。②形容动作的快捷：他～就刨完了一碗饭；～几下子就干完了。

虚　开细缝：门～了条缝。

稀缝 ①开裂：板子都晒~了。②有缝隙：牙齿都~了。

习冲 自以为是，好出风头：这个人~得很。

细 精打细算：王家生活过得~。

细啬 ①精打细算。②小气，吝啬。

细精精 ①形容瘦条、精瘦的样子：小娃崽~的。②很细的条状：衣服破得只剩些~了还在穿。也叫"细筋筋"。

细念细念 小声唠叨的样子：一天~的，哪个听了都烦。

嘘 用力压水喷射出：拿水~人。

嘘花 烟花。

嘘嘘 撒尿。多对小孩说。

瞎眉瞎眼 ①眼神不好：~的，走路看倒点。②喻看东西丢三落四：~的，看你写的哪样字？也说"瞎门瞎眼"。

下饭 ①用菜佐食：今天只有咸菜~。②菜食可口开胃：油辣子~得很。

下饭菜 ①佐食之菜。②喻指瞧不起对手：他靡是我的~。

下火 败火：萝卜喫了~。

下回 下次：~该我。也说成"二回"、"下会"。

下力 ①用心用力：我是肯~的，就是做靡好。②出卖苦力：我们~的人还讲究哪样。

下细 ①仔细：做题~点，靡要粗心。②俭省：生活靡要太~了。

下水 ①陷入某种行当中：他也着拉~了。②牲畜内脏：猪~。又说"内杂"。

下贱 ①卑鄙下作：他要~哪个也帮靡倒。②身份低贱：他就是干点出苦力的~工作。③下作做法，卑鄙下贱：这样搞，太~了！

下凌 结冰。

先前 ①刚才：~你到哪里去了？②原来：~我还靡认识他。

先不先 ①当初，最初：~我还在当老师。②来靡来：他~就骂人的。

嫌 嫌弃：大家靡要~他，他会改正的。

闲天 与"赶场天"相对，靡赶场的那些日子：~家场上靡得东西卖。

闲家 与"庄家"相对，牌局中靡有当庄的三方。

斜边 旁边。

咸 咸，咸盐：~了；~盐巴了。

咸盐 ①有盐味。②过咸。

咸盐巴 有盐味或盐味重。

相因 便宜：今天的菜~。

香盐巴 有盐味：你尝下~靡？也说"甜盐"。

香香 雪花膏等护肤膏。

乡下 农村。

想 ①思念：妈~你得很嘞。②单相思：我晓得他~一个人。

响 亲吻：来妈~一口。

响嘴 亲嘴。

响皮 油炸干肉皮。

向火 烤火。

掀ɕiau³³ ①掀：~开被子。②推：把石头~下去；~他过一边去。

消 须，需要：只~去就行，靡要带东西。

消 消去：水还靡~下去；气还靡~。

宵夜 ①名词，宵夜吃的东西：煮点~给你们。②动词，宵夜：上街~去。

小气 ①气量狭小：他~得很，靡要惹他。②容易受损的：这种花特别~，难得伺候。③吝啬：他的钱一分都得靡到，~得很。

小气包 气量狭小的人。

小见 见识短浅：看远点，靡要那么~。

小妈生的 小老婆生的，喻指地位、人格低人一等：我又靡是~，尽喫剩饭。也说"二妈生的"。

小家子气 办事拘谨，小气。

小九九 小算盘：一个人靡能光打~，要从大处着眼。

小嘴 零食：光喫~对发育靡好。

小话 背后议论他人长短的话：~多了得罪人。又说"翻~"。

小菜 ①配菜，与主菜相对：我去买点~来。②喻指小事：这点点事，~一盘。

小娃崽 小孩。也说"娃崽"。

晓得 知道、明白、懂了。

孝棒 出殡时孝子手拄的木棍，一般仅一尺来长。

孝帕 戴孝时包头的白布。

歇 ①休息，歇脚：来~会儿再走。②睡觉、住宿：今晚~城里头靡走了。③一段时间：他走了好一~啦。

歇气 休息、歇脚。

歇凉 乘凉。

兴 ①时兴：这边~跳芦笙。②立规矩：这种规矩是老祖宗时候就~起的。

心子 ①心脏：你吹得老子~痒；炒猪~。②馅，包住的里子：汤圆~；枕头~。

新 ①新鲜的：~米；~辣角。②刚成亲的：~人；~姑娘。

新鲜 ①新鲜的：~菜；~肉。②少见的：讲件~事给你听。③精神清爽：一晚靡睡觉还这样~呀？

新辣子 青椒。

醒 ①省事，懂事：都高中了还靡~。②粥样食物由稠变稀，开始变质：牛奶~了；稀饭~了。③发酵：甜酒~了，可以出锅了。

醒水 ①懂事。②醒悟：他终于~。

□ɕin²¹ ①用文火焖：~饭。②僵持：大家~起，都靡干。③病变引起的：羊子(淋巴结)都~起来了。④突显出：你那么能干，把别个~得把连笨完了。

信子 发馒头、配药等用的引子：要用一味药做~；馒头~。

凶 ①脾气厉害：她妈好~。②剧烈、厉害：她骂得好~；他酒喝得~。③呵斥：他要遭他老者~了才老实。④喻能力、体力等突出：他的棋~得很；他老都老了还~得起呐。

虚 心里发怵：我有点心~。

蓄 驯养或培植：那头牛~得好；那兜树~得直。

□ɕiu²¹脸 小孩调皮，脸皮厚：这个娃娃~得很。

□ɕiu²¹皮寡脸 同"□ɛu²¹脸"。

悬 ①危险：山崖边边~得很，我靡敢去。②不放心：这事有点~。

悬吊吊 ①危险，不保险：这件事有点~，怕办靡成。②不结实：速根绳子有点~，一扯就断。

旋 ɕuə³²³ ①毛发成漩涡状的地方：这个娃娃两个~，犟得很。②旋转：~得我头晕。

旋头风 旋风。

旋人 骂人，一般指男人凶狠地骂。

馅子 ①包子、饺子的馅。②吃面条、米粉等调味的肉、菜。

现 ①现成的：~炒~卖；~学~做。②即刻、马上：~做都来得及。

血古淋裆 血淋淋的样子：这块肉~的，我靡要了。

血豆腐 一种用猪血块、肥肉丁、花椒等佐料和着豆腐做成的豆腐干。

ts

张 tsa³³ 张开：两只脚~开；木板都~缝了。

张 tsa³³口 ①敞口：石榴都熟得~了。②漏缝的：买条裤子是~的。③说话：再~试回。也说"张嘴"。

张脚舞爪 手舞腿叉的样子：你看他~的像哪子样子嘛。

喳 tsa³³ ①扯着嗓子吼：~得楼上楼下都听见了。②形容声音大、性格外向的人：这个姑娘~得很。

喳 tsa³³巴 形容声音大、性格外向：这个姑娘~得很。

喳喳呼呼 吵吵闹闹：~的就有道理了？

渣渣 ①碎渣，灰尘：~落到眼睛头去了。②垃圾：倒~。

渣渣妹 指学坏的女孩。

扎 ①捆扎：~花圈。②扎束衣裤：把衣服~好；裤脚~起。③冰冷扎手：水~手得很。④冻坏了：菜着凌 lin²¹ ~死了。

咂 用嘴吸：~叶子烟；那么大了还~奶瓶。

砸 ①扔，掷：把东西~出去。②摔砸：他一回家就~碗~筷的。

扎实 ①形容词，结实：这张桌子~得很。②副词，结结实实：今天我~赢了一把。

扎□mi²¹头 潜水。又叫"打觅子"。

眨巴眼　不停眨动的眼。

炸tsa⁴¹　油炸：～粑粑。

杂碎　动物内脏：炒～。

酢tsa³²³　①粮食掺肉等做成的食品：小米～；糯米～。②汗渍等捂着、沤着：衣服着汗～起难受得很。③因沤着而变质：饭都～了，喫靡得了。④喻私藏起来：有东西你各人～起喫哈。

酢肉　米粉渍肉。

酢包　①泛指装着、包着的小吃食。②指打包的剩菜。

轧tsa²¹秤　压秤，指重量大：这砣肉～呐。

炸耳朵　响声震耳：小声点，好～噢。

炸雷　响雷。

栽　①栽种：～秧；～豆。②插埋：把桩脚～牢点。③栽赃：硬要～到我身上我也讲靡清。④摔倒：昨天我的车～到田头去了。⑤受挫：这回～到他手头了。

崽　①儿子：他家生个～。②幼小的动物：鸡～；牛～。

崽崽　①泛指小孩：～，去城头做哪子走？②泛指小的兽禽或东西：猪～；耗子～。

崽崽家　泛指小孩，多用于专门对小孩说话的时候：～靡要插嘴。

崽哟　惊叹语：～，穿得漂亮呐。也说"崽也"。

宰　剁：～点肉。

宰子　用以截断金属的一种工具。

在行xaŋ⁴⁵　内行、能干：说的、做的样样～。

寨子　农村村寨。

□tsai²¹　缝，钉：～扣子；～被窝。

籼tsə³³米　不糯的大米（相对糯米而言）。

趱tsa³²³　移动，挪动：把床～到墙根脚。

攒tsa³²³劲　①使劲，用力：要～才喫得下。②起劲，劲头大：他争得最～。

攒私房　在家里积累属于自己的财物。

占起首　占主动地位、优势：他家本钱大，做生意当然～。

张tsaŋ³³　理睬：我早就靡～他了。

砸　扔：～块砖头下来。

掌　用手扶着：我～倒你的手；～起杆杆。

涨　水开沸腾：水～啦再下米。

涨水　①河水上涨。②开水：去打瓶～来冲方便面。

胀　①鼓胀：肚子～得很。②使劲吃：～饱了就回来挺尸。

胀气　①肚子气滞。②因生气而气滞：无缘无故骂我，你说～靡～。

胀人　同"胀气"。

胀干饭　喻指无用：他就在家～，还会做哪样。

帐子　蚊帐。又叫"帐笼"。

招呼　①招待：他在家～亲戚喫饭。②照管、照看：我在医院～人，我家娃娃就请他～。③注意、小心：～撞倒别个。④劝告：靡听～我骂人了。

遭 tsau⁴¹　①挨：回家晚了要～嘅的。②被：他～老师批评了。③经受：饿得～靡住了。

爪爪 tsau³²³　①动物爪子。②人的手：你那～哪点都抓。

早八老早　早早地：他～的就跑起来了。

早先　过去：～这点还是片田。

早晏 ŋa²¹　早晚，迟早：我反正～要去一趟的。

找　①挣，赚：靡～钱的生意靡做。②退补、找补：还要～你三角钱。

找岔子　找茬：他一会会来～，硬是惹靡起。

造 tsau²¹孽　可怜：那个老奶～得很。

灶边　炉灶旁边：她在～整菜。

这 tsi²¹点　这里。

这 tsi³²³刚　现在。

粘 tsə³³米　黏性小的米。

折 tsə²¹边　旁边：学校～好多游戏厅。

折边人　①两旁的人：他们打架～拉一把喽。②喻外人：我家的事～少插嘴。

蛰蛛　蜘蛛。

折耳根　一种野菜，中药名为鱼腥草，可入药。

走拢　接近、到达。

争　差：也靡~你一碗饭。

争点点　差一点。也说"争颗米"。

针鼻子　针鼻儿。

正月间　正月。

整　①弄，做：该~晚饭了；~点活路来做。②打整、整理：床也靡~一下，像个狗窝。③整人、害人：他是~人起家的。

整得倒　做得了：这点小事我~。②控制得了：只有我~他。

振 tsən²¹　①用力挣扎：包被都被娃娃~散了。②憋着气用力排便：他在茅厕头~屎；半天~靡出来。③使劲叫喊：~哪样，我又没聋。

镇　①压制：只有他才~得住台。②沉淀：水~一下再喝。

甑子　蒸饭用的木甑或蒸笼。

甑子饭　用甑子蒸出的米饭。

甑脚水　蒸饭时甑子下的烧锅水。

正　真的、正牌的：你搞~喽，靡晓得自己是老几喽！

正二八经　①正经的，严肃的：他~的说的。②正式的、正牌的：他是~的大学毕业。

正屋　正房，正室：他家老人住~。

阵式　架势，场面：那种~真的壮观。

支　①撑起，架起：杆子~在河边就钓得起鱼来。②支使，怂恿：他尽着人~来~去的。

直　耿直：这个人一根肠子通屁眼~得很。

只见　一个劲的，老是：他~跑，怕是出哪样事了。

指指戳戳　①背后议论：我就怕别个背后~的。②指手划脚：要做就自己做，靡要~的。

指　手指，五指分别为"拇~、二~、中~、四~、满~"。

自家　①自己：~喫饭，靡要你妈喂了。②自己家的：~的牛靡看好怪别个。

子牛　未生育的母牛。

治　食用油用高温炼熟：油先~过了的。

治油　高温烧制食用油。

作　作践，犯贱：~死啊，这个娃娃这几天~得很。

作孽　①造孽，干坏事：你~嘛，有报应的。②小孩过于顽皮：这娃儿~得很，
　　靡打靡行！

作死　自寻惩处：~嘛，看你老者回来。

作料　烹调配料。

佐　交换：我俩个~书看。

左　①出差错：你搞~了要别个擦屁股。②唱歌走调：我是~嗓子出名了的。

坐　住：我家~河边。

坐月　坐月子。

坐月婆　产妇。

坐板疮　屁股上生的疮。

坐性　坐功，坐的习惯：没得点~读哪样书。

坐夜　守灵。

座牙　臼齿。

周身　全身：这几天~靡舒服，感冒了。

周正　端正，整齐：他这一身还~。常重叠说成"周周正正"。

走火　①说漏嘴了：生意上的事遭他讲~了。②说话出格：当哥的讲话~就靡
　　好了。③喻思维短路、出毛病：他脑筋~，你信他的。

□tsu²¹　塞：把瓶子~紧。

□□tsu²¹　瓶塞。

□tsu²¹脚　①因鞋小顶脚。②扭伤脚。

猪潲　猪食。

祖坟发了　坟墓涨大了，喻后人诸事顺利。

坐月子　妇女产后一个月。

锥锥　①锥子：钉鞋的~借我用下。②刺：马蜂那个~好长。

走拢　到达，接近。

走人家　走亲戚或到朋友家做客。

皱tsəu²¹　皱：~起个眉毛。

皱皱 皱纹：衣服裹得尽是～。

皱皮□lia⁴¹垮 ①皮肉松散：才40出头就～的了。②衣着起皱：这件衣服～的，做哪子穿得出去?

做哪子 怎么：～讲我也是有功劳的。

这种 这样：是～的呀，我才晓得。

粽粑 粽子。

□tsu²¹ ①堵塞：鼻子～得很。②塞：把瓶口口～紧。③填实：多～点饭带起去。④顶撞，添堵：他说话～人得很。⑤手脚关节扭伤了：手指～倒了笔都拿靡起。

主人家 主人，当家的人：～靡在，二天再来。

住家户 当地住户：你去那里的～问一下。

做活路 干活：我们是～的人。

做手脚 耍手段：他们专门～坑人。

做面子 ①做表面样子：这个人靡踏实，只会～。②撑面子：靡是为了给你～我才靡来。

做生 给人过生日。也说"接尾巴"。

做尾巴 同"做生"。

做客 当客人：你是来～的莫动手。

做小动作 背后耍手段：你在下头～怕我靡晓得?

做哪样 ①干什么：你喊我～? ②为什么：你～逃学呢?

□tsua⁴¹ 踢：～他一脚;～足球。

啄tsua⁴¹ ①禽类用嘴啄：鸡～米。②用尖的器物挖：把墙～个洞。③点(头)：你～脑壳答应了的嘛。④低着、勾着(头)：他都～起脑壳打瞌睡。

啄啄tsua⁴¹ 略呈钩形的尖状物：找个铁～来。

啄木官 小官的谑称：当个～嘛，来这里摆架子?

啄tsua⁴¹老壳 ①低头，勾头。②点头。

啄tsua⁴¹瞌睡 ①打瞌睡：今天～得很。②睡觉：晚上打牌，白天～，一点正事靡干。

□tsua⁴¹ 用缝纫机缝制：你会～衣服没?

□tsua³²³ 束，把：一～头发;一～葡萄。

□tsua³²³ ①手残疾：他的手是～的。②手冻僵，靡听使唤：手都冻～了。又说"卷tɕʰuə³²³"。

□tsuai³³ 扔，掷：～石头打倒人。

□tsuai³³ 跌倒：今天～了一跤。

□tsuai³³瞌睡 打瞌睡。也说"啄tsua²¹瞌睡"。

□tsuai³³磕捹 磕打，击打揍：～他两磕捹。

捹tsuai³²³ ①故意卖弄的样子：这么～。②趾高气扬：有点钱就～起来了。

钻头觅缝 千方百计地找机会：他～地找路子。

转tsuə³²³弯 拐弯：他家一～就到。

转tsuə²¹ ①旋转：～过背背去就跑了。②转圈：我在门口～了半天都等靡倒你。③圈：玩一～再回来。

转罗罗 ①骨碌碌转：她一天～地忙。②溜溜转：他把局长哄得～的。

转转 ①转圈：原地打～。②轮转、轮流转：喫～饭；赶～场。

脏兮兮 脏得很。

装死卖活 耍无赖：打了人还～，说人家打了他。

撞撞tsuaŋ³²³的 又大又笨，挡事：这东西放在这点～。

撞 吃东西粗鲁：他喫菜～得很。

贼tsə²¹ 贼，小偷：做～心虚。

贼tsuei⁴⁵ ①不地道、不顺眼：那人～兮兮的，有话靡好好跟你说。②狡猾、精明：他～得很，你想哄他？

贼tsuei⁴⁵头贼tsuei⁴⁵脑 偷偷摸摸：他～的一看就靡像好人；他～地哪下跑进来都靡晓得。

嘴嘴 器物的嘴部：茶壶～；烟杆～。

咒人 骂他人。

tsʰ

插tsʰa³³ 踩：～一脚稀泥巴。

叉tsʰa³³ （手脚）分开：～脚～手的，光会站。

差　欠：我～他几块钱。

差火　差劲：现在的货～多了；这个人太～，一点道德都靡讲。

差颗米　差一小点：我～就着抓了。又说"争颗米"。

叉起手　①用手叉着腰：他～像个当官的。②喻不做事、闲散的样子：只会～看，也靡来帮一会斗。

茶叶　①茶叶。②假冒伪劣的：你买到～货了。③虚假的，骗人的：朋友之间玩靡得～哦；你玩～呦，说了靡算。②③也说"假茶叶"。

蚕孃　蚕。

蚕孃泡　桑椹。紫红色，可食。

蚕孃叶　桑叶。

擦黑　傍晚：天才～就睡了。

敞　敞开，敞口：裤脚～得很；包包是～口的。

岔　①岔入，插入：靡要～队。②捣乱、妨碍：你去～得人家活路都做靡成。

财　财迷：这个人～得很，一毛不拔。

才刚　刚才，刚刚：他～来过的。

才将　同"才刚"。

豺狗　狼或野豺。

踩水　用脚踩水使人浮出水面，游泳方式之一。

参tsʰa³³　添加，拌和：～开水；～米；～点土。

馋猫　喻指好吃的人，多指小孩。

蚕豆　胡豆。

场　集市：上街赶～。

场坝　宽敞、可集会的场地。

长甩甩　形容很长的、拖着的样子：衣服～的也靡挽起。

长喇喇　形容长的样子：头发～的也靡晓得理。

长眼皮　老不睡觉的人：他～得很，看起电视来靡晓得睡觉。

尝新　品尝新鲜粮食、果蔬等：李子熟了，搞点～。

槽槽　槽形的东西：挖个～；猪潲那个～。有时可单说"槽"。

蟮虫　蛔虫。

嘈　哄，传：～来～去的起要涨价。

草狗　母狗。

草猪　母猪。

草包　窝囊废：你个～废物。

草鞋虫　多脚虫。

草箩　用来挑食的容积较大的箩筐。

抄tsʰau²¹　搅拌：面条～一会。

操　同"诀"，骂：回家～他一顿。

操tsʰau²¹嘅　辱骂，训斥：他回家遭～一顿了。

燥火　体内上火：喫狗肉～得很。

车　①扭动：～紧螺丝。②反转：～过背背去。

车杆　车辕。

车滚　车轮。

扯　①拉，拽：～我的衣服。②吸出：床脚放木炭～潮气。③撕扯：把书～烂了。④买：上街～块布。⑤扯皮：你办的这件事有点～嘞。⑥引申为耍嘴皮：鬼～，你少给我～东～西的。⑦闲扯、商谈：有时间我们两个～一会。

扯闪　闪电。有的说"扯霍闪"。

扯卵　带脏字的口头语，多指说废话：这个事是～的。

扯卵谈　同"扯卵"。

扯露水　①水汽凝结成露水：早上～了呢。②植物吸收露水：麦子还要～才能返得过来。

扯口　①说谎话：你要～下次就靡信你了。②不切题的话：讲快点，尽～懒得听。

扯火　①抽火、抽风使易燃：回风炉～。②易燃：金沙煤～。

扯故故　借故，找借口：他又～请假了。

扯鬼　①有意扯皮：部门间～跑死你。②出岔子：她两个的好事又～了。

扯筋扯皮　扯皮的形象说法。

扯扑鼾　睡觉打呼噜。也说"扯鼾"。

扯尾巴　给人过生日。也说"接尾巴"。

扯伸 tsʰən³³　拉直：衣服皱巴巴的~点。

扯伸 tsʰən³³**抖** tʰəu³²³　理顺、讲明：上回讲的问题~还靡？

伸 tsʰən³³　①伸出：手脚~开~直。②平整：被子扯~。

称 tsʰən³³**抖**　①理顺、拉直：衣服扯~点。②喻整洁、讲究：今天穿得这么~要去相亲啊？

称 tsʰən³³**展**　①平整：衣服烫得~。又说"伸伸展展"。②施展：这点窄了怕~靡开。

承 tsʰən³³**头**　①牵头：~的事哪个都靡愿做。②承担：这件事我来~。

□ tsʰən³²³　①按住：把他~倒靡放。②按压：把泥巴~紧点。③扑上去：有点好处大家就~倒来。

撑 tsʰən²¹　支撑，支着：拿根棒棒把床脚~起来；他~起脖子在那里望。

称称抖抖　同"称抖"。

秤头　称重的斤两：他卖东西尽压~。

龇 tsʰi³³　张开：只晓得~起个大嘴巴喫。

龇牙咧嘴　张嘴露牙的样子：痛得他~的叫。

伸伸 tsʰi³³**缩缩**　伸出手又缩回去，形容行动拘谨、胆小的样子。又说"一伸一缩"。

糍粑辣角　将辣椒掺姜、蒜捣烂做成的调味料。

刺猪　豪猪。

刺笼　荆棘丛。

刺蓬　荆棘丛：山上~脚菌子多得很。

搓衣板　搓衣服用的有齿棱的木板。现代常用"跪~"来喻指男人惧内。

戳 tsʰɔ⁴¹　①怂恿：就是他~我干的。②乱窜：又~到街上去了。

撮　用工具舀细碎的东西：去~点米来煮。

撮撮　可铲起东西的簸箕一类的器物。有的可说"撮箕"、"撮斗"。

撮撮帽　鸭舌帽。

抽　①掀，推：把他~到河头去了。②扶起：把他~上坎去。③收走：他把资金~走了。

抽条 ①植物嫩枝长长了。②喻孩子长个了：你家娃娃～了呢。

抽抽 抽屉。

抽盒 抽屉。又叫"抽箱"。

丑鬼 指长得丑的人，多用于谑称：我家那个～脏得哟。

臭蛋 樟脑丸。

臭狗屎 喻令人讨厌、不受欢迎的人或东西。

凑人头 凑人数：人要是靡够，我也来～。

橙子 柚子。

冲 tsʰɔŋ³³ 气 生气，怄气：她～靡肯喫饭。

冲冲 山冲，沟谷：我们寨子就在一个～头。

舂碓 用于舂物的石臼。

充狠 逞能：～闪倒腰了。

枞 tsʰɔŋ⁴⁵ 木 松树。也叫"枞树"。

枞木菌 松毛菌，一种食用菌。

蛐 tsʰu⁴¹ 蟮 蚯蚓。

虫虫 昆虫的泛称。第二字一般读阴平。

怂 tsʰɔŋ³²³ 怂恿，鼓动：莫要～他，要出事的。

怂恿 同"怂"。

冲 tsʰɔŋ²¹ ①人或植物迅速长高：现在的娃娃个个～得高高的。②添加，搀和：再～点水煮一下。③好出风头，好表现自己：这个人～得很，一点靡谦逊。④气味浓郁刺鼻：洋葱～人得很；这酒～得很；这个菜好～。

冲 tsʰɔŋ²¹ 菜 春菜，烧制后气味较浓郁刺鼻。

冲瞌睡 ①打盹儿。②感觉很困，想瞌睡。

冲 tsʰɔŋ²¹ 包 好出风头又无多大本事的人：一个～还要来管我们。

窜 tsʰuə³³ 窜 趔趄：走路尽打～，像个醉鬼。

椽皮 椽子：他家瓦屋先钉～后盖瓦。

串 tsʰuə²¹ 走动，闲走：～街；～亲戚；～门子。

串街 逛街，也指无聊时的闲走。

串亲戚　到亲戚家走动，串门。

串门子　串门，闲走动。

除脱　①去掉，抵消：~上次的还有三个。②喻丢掉、丢失：一点点家当几发是做遭他~了。③喻指人没了：为了这个家他把命都~了。

杵　①戳：他要~棒棒走路了。②直立：你~到我面前我做哪子。

揣　①手插口袋：手~起靡做活路。②喻装腰包：有点好处他就先~了。

踹 tsʰuai²¹　①撒泼：她要~起来吓死人。②哭闹：崽崽~了一天了。

床档头　床的两头。

床档档　床头横档。

床头脚　床脚。

闯鬼　①出岔子：今天做活路硬是~了。②指碰到倒霉事：今天~了，出门靡顺。

吹　①吹牛、说空话：他~的，不要信。②聊天：过来坐起~下再走。

吹牛　①聊天：下午到我家来~。②胡吹：~不犯法。

吹壳子　同"吹牛"。

催　①催促。②加料促长：都十月了，猪~得肥完~得啦。

捶　①敲打：~衣棒。②揍：~他一顿。③舂：~辣子。

锤锤　锤子。

脆臊　猪油渣炒制而成的食品。

春芽　香椿树的嫩芽，可入食。

场坝　集市。

出殡　把装殓好死者的棺材从家中抬出，停放在路旁，以待上山埋葬。

初三完肉，十五完粑　春节期间用语。指初三吃完过节的肉，十五吃完过节的糯米粑，就表示过完年了。

S

砂　用砂纸、砂布等打磨：~家具。

沙沙　①沙子。②泛指渣渣，灰沙：我的眼睛进了颗~；饭里头尽是~。

沙声沙气　声音沙哑的样子：他~的感冒恼火了。

沙锅 用沙土烧制而成的锅。

沙罐 用土烧制而成的罐子，多用于煨药、烧水等。

沙锅肚 因肥胖而凸起的肚子。

撒尿 ①小便。②特指尿床：昨晚上又～了没？

撒粮粑 农村修改新屋，在安装好屋顶横梁时，预先择好吉时，请他人站在屋梁上，把切好的红色糯米粑（和硬币）往下撒，让大家抢，以表华屋吉庆宏发。

三十晚 除夕。

撒sa³²³ 掉下、抛洒下饭食等：喫饭～得一地。

杀各 ①剩余的：这点～货还靡便宜点？②收尾、结束：等晚点～了我来接你。③包完剩余的：这点菜～了好洗碗；剩这点我～了。

刷黑 黄昏，天将全黑时：他天天～才回家。

刷马子 找女朋友、谈对象。

跋 跋，穿拖鞋或将普通鞋像拖鞋一样踩着走：新鞋～起踩坏了。

跋鞋 同"跋"。

杀 ①杀。②砍价：你～得也太黑了嘛！也说"杀价"。

刹 跑，走：他一趟子又～到街上去了。

筛子 可用于筛米、簸米的竹编器具，与簸箕相似，底部有细孔可漏细米。

塞sə⁴¹ ①送出去，塞给：他走的时候～路费给他。②行贿：他又去～红包了。

晒坝 晒粮食的平地。

晒台 可晒粮食的土台、阳台以及一些水泥屋顶等。

山旮旯 ①山沟沟：这些草药要在我家后头的～才有。②泛指偏僻山区：也到我们～去走下。

山不转水转 ①指早晚会碰上：～，想靡到在这里碰到你了。②喻指要给自己留有余地：～，你靡会一辈子得势吧！

山药 ①野生的芋科植物根块。②傻瓜：他是个～老壳，找他靡得用。

山沟沟头 山涧。

三脚猫 喻指老呆不住的人：他是个～，野得很。

三病两痛 ①指时常有病：他成天～的，靠靡住。②泛指有病：哪个靡得个～的，就你娇气。

三灾两痛 泛指病痛、事故等：哪家都有个~的，大家帮把手。也说"三灾两病"。

三天两头 经常：他~的请假，干靡倒什么事。

三只手 扒手。

闪 ①颤抖：(俗语)上坡脚杆软，下坡脚杆~；扁担~悠悠的。②腰部扭伤：腰杆~倒起了。③中途耽搁，被耽误：困难时期缺粮食~倒了，个子长靡起来了。

伤 ①受伤，损害：昨天的剩菜~倒肠胃，今天拉肚子了。②腻味：过年肉都喫~了；中学时候书读~了，看见书脑壳就大。

骟鸡 ①阉割公鸡。②阉割了的公鸡。

伤人 ①骂人：你靡要拿话~。②对人有损伤：冷菜喫多了~。

尝新 品尝新鲜粮食、果蔬等：李子熟了，搞点~。

搡 ①喻甩话伤人：一开口就~人，哪个理她。②引申为甩脸子：成天~起块脸给哪个看嘛。

上气 蒸煮食物时大气冒出蒸笼或锅盖。

上席 ①最尊的席位，一般指堂屋香火下的位子：老辈子坐~。②入席：请大家~喽！

上山 指出殡。也说"上坡"。

上门 入赘，结婚后男方到女方家生活。

上门女婿 入赘女家的男人。

上前天 大前天：~我还在贵阳。

骚 风骚：那个女人又去~去了。

骚包 风骚：他又去~去了。

骚疙瘩 粉刺，又叫"青春豆"。

骚子马 公马。

骚马 公马。

烧包 农历七月半等给祖宗烧送的钱纸，用纸袋装。

烧香 ①给神佛烧香。②喻指拜门子，行贿：他~打通门路了的。

烧锅底 庆贺乔迁之喜的酒宴：明天我家新房~，你要来噢。

骚箕背 微驼的背。

少饱 多得很：我家～啊，稀罕你的。

晌sau³²³午 中午的加餐：该喫～了。又叫"晌sau³²³午饭"。

扫脸 ①丢脸：他也靡怕～，做得这么难看。②使丢脸：哪个跟我过靡去，我就要他～。

扫把 扫帚。

潲 喂猪的潲水。也说"潲水"。

潲桶 盛泔水、猪食的桶。

臊子 吃面条、米粉佐味的肉末、肉丁等。

折sə⁴¹ ①亏本：做生意～了一大截。②缩水：这种布～水得很。

生花 酱油、菜汤等变质长了一层白沫。

升子 量米的用具。

生拉活扯 ①用力拉扯：～的把我整来的。②牵强附会：你硬是～的乱说。

声气 声音：他的～大得很。

神 ①神机妙算：碰到个瞎子，算得～得很。②过分凑巧：太～了，我从来没打得这么准。③神叨叨地，神经质地：他这几天～得很，阴阳怪气的。

神戳戳 ①神神经经的样子：他两个～的又在出馊主意了。②怪异的样子：一天～的看倒就怕人。

神神经经 同"神戳戳"。

承sən⁴⁵ ①承受，支撑：楼板～靡住垮了。②喻替人承担、支撑：他背后有人～倒的。

省倒 ①节省地：～点用才能到月底。②有节制地：做事情～点，靡要蛮干。又说"省倒起"。

损sən³²³ 缺损，裂缝：～了的坛子漏水；碗口都～了。

石蚌 生长于石涧山溪中的一种深色青蛙，可食用。

失枕 睡觉扭伤了颈子。一觉起来～了。又说"落枕"。

识相 知趣：要～的话就靡要啰嗦。

实打实 实实在在：他做事情总是～的。

使冷眼 使白眼：天天在家看那个女的～，我早就够了。

死鬼 ①指死者。②喻指自家男人等：我家～还没回来。

死崽　①谑称自己的子女。也说"死鬼崽"。②用于骂人：张家~跟我作对。

死老蛇　①喻指懒人：天天跟条~样赖在床上。②麻木的人：这个崽像个~教都教靡转。

死皮赖脸　死乞白赖地纠缠。

死正　笃定没希望：你和他做生意肯定~了。

死面　未经过发酵的面。

四眼落眍　瘦骨包皮、眼窝深陷的样子：他病得~的。

四季豆　扁豆。

睃so⁴⁵　扫视，瞟：光~两眼是看靡清的。

梭so³³　①滑溜：这个地板~得很，小心点。②滑下：从树上~下来。③溜走：他一放学做~了。④坐地上：一靡高兴就~地下。

梭空空　①找空子：他从来都是~靡排队的。②寻机溜走、逃避：他就会~，靠靡住的。

梭边边　溜旁边逃避：一遇到事情他就~了。

梭梭板　滑梯、滑板。

梭梭梯　滑梯。

索索so²¹　绳子。又叫"索子"。

收心　收敛心性：寒假完了还靡~；老都老了还靡~。

收拾　①整理：~房间。②整治：找人~他。③打扮：这姑娘爱~。

手大拐　手肘。又说"手拐拐"。

手倒拐　往外拐。指不护家、偏向外人。

手背　运气不好：这两天~，一打牌就输。

手气　赌博的手运、运气：昨天~背得很。也说"手气背"。

手脚　①暗中做的不正当小动作：他家卖的东西都做了~的。②偷窃：要注意那个人的~。

手空　无事可做：趁我~，帮你跑一趟。

守嘴　守吃的，盯着别人吃东西：这么~，好像没给你饭喫呀。

瘦壳壳　干瘦的样子：他从小就~的没得肉。

瘦壳唧精　身体干瘦细长的样子：我家做是他~的。

松和 ①轻松：这点事情～得很嘛！②减轻：病～点了；这两天工作～多了。

松爽 宽松舒爽：房子大了住起～多了。

怂 人不中用，不振作：这个人～得很。

怂样 害羞。

耸 朝前推：把他～到墙上去。

酥 ①松脆：这种石头风化～了，一砸就碎；饼干～得很。②身体瘫软、酥软：表扬他两句浑身都～了。

输 ①输：我认～了。②引申为打赌：我～你靡敢去。

叔伯兄弟 堂兄弟。

数 ①数落：老妈～起来就没得个完。②念叨：你奶又在屋里～你了。

数数 纸币的俗称：他家～多得很。

粟米 小米：烧坡开荒种～。

刷 剔除，去掉：竞争上岗他遭～下来了。

耍小伙 谓硬撑着显摆的人：～感冒了就高兴了。又说"耍伙子"。

甩suai³²³ 理睬：我靡～这家伙的账。

甩来甩去 摆来摆去很长的样子：裤子～的扫地呀？

随 ①随便，任凭：爱～你到哪点去。②肯定：这些饭～够喫了。

水 ①质量差：他家装修～得很。②水平差：他的手艺～得很。③责任心差：他的责任心～得很。也说"水垮"。

水货 ①质量差的货物。②走私的货物。

水锅巴 烧水壶中的水垢。

水牯 公水牛。也叫"水牯子"、"水牯牛"。

水色 指清丽的面色：河边的姑娘好～。

水碾 农村利用水力带动旋转碾谷物的水磨。

水老鸹 鸬鹚。又叫"鱼鹰"，渔家用于捕鱼。

水鱼 娃娃鱼。

睡罗罗 睡觉。多用于对小孩说。

睡瞌睡 睡觉。

Z

穰zaŋ⁴⁵　①稀松：衣服都穿～了。②虚弱无力：感冒了一身～得很。③使人疲软：这种事，做起来～人得很。

瓢瓢　①泛指皮或壳包着的东西：丝瓜～。②似瓜瓢样朽烂：衣服烂成～了。

绕　①绕弯：这次～远了。②上圈套：你着他～倒起了。

绕天绕地　说话绕弯：～半天也听靡清楚。

热和　暖和：太阳坝底下～完的。

人家　①别人。②自称：～还没想好你急哪样嘛？③住户：那边的～姓李。

人家户　同"人家"。那边有几家～。

人来疯　①指人越多越起劲：白天～，连晚上觉都睡靡着。②指人越多越起劲的人：他家娃娃个个都是～。

忍嘴　克制自己舍不得吃：～待客。

认人　认生，只与熟人亲近：我家狗～得很。

认生　怕见生人：这个崽靡～。

认床　只在自己熟悉的床上睡觉：我～，别处睡靡着。

□zu⁴⁵　①塞，送：东西～给他就靡管了；～点柴进去。②捅、打：～你两碗子。

肉唧唧　软绵绵肉乎乎的样子：这娃娃的脚～的，快走靡动了。

揉zua⁴⁵　①揉搓：～面；～糍粑。②反复摆弄：那种题我都～熟了。

融　捣碎捣烂了：辣椒磕～点。

日诀　辱骂：他～人难听得很。

日妈操娘　用下流话骂这骂那：一天～的，像哪个欠你一样。

Ø

依　依从、依照：靡要～他；就～你的办。

衣食　指生活上的收拾整理：一点～都靡得，屋头像个狗窝。

衣裳　衣服。

弈 准确：他的靶子～得很，一枪一个。

一备起 预备——起。

一久 一段时间：这～你到哪里去了？

一伸tsʰi³³一缩 手伸出又缩回，形容行动拘谨、胆小的样子。也说"伸伸缩缩"。

一样 ①无论什么：他家的东西～都喫靡得。②相同：大家～的，靡要特殊。

一天 整天：～都在读书。

一起 全部：要走～走。

一大扒拉 一大摊，一大堆：说了～废话；～牛粪。

一路 一道、一起：我两个～走。

一向来 一直以来：我～都靡喜欢喫肉。

一干二净 形容一点也不剩：喫得～。

一刚kaŋ³²³ ①一会儿：莫着急，他～就来了。②等会儿：你先走，我～再来。又说"等刚"、"一刚刚"。

一点点牙巴丝丝 形容数量极少：我只要～就够了。

一卡 拇指与中指间的长度。

一庹pai³²³ 两臂展开的长度。

一模mu⁴⁵脱壳 一模一样：他两兄弟长得～。

一模二样 一模一样。

一大些 许多，好多：我家来了～的人。

一准 肯定：我～要去的。

依 用手指：拿手～倒读。

倚老卖踹 倚老卖老，无理取闹。

依烂得烂 破罐子破摔：你还是要学好，靡要～。

意思 给点好处表示：人家帮你大忙你还靡～下？

丫 ①枝丫：稻子分～了。②量词，瓣：四～桔子；三～月饼。

丫丫 同"丫①"，树子～断了。

垭口 山口。

牙巴骨 颌骨，牙床。

牙巴丝丝　极言很小、很少：只要～一点点。

牙巴劲　喻嘴上功夫：搬～。

牙齿靡关风　①缺门牙导致说话某些音不清。②藏不住话，易张扬秘密：你是～靡是？才黏你讲你做漏出去了。

牙狗　公狗。

牙猪　公猪。

押ia^{41}　强制、逼迫：是他～我去的。

押倒　同"押"。

哑子　①哑巴：你是个～呀？靡讲话。②傻瓜：他是个～，遭卖了都靡晓得。

压ia^{21}　用重力往下压：～倒这头，靡要翘起来了。

压马路　①散步，步行。②特指情人逛街或同行：她两个又～去了。

压床板　赖在床上靡起。

烟刀　烟肉，腊肉。

烟锅巴　烟蒂。又叫"烟屁股"。

烟子　烟：满屋的～，开开门喽。

烟肉　腊肉，腌肉。

盐酸　泡菜，独山县的名特产。

蔫　枯萎：瓶子头的花～了。又说"蔫巴"、"蔫败"等。

蔫妥妥　①枯萎。②指精神不振，情绪低落。

盐巴客　旧时挑盐的挑夫或卖盐的人。

檐老鼠　蝙蝠。

眼皮长　喻老不睡觉的人。

眼浅　①喻看事情不长远的人。②喻见钱眼开的人：他～得很，几块钱就卖了。

眼水　①眼力：他的～好，隔老远就认出来了。②眼界：这人～太浅，只看面前。

眼泪巴沙　形容眼泪多的样子：天天～的眼睛都哭肿了。又说"眼泪爬沙"。

眼眨毛　眼睫毛。

眼屎巴黏　眼屎还留在眼睛上的样子。

轧ia^{21}　铺洒，铺盖：路太滑，～点煤灰。

央 ①央求：你去～你家老者拿钱。②迁就：他这两天有病你就～倒他点。③调理：等身体～好了再去上班。④维持：这点钱还能～到月底。

羊癫疯 ①癫痫。又叫"母猪疯"。②引申指精神错乱，神志不清等。

扬尘 灰尘，多指烟囱附近的黑色尘垢。

洋火 火柴。

洋灰 水泥。

洋油 煤油。

洋芋 土豆。

佯张二不睬 爱理不理的样子：哪次都～的，他认倒你是老几。

杨桃 猕猴桃。又叫"马屎坨"。

扬尘 积久的灰尘，多为蜘蛛网等：满屋顶的～，人都进不来了。

阳沟 明沟。

养牲 畜牲。

样事 任何一件事：他～都靡管。

邀 ①从中部捆束：把菜～成把把。②两人挽手或搂腰：一个～起一个走。

幺箩 钓鱼时用来装鱼的腹大颈小的竹器。

约iau³³ ①复秤：重新～回秤。②估算、估量：你～回这头猪有好重。

药铺 原指卖中药店铺，现指卖药的地方。

吆 吆喝，管束：～倒你家崽点。

妖 女性装束、举止超出常规，让人看不惯：～里～气的。

妖精十八怪 "妖"的夸张说法。

幺幺 最小的孩子。

牙狗 公狗。

牙猪 公猪。

幺二三 一条条的理由：你把～说出来大家听下。

姚iau⁴⁵裤 贴身短内裤。

要柴 上山砍柴。

要得 可以，行：这个计划～。

要靡得　不行：这个计划～。

要靡要　有时，偶尔：～去趟婆家。

叶子烟　土烟。

野　①玩心太重，坐不下来：一个假期都玩～了。②玩得不知归家：到哪点～一晚上都靡回家。

夜猫子　指晚上不睡，夜晚活动的人。

阴　①阴险，工于心计：那人～得很，你防倒点。②有话不说：哪样都～到肚头连个屁都靡放。③背阴晾晒：萝卜要～干才能泡坛。

阴倒　①沉默不言：～点，少说为佳。②不公开，暗中背着（干某事）：～整人。

阴苞谷　煮熟后阴干的玉米。

阴凉　凉快或太阳晒不到的地方。

阴凉坝　太阳照射不到的平地。

阴浸　寒气重：下晚～得很，多穿点。

阴凉　阴浸，很凉：这股水～～的。

应　答应：喊他他靡～。

赢　①来得及，赶得上：来得～。②胜过：我说讲靡～你。

引　①引领，引导：我～你去找他。②引（火）：这种柴不～火。

引子　配药等所用的引子：药～；发馒头～。

印　量：～米。

印子　量米的升子。

印印　痕迹、印迹：脸上有个～；书上的～擦靡脱了。

印子房　砖瓦房：他家住～。

印　用量器量：～碗米给他。

油　①油滑：这个人太～。②油腻：你的头发～成这种了还靡洗一会。③用油、油漆等刷：锅把要～一会才靡生锈；桌子太老了拿来～一会。

油枯　榨油所剩的渣块。

油光kuaŋ²¹光　油光发亮的样子：衣服穿得～了的；头发抹得～的。

油光水滑　形容毛色、面容等光滑润泽：这马长得～的。

油重 菜肴中油荤重：~了喫靡下去。

邮花 邮票。

有一拼 可以相比：他两个人的气力~。又说成"有一比"。

有气 内心愤懑：他~，靡要喊他。

有名堂 ①花样多：这个人~。②另有情况：我看这里头~。

有下xa²¹数 ①有数：我心头~的。②有名堂：他是~的嘞。

有老窖 指家财有老底：他家~的，你以为他穷？

有门道 ①有点子，有主意：他~，听他的。②有门路：他~，去求下他。也说"有门路"、"有门子"。

野鸡 雉。

乌木 埋入河床水底多年的木料，乌黑质坚，是做棺木的上等材料。又叫"阴沉木"。

乌漆马拱 乌黑、黑暗或脏兮兮的样子：~的，路都看靡倒。

屋 ①房子：寡崽住大~。②家：我要去~。

屋头 家里。"头"念阴平。

屋头的 妻子：我家~管得紧得很。

屋头老人 自己的父母亲等老辈人。

屋基 ①房屋基脚，基础。②指宅基地：我家~都划好了。

无大八大 ①很大：~的一砣石头挡在路上。②喻年纪不小：你也~的了还靡懂事。

五大三粗 身材粗壮的样子：他长得~的，但是一点力气也靡得。

五斗箩 能盛五斗谷物的圆形箩筐。

捂u³²³ 做，弄：去家我~饭你喫。

焐u²¹ ①捂住使热：一晚上脚都~靡热。②焐干：一背的汗都~干了。

雾罩 浓雾，又说成"罩子"。

雾 视力模糊：他眼睛是~的。

雾子 眼里发花出现的颗粒物。

晚饭 晚餐。

雾黢黢　①视力模糊，为"雾"的生动形式。②喻无光泽的样子：窗户都是～的。

娃娃　①小孩，子女：你家有几个～？②泛指年轻人：现在的女～比男～顾家。

娃崽　同"娃娃"，男孩。女孩叫"女～"。

舀ua^{323}　①舀：～点靡来煮喫；～水。②掏：把沟头的渣渣～出来。

挖ua^{323}耳瓢　掏耳屎的小勺。

洼ua^{21}洼　凹地，洼地：天干得做剩那个～还有点水。

凹眉凹眼　形容眼眶深陷的样子：他病得～的了。又说"眍眉凹眼"。

崴uai^{323}　①扭伤：他的脚～倒起了。②左右摇晃：桌子～来～去的遭你抖垮了。

外水　外快。

外前　外面。又说"外头"、"外面"等。

外天　大后天，即后天的第二天。

外年　大后年，即后年的第二年。

外头人　非本家人。

外间　靠外的房间。也说"外头间"。

弯弯拐拐　①曲曲弯弯：这根竹子～的靡得哪样用。②喻做事曲折：这件事有好多～才办成。③喻遮遮掩掩不直截了当：他总是～的一点靡痛快。

豌豆巅　豌豆枝蔓的嫩尖，用作菜肴。也说"豌豆尖"。

玩　①交往：他两个～得来。②耍弄：把他～得罗罗转。

玩茶叶　使用虚假手段骗人：他～一套一套的。

玩姑娘　男孩谈恋爱：屁大点娃娃就晓得～了？

玩朋友　谈恋爱的通称。女孩谈恋爱说"玩男朋友"。

晚些　晚上，晚饭后一段时间。

绾　缠绕：～毛线。

万千　喻多得很：山上的野菜～的。

往回　以前，过去：～我来的时候还不是这样。又说"排回"。

枉自　白白，徒然：～你五尺高的个子，哪子都做靡来。又说"冤枉"。

旺　称秤时秤杆翘起，表示足秤。

望 ①看：帮我～倒后头点。②希望、盼望：就～你读书成才。

望天书 读书不用功的样子：他还不是读～。

望天田 靠天下雨才能有水的水田：他家的几块田都是～。

煨 用小火烧煮：～药；～汤。

萎 ①打蔫：花都～了。②喻人打蔫：看倒成绩单他就～了。

吾愿 希望：哪个靡～自己的孩子考上大学？

尾巴 小孩生日：明天我家娃娃接～，你要来啊。

未必 ①不一定：他～会来。②难道：～你要去了？

卫护 袒护：要靡是有人～，他又倒霉了。

温都都 温热的状态：洗脸水～的。

瘟 ①得瘟疫：鸡～。②喻精神不振：你今天～了？半天靡说话。③喻办事无魄力：他～妥妥的哪个怕他嘛。

耳性 记事能力、领悟能力：你～差得很，昨天讲的就忘了。

耳巴 耳光。又说成"耳刮子"。

一发是 一会儿：～你个人去解释。又叫"一发"

二冲二冲 好表现、好逞能的样子：只有他～的。

二天 ①以后：～我再来玩。②改天。

二回 下次：～又来玩啊。

二样 两样，可区别的：他和他老者脾气靡得～。

二贩手 指做转手倒卖生意的人。又叫"二贩子"。

二杆子 靡有本事又爱出风头的人。

二班老者 指四五十岁的男人，中年男人。

二班老太 中年妇女。

屙尿着床 小孩尿床。

恶 ①凶。②厉害：他太～了，一个人就把七八个强盗打跑了。

恶鸡婆 指凶横的女人。

恶眉恶眼 凶模凶样、凶神恶煞：一天都～的。

渥　①捂住，捂热了：穿这么多～蛆呀；～豆豉。②捂坏了：菜着～倒起了。

饿痨痨　饥饿、嘴馋的样子：～的几天没喫饭了？

饿痨鬼　饥饿、嘴馋的人：～投胎的呀？哪样都喫。

□ɔŋ^{33}　①掩埋，捂住：把洋芋～起；被窝～脑壳。②围拢，聚集：场上～起一堆人。

□ɔŋ^{33}鼻子　因鼻堵塞而发音不清的人。

□ɔŋ^{21}声□ɔŋ^{21}气　形容鼻音很重说话含混不清：他说话～的。

第十章　独山方言词汇的特点

第一节　概　说

　　方言大量地存在于人们的日常生活用语中，表现在与人们关系密切的生产生活、生存环境、日常起居、生存状态以及精神生活等方方面面，越是与人们生活贴近的生活用语，往往越是可能出现方言用语多样复杂的情况。独山县地处贵州南北交界，受两广、两湖、川黔方言的影响较大，同时又处于少数民族聚居地，不可避免地也受到少数民族语言的影响，体现出自身的特点。主要表现为：单音词比较丰富，如"公、奶、婆、爸、叔、伯、怕、闲、恶"等；保存了部分古语词，如"公、婆、靡、喫"等；存在一些表现方言特色的语词，如"牯、骚、草、骒、儿、牙"等；借用了少数民族的词语，如"□tiaŋ³³东西"、"喫□maŋ³³"、肉称"□ka³²³"、大腿称为"□pa³²³腿"等；受两广、两湖、川黔地区的影响，方言也存在混杂现象，如父亲的叫法有"爸爸、爸、爹tie³³、爹tia³³、老者、爷爷、公、大爹tia³³、大爸、二叔"等；对于外来物，多加"洋"表示，如"洋芋、洋灰、洋油、洋火"等；与普通话相比，有些形同义同，如"风、雷、电"等；有些形同义异，如"老者、叔、饭、谷、米、早饭"等；有些形异义同，如"杠吃水、桐油凌、毛毛路"等；还有些无对应的词，如"□pʰa³³、□pʰai³²³"等；在文化上反映出来的是山区少数民族耕作文化，如"太阳坝、月亮坝、坡顶、山沟沟头、河埂、斜边、寨子、场坝、巷巷、毛毛路、旮旯"等词。

第二节　独山方言词汇特点

一、单音词较丰富，言简意赅

　　单音词较丰富，言简意赅。例如：独山话的公（爷爷）、奶（奶奶）、婆（外婆）、爸（爸爸）、叔（叔叔）、伯（伯伯）、舅（舅舅）、崽（儿子）、瓦（瓦片）、滗（过滤）、怕（害怕）、闲（空闲）、冷（寒冷）、恶（凶恶）、宽（宽阔）、饿（饥饿）、吓（吓唬）、靡（没有）、应（答应）、兴（时兴）、催（催促）、沙（沙子）、筋（韧带）、吼（喝斥）、合（正确）、奸（奸诈）等。

二、保存了部分古语词

独山方言中保存了部分古语词。

例如：公：①祖父。《史记·外戚世家》"封公昆凝家于长安"。②公公，指丈夫的父亲。古诗《孔雀东南飞》"勤心养公姥，好自相扶将"。③男人的敬称。唐·李延寿《南史·颜延之传》"尝与何偃同从上南郊，偃于路中遥呼延之曰'颜公'。延之以其轻脱，怪之，答曰：'身非三公之公，又非田舍之公，又非君家阿公，何以呼为公？'"

婆：①祖母，长两辈的亲属妇女。孔平仲《代小子广孙寄翁翁》诗"婆婆到辇下，翁翁在省里"。②对老年妇子的称呼。《魏书·汲固传》"【李宪】恒呼固夫妇为郎、婆"。唐·李延寿《南史·齐纪下·郁林王》"帝谓豫章王妃庾氏（帝之叔祖母）曰：'阿婆，佛法言有福生帝王家。'"元·搠侯斯《梦两雏》"雨声断道风惊屋，阿婆独抱诸孙哭"。

靡（米）：①否定副词，不，无，没，没有。《史记·外戚世家》"秦以前尚略矣，其详靡得而记焉"。《史记·司马相如列传》"四海之内靡不受获"。陶渊明《自祭文》"勤靡馀劳，心有常闲"。②莫。《诗经·大雅·荡》"靡不有初，鲜克有终。"

喫[tɕʰi⁴]：①动词，吃。《隋书·五行志》"九月喫糕正好"。敦煌本《伍子胥变文》"昭王被拷，喫苦不前"。②喝、饮。喫茶，喫酒。杜甫《送李校书二十六韵》诗"临歧意颇切，对酒不能喫"。

三、方言特色词

独山方言中也存在方言特色的词语。例如：以"牯、骚"表动物的雄性，水牯牛、骚子马；以"草、骒"表示动物的雌性，草马、草猪、草狗、骒马；以"儿，牙"表示小的雄性动物，儿马、牙狗、牙猪；以"子"表示小的雌性动物，子鸡；用"公、老者、公佬"等称呼男性老人，用"奶、婆"等称呼女性老人；"老爹、老公"则指丈夫，"老奶、老婆"则指妻子；"老爹伙"指成年男子，"老奶伙"指已婚成年女子；用"孃"称呼姨、姑，用"叔"称呼伯、叔、舅；用"崽"称呼儿子，用"姑娘"称呼女儿，用"小娃崽"称呼小孩子等。

此外，还有一些避讳词语也较有特色，如独山话称丧事为"白喜"，送丧叫

"上山"，上坟叫"复山、春节上灯、清明挂青"等，棺材叫"寿木、老木"，死者穿戴的衣、鞋、帽分别称为"寿衣"、"寿鞋"、"寿帽"，血叫"旺"，将餐桌上的鱼"翻过来"要说"顺过来"等。

四、少数民族语言影响

由于地处少数民族地区，独山方言也借用了一些少数民族的词语。例如：提东西称为"□tiaŋ^{33}东西"、吃饭称为"喫□maŋ^{33}"、肉称为"□ka^{323}"、大腿称为"□pa^{323}腿"、拿过来称为"□xa^{33}过来"等是受到苗族语音的影响；肚腩称为"肚□naŋ^{33}"、胖称为"maŋ^{33}"等是受到了布依族语音的影响；偷说成"□ləu^{33}"，软说成"□pʰa^{33}"等是受仡佬族的语音影响；呆说成"□ŋaŋ^{21}"是受到侗族语音的影响等。此外，有一组对动词或形容词进行修饰、表程度高的表达形式，主要是受苗语的影响。例如：很喫、很闹、很读书；香很、忙很、闹很、亮很；很吃很、很打很；气得很，差劲得很；好喫好火、快老火。

五、受周边不同地域方言的影响

独山县由于地处贵州省南面，受广西、广东、湖南、湖北、四川等地区的影响，方言中也体现了这种混杂现象。例如人际间关系称谓，父亲的叫法有"爸爸、爸、爹tie^{33}、爹tia^{33}、老者、爷爷、公、大爹tia^{33}、大爸、二叔"等。其中，"爸爸、爸"借用了北方方言的叫法，"爹"借用了两湖的叫法，"老者、公"等借用了两广的叫法，"大爹、大爸、二叔"等则借用了四川的叫法（四川有些家族或是为了忌口，或是为了礼数，或是为了祈福等各种讲究，将父亲叫"二叔"，以及将母亲叫"二娘"一类的"真过继"或"假过继"的讳称）。此外，对父母的兄弟姊妹的称谓有"孃、姨、姑"等；对祖母、外祖母的称谓，叫得最多的是"婆"，有许多地方将其作为不分内外的统称，不管是父系还是母系的都叫做"婆"；对女孩的称谓有"姑娘、妹子、妹崽、女崽、妹姑娘、女娃崽、小妹、女娃娃"等。对各类动植物的叫法也有所不同。例如西红柿的叫法有"海茄、毛秀才、毛才、毛辣果"，红薯的叫法有"红苕、地瓜"，鸟的叫法有"雀、麻雀"等。

六、外来物的表示特点

独山县方言对于外来物，多加"洋"表示。如土豆称为"洋芋"，火柴称为"洋火"，水泥称为"洋灰"，煤油称为"洋油"，葱头称为"洋葱"，气质称为"洋气"，意外的财称为"洋财"，外文称为"洋文"，外国人称为"洋人"，锄头称为

"洋镐"，外国娃娃称为"洋娃娃"，槐树称为"洋槐"，葡萄酒称为"洋酒"，闹笑话称"出洋相"等。

七、与普通话词汇的区别

与普通话的词汇相比较，独山方言词有以下特点：

1．形同义同

这类独山方言词与普通话词语的词形相同，意义相同，只是读音不同。如"风"、"云"、"雨"、"露水"、"雪"、"江"、"海"、"今年"、"明年"、"后年"、"大后年"等。

2．形同义异

这类独山方言词与与普通话词形相同，但含义不同。主要包括以下四种情况：

（1）意义更宽。这类词的词义范围比普通话大。例如：

老者：除了具有与普通话相同的"表示男性老人"的意义之外，还有"爸爸"等义。

叔：除了具有与普通话相同的"表示父亲的兄弟"的意义之外，还有"爸爸"等义。

手：普通话的"手"只指"人或动物上肢前端"，独山方言指"人或动物的整条手臂"，义域更广。

脚：普通话的"脚"只指"人或动物腿的下端"，独山方言指"人或动物的整条腿"，义域更广。

后园：普通话"后园"指屋后花园，而独山方言"后园"不仅指屋后花园，还指于后园内自建的厕所。

（2）意义更窄。这类独山方言词的词义范围比普通话小。例如：

饭：普通话的"饭"包括"干饭"、"稀饭"，独山方言的"饭"仅指"米饭"。

谷：普通话"谷"指各种谷类作物，而独山方言"谷"只指稻谷。

米：普通话指稻米，也指去掉壳或皮后的种子，如小米、高粱米、花生米，独山方言只指黏性小的稻米。

（3）意义不同。独山方言词义和普通话词义不一样。例如：

早饭：早餐。

公：男性老人的尊称。

婆：女性老人的尊称。

老爹：丈夫。

老奶：妻子。

伙计：结拜的兄弟。

3. 形异义同

这类独山方言词与普通话词形不同，但含义相同。例如：

红火辣石头：太阳大，天气热。

杠吃水：彩虹。

菩萨搬桌子：打雷。

桐油凌：结冰。

毛毛路：羊肠小道。

天麻麻亮：拂晓。

4. 无对应词

一些独山方言词在普通话中找不到相对应的词。例如：

□p^ha^{33}：①熟软过火了：饭煮□了。②无力：他跑得□气完。

□p^hai^{323}：①量词，两臂伸直后的长度：扁担有一～长。②展开：把手脚～开。

□p^hie^{323}：①扭到：～到手，～到脚啦。②吃：去他家～饭去。

□$p^hɔŋ^{33}$：①烟土飞扬：到处～灰。②玩耍：你厉害，一天到晚在外头～灰。
　　③气势汹汹往前扑：别个已经认输了，他还～上去打诺一拳。

□$kə^{21}$：①割、杀：把这块肉～下来；这只鸭子～靡死嘞。②喻像割肉一
　　样来回拉：你～两曲二胡来听喽。

八、表现了山区少数民族耕作文化

在文化背景上，独山方言词反映出来的是山区少数民族耕作文化，其方言词汇中与山区少数民族的耕作种植相关的词语非常丰富，有些词语还颇具特色，如：太阳坝、月亮坝、坡顶、山沟沟头、河埂、斜边、寨子、场坝、巷巷、毛毛路、旮旯等词，与耕种劳作的地方都有密切关联；天井、马笼头、马嘴笼、车杆、滚子、水碾、龙骨车、囤箩、五斗箩、提篮、草箩、麦桩、谷桩、撮箕等词，与耕种劳作的器具有关联；谷子、灰面、糯米、粘米、苞谷、洋芋、四季豆、马屎坨、毛秀才、紫菌、辣子、葵花等词，与耕种劳作的植物有关等。

第十一章　独山方言词汇类别

　　本部分内容以独山话为例，列举出独山方言中与普通话常用说法不同的基本词语。这些词语按十三个大类进行排列：（一）天文、地理、方位；（二）节令时间类；（三）耕作农事类；（四）耕作植物类；（五）耕作动物类；（六）亲属、人品、身体类；（七）医疗类；（八）日常生活类；（九）红白喜事类；（十）动作行为类；（十一）性质状态类；（十二）副词介词类；（十三）人称、指代类。

　　具体词语如下（一般写本字，有音无字的用"□"表示，并标注国际音标，音系参见前文"独山方言词汇"，"——"前是独山县方言，"——"后是普通话词语）：

第一节　天文地理方位词语

太阳坝——阳光照着的平地

月亮坝——月光照着的平地

红火辣石头——太阳大，天气热

老天爷——老天

天火——流星

天狗吃月亮——月蚀

杠吃水——雨后彩虹

旋头风——旋风

菩萨搬桌子——打雷

雷公吼——雷声大

扯火闪——闪电

雷公火闪——打雷闪电

落雨——下雨

毛毛雨——细雨

和风细雨——微风细雨

打雨点——下雨了

淋秧鸡——淋透了

泡雪、棉花雪——絮状雪

碎米雪——雪霰

下凌、构凌——结冰

马牙凌——屋檐下马牙状冰条

桐油凌——厚冰

天干——天旱

坝子——平地

坡顶——山巅

山沟沟头——山涧

河埂——河岸边

斜边、折边——旁边

旮旯儿——角落

旮旮角角——所指范围内的任何一个角落

磨罗鼓——鹅卵石

瓦片——碎瓦块

灰灰——灰尘

洋灰——水泥

阳沟——水沟

乡下——农村

寨子——农村村寨

后园——菜园、厕所

场坝——赶集的地方

巷巷、巷子——胡同

马路——公路

毛毛路——山间羊肠小道

第二节　节令时间类词语

礼拜天、赶场天——星期天

腊月间——腊月

腊月货——腊月

过年——过春节

三十晚——除夕

看耗子结孃嬷——除夕守岁

供灶神菩萨——腊月二十三送灶

初三完肉，十五完粑——过完年（春节）

粽粑、枕头粽、三角粽——粽子

七月半——中元节、鬼节

八月十五——中秋节

天麻麻亮——拂晓

打早——清早

擦黑、刷黑——傍晚、黄昏

半夜三更——三更半夜

好久——多久

半天——半天、很久

结尾巴——小孩生日

排时——往时、以前

一刚刚、一下下——一会儿

第三节　耕作农事类词语

天井——空地

马笼头——辔头

马嘴笼——马嘴套

车杆——车辕

滚子——车轮

苞谷秆——玉米秆

麦桩——麦根

谷桩——谷根

水碾、碾子——水磨

龙骨车——木水车

囤箩、草箩——大箩筐

簸簸——簸箕

提篮——竹篮

么箩——钓鱼箩

米蹦箩——米箩

五斗箩——能装五斗的箩

扫把——扫帚

鸡毛帚——鸡毛掸子

要柴——砍柴

讨杨口[mie³³]——摘杨梅

活疙瘩——活结

死疙瘩——死结

撮箕——畚箕

第四节　耕作植物类词语

谷子——稻谷

粘米——籼稻碾出来的米，黏性小

糯谷——糯稻

糯米——糯米

紫米——黑糯米

苞谷——玉米

糯苞谷——黏玉米

灰面——面粉

洋芋——土豆、马铃薯

刚豆——豇豆

四季豆——菜豆、扁豆

豌豆尖——豌豆苗

山药——山菜、傻瓜

杨桃、马屎坨——猕猴桃

高笋——茭瓜

金瓜——小南瓜

毛秀才、毛才、毛辣果——西红柿、番茄

辣子——辣椒

新辣子——青椒

卷心白——包菜

红萝卜——胡萝卜

葵花——①向日葵②葵花籽

瓜子——南瓜籽

蚕蘘叶——桑叶

蚕蘘泡——桑椹

洋槐树——槐树

橙子——柚子

月月红——月季花

花苞——花蕾、花骨朵

稀饭花——芙蓉花

扛妈菜、扛妈叶——车前草

香菌——香菇

紫菌——松菌

黄蜡菌——黄色菌

奶浆菌——食用菌

刺篷——荆棘丛

板栗——栗子

糖炒板栗——糖炒栗子

毛栗——小栗子

椿菜——香椿

蔫败——枯萎、无精打采

罢脚——清仓

第五节　耕作动物类词语

豺狗——狼

老蛇——蛇

骚子马、骚子——公马

骒马、草马——母马

水牯牛、水牯——公牛

儿马——小马

牙狗——公狗

草狗——母狗

牙猪——公猪

草猪——母猪

猪崽——小猪

狗崽——小狗

骟鸡——阉公鸡

劁猪——阉公猪

赖抱鸡——未下蛋的母鸡

抱鸡崽——孵小鸡

子鸡——未生过蛋的小母鸡

母老虎——雌性老虎、恶妇

草鞋虫——多脚虫

蜈公虫——蜈蚣

耗子——老鼠

土狗崽——蝼蛄

老哇——乌鸦

米麻雀——麻雀、鸟

雀子——鸟儿

把八——八哥

蚕孃——蚕子、桑蚕

折蛛——蜘蛛

曲蟮——蚯蚓

毛聪——毛虫

檐老鼠——蝙蝠

蛇蚤——跳蚤

叫鸡——蟋蟀

偷油婆——蟑螂

蚊子——家蚊、苍蝇

高脚蚊——家蚊、库蚊

饭蚊——家蝇

金蚊——绿豆蚊

蠓子——蚋

拍落、亮火虫——萤火虫

打屁虫——椿象、屁客

剪刀虫——瓢虫

野鸡——雉

猪尿泡——猪膀胱

鱼泡——鱼鳔

蟆——螃蟹

团鱼、脚鱼——甲鱼

水鱼——娃娃鱼

蚂蚱——蝗虫

黄鳝——鳝鱼

狗扯尾——狗交配

踩雄——鸡交配

拱屎虫——蜣螂

第六节　亲属、人品、身体类词语

公——祖父，爷爷

外公——外祖父

婆——祖母，奶奶

公佬——老爷爷

老者——老头、老爸

老公、老爹——丈夫

老奶、老婆、家头——妻子

姑爷——女婿

老爹伙——大男人

老奶伙——女人

小娃崽——小孩子

鼻涕脓——小孩子

崽——儿子

姑娘——女儿

独崽——独子

大老乡——大哥

独姑娘——独生女

黑人——黑种人，指姓名没有登记
在户籍和粮油供应簿上的人

非洲人——黑人

土包子——土气之人

伙计、伙计伯、伙计爷——兄弟

叫花子——乞丐

烙铁、破鞋——卖淫女

粉底——麻子

玉顶、光脖——光头、秃头

后脑包——后脑勺

老壳——头

太阳筋——太阳穴

眼眨毛——睫毛

后颈窝——颈后凹陷的窝

肚皮眼——肚脐

克膝头——膝盖

手大拐——手肘

螺丝拐——踝

屁股——臀

脚弯筋——脚踝

巴掌——手掌

脚板——脚掌

掟子——拳头

手杆——手

脚杆——腿

腰杆——腰

喉咙管——气管

倒欠——指甲周围翘起的小片小片的表皮

肋巴骨——肋骨

光胴胴——光身子

鸡巴——男性生殖器

块头——个头

拜子、老拜——跛子

大肚子、大肚皮——孕妇

□□[mie³³]——乳房、乳汁

□[mie³³]眼——斜眼、掉角眼

母猪疯——癫痫

脓包——化脓包块、无能　　　劳改犯——犯人

摸包的、三只手、钱工——扒手，贬义　　捡柳子——强盗

第七节　医疗类词语

凉倒——感冒　　　　　　　　禿手——一只手

成病——生病　　　　　　　　禿脚——一条腿

屙肚子——腹泻、拉肚子　　　独眼——一只眼

老壳疼——头痛　　　　　　　驼子——驼背

心翻——恶心　　　　　　　　吊盐水——输液

镇后——发痧、中暑　　　　　开刀——手术

隔食——积食　　　　　　　　足倒脚——扭伤脚

打摆子——发抖　　　　　　　鸡爪疯——痉挛

摸脉、号脉、把脉——切脉　　癫壳——癫头

药铺——药店　　　　　　　　打拔筒——拔火罐

捡药——抓中药

第八节　日常生活类词语

过早——早点、早餐　　　　　吃烟——吸烟

早饭——早餐　　　　　　　　烟肉——腊肉

吃晌午——下午餐　　　　　　霉豆腐——豆腐乳

晚饭——晚餐　　　　　　　　盐酸、盐酸菜——泡菜

□maŋ²¹——饭　　　　　　　　虾酸、臭酸——加工的酸

下饭、送饭——吃饭　　　　　血豆腐——血豆腐干

打平伙——聚餐　　　　　　　淘米——洗米、擦米

喫酒——喝酒、赴宴　　　　　擀面条——加工面条

吃水——喝水　　　　　　　　死面——未发酵的面

木板鞋——木制拖鞋

跋鞋——穿拖鞋

鞭倒两片燕子尾——穿拖鞋，带贬义

土话——方言

杠炭——青杠木烧的炭

渣渣——垃圾

渣渣堆——垃圾堆

扣子——纽扣

姚裤——内裤、短裤

该账——欠债

街坊、对门十户——邻居

脚踏板——床前供踏脚放鞋的木板

房圈——卧室

火笼——手炉

洋油——煤油

玻砖——厚玻璃

雷钵——石臼

雷钵棒——铁棒

扣门——布的宽度

潲水——泔水

猪潲——猪食

潲桶——食桶

棒头——棒槌

肉还靡火巴——肉还没到火候

喫饭还靡——吃饭没有

单车、脚踏车——自行车

拉山镜——望远镜

梗钱——整钱，与零钱相对

第九节　红白喜事类词语

红喜——结婚

白喜、白事——老人的丧事

媒婆、红叶婆——媒人

结嬢嬢、结媳妇——结婚

新嬢嬢——新娘子

新姑爷——新郎、新女婿

割耳朵——订婚

接生婆——接生的人

坐月子——月子

高寿——70岁以上尊称

土疯子——埋死人的人

落气——断气

落气爆——断气爆竹

出殡——出殡

上山——埋葬

钱纸——冥钞

吊颈鬼——吊死之人

落水鬼——淹死之人

祖坟发了——坟墓葬在好地

第十节　动作行为类词语

落[lau^{21}]——游玩、玩耍

摆龙门阵——聊天

挨倒起——一个接一个

堆——倒卖

佐——换

划拳——猜拳

办酒、摆酒——宴请

搛菜——夹菜

撇——掰

哈里里——挠痒痒

滗——滤

煨、炖——小火煮

拍手——鼓掌

跶倒——跌倒、摔跤

揎——推

睃——看

盘——操办

估——猜

钴——蹲

噘人——骂人

咒人——骂人

吵人[tsʰau^{21}]——骂人

喧[ɕue^{21}]人——骂人

乱得乱讲——瞎说

赌钱——赌博

嚼舌根、嚼牙巴骨——背地乱说别人坏话

刷马子——找女朋友

捡拾——收拾

碰[pʰɑŋ^{323}]到——挨着、碰着

撮——扫

拍甜酒——做甜酒

划黄鳝——剖黄鳝

走拢——走到

撵鸡——赶鸡

晓得——知道、懂得

多谢——感谢

赶讲——怪、责怪、埋怨

抬水——挑水

馄[kʰuen^{45}]吞——整个吞下

磕辣子——辣椒捣成粉末

看西洋镜——看稀奇古怪的东西

号位子——占位子

揖倒——指着

跺——稳当地放

打粑粑——打糍粑

杀各——扫尾、结束、处理完

招呼——当心、留神

第十一节　性质状态类词语

丛样——害羞、怕丑

好享、逗享——乖巧，逗人喜爱

麻利——利索

勤利——勤快

花里胡哨——颜色杂乱

在行——内行

悬——危险

相因——便宜

硬壳硬——真的，不做假

土里土气——土气

海——大

邋遢、邋里邋遢——肮脏

夹壳、抠、细啬——吝啬

凉快——凉爽

□[lia⁴¹]火——生气、气恼

撒脱——干脆、爽快、简单、容易

合巧、恰恰合——合适

穷赖盖——要赖、不讲道理

大声武气——大声

鬼眉鬼眼——鬼头鬼脑

苗——矮

快——锋利、速度快

血古淋当——鲜血淋漓

脏兮兮——脏得很

称抖——整齐、漂亮

娇黏——娇气

歪——质量低劣

第十二节　副词介词类词语

靡——不，没有

才将——刚刚

净光——只

好在——幸亏、多亏

紧倒——老是、总是

把连——全部、都

未必——难道

一发式、几发式——一下子、一会儿

遭、挨——被

果罗——故意

红黑——横竖、反正

粘[nia³³]——和、跟

单另、他另——另外

第十三节　人称、指代性词语

别个、人家——别人、他人　　　　哪点——哪里

偌——他　　　　　　　　　　　　这刚——现在

个人——自己　　　　　　　　　　那刚——以前、过去

这点——这里　　　　　　　　　　哪刚、哪阵、好久——什么时间

那点——那里　　　　　　　　　　好多——多少

第十二章　独山方言的四字熟语

一、情景、时间类

七静风烟：指非常寂静，空无一人。

冷火猫烟、冷屁秋烟：形容非常凄凉，冷漠。

黑地妈沙、黑妈地洞：指伸手不见五指的黑夜。

埂天到黑：形容早出晚归。

埂晚到亮：形容熬夜通宵。

天麻麻亮：黎明，天快亮的时候。

三十俩晚：表示大年三十前后几天。

大汗细水：形容工作特别辛苦，汗流浃背。

大辣太阳：形容天气很热。

往回那刚：从前的一段时间。

旮旮角角：偏僻的角落。

二、外表、性格类

气鼓气丈、气鼓烂丈：气炸了。

鼓门鼓眼、鼓门勒眼：形容生气瞪眼睛。

撕口撕嘴：形容很开心，咧嘴笑。

鼻涕拿脓：形容鼻涕流出来缩不回去。

蓬头绍脑：形容头发乱蓬蓬。

光屁郎当：光屁股。

烂门烂脸：指表情很难看，快哭了。

青皮寡绿：形容面色不好，脸色发青的。

大声武气：形容讲话特别大声。

瞅迷瞅眼：形容人没有精神、无精打采。

长毛嘴尖：形容一个人贼眉鼠眼的样子。

瘦壳朗精：很瘦小，皮包骨的意思。

呼里呼啦：不卫生，脏兮兮的意思。

扑里扑啦：衣服不整齐，很乱。

牛逼哄哄：形容非常厉害。

兔门日眼：形容一个人横行霸道。

日卵鼓鼓：形容一个人骄傲自大。

葛神葛倒：神经质。

撑撑抖抖：形容整洁，体面。

拽瞌打睡：指疲倦到了极限。

拧按拧昂：形容乱七八糟的。

打短命崽：形容小孩子很不听话。

鬼头鬼脑：狡猾的意思。

鬼灵精怪：狡猾的意思。

憨迷憨眼：傻里傻气。

傻卵呼呼：愚蠢、笨拙的意思。

吼逼炸天：表示不停地叫喊，让人心烦。

泥股骚带：形容干农活的人，一身黄泥。

鸡拉鬼叫：唧唧喳喳、吵吵闹闹，为一件小事说个不停。

鬼头倒把：形容不正经的，也有衣冠不整、奇装异服的意思。

三、日常生活类

发屁眼疯：一些比较疯狂的事或决定。

一大泼拉：有很多东西，到处都是。

花里胡哨：场景、画面眼花缭乱的意思。

摆龙门阵：聊天、谈笑的意思。

一夯帮浪：形容所有、全部。

逼里布噜：形容非常慌乱。

一靡紧各：形容一时大意。

得一会斗：指某件事过了一段时间。

大意靡得：形容做事要多加小心，不能大意。

弯里鼓扭：形容事物曲折。

去[$k^h\vartheta^{323}$]天去地：形容做事粗心大意。

去[$k^h\vartheta^{323}$]三去四：形容做事粗心大意。

点背时崽：这个倒霉的家伙。

念拱老伙：赚大发了，或者占了便宜。

正二八经：指做一件事、说一句话都很认真。

歪巴倒是：指东西放置得不整齐。

长天鼓风：形容拖延时间，让人不耐烦。

脓包血块：指伤口感染化脓，血肉模糊。

四、动作类

扇两刮耳：打了两个耳光。

刨两大脚：用力地踹了两脚。

擩几锭子：打了几拳头。

撑一扑爬：向前摔倒的意思。

得一后仰：向后滑倒。

得一独坐：向后滑倒，屁股着地。

打捞川完：形容走路不稳。

做风做雨、做三做四：指一个人行为不正当。

东搞西舞、东搞西搞：形容不务正业的样子。

大意麾得：形容不能粗心大意。

憨吃憨胀：形容吃东西无节制，也指好吃懒做。

五、其他

成种一坨：怎么成这样。

日妈倒把：形容一个人说话很粗鲁。

好块B脸：怎么好意思。

招诺杵息：指被人伤害，多指女性。

夹里夹壳、夹卵夹壳：形容一个人非常吝啬。

卵火烫完：愤怒到极限。

争逼汪钢：争先恐后，谁都不让。

得逼块脸：指狗仗人势。

第十三章　独山方言的谚语、歇后语

谭语是人民群众集体口头创作，经过大众长年传诵、千锤百炼丰富起来的语言形式。它凝集着广大劳动人民丰富的智慧，反映了自然和社会现象种种规律以及人民群众的生活经验、思想感情，富有战斗性，寓意深刻。同时，它含义丰厚、韵味隽永、语言精练、结构固定。

独山谚语的口语性极强，大多是通俗易懂的口头语，也称为"俗语"、"老话"、"俗话"等。它的形成源于人类的劳动、生产、生活中积累的经验。它注重声母、韵母、音节、声调方面的安排，结构上具有极强的音乐美。节奏分明，读起来朗朗上口，使听者容易接受并记住所说内容。

独山谚语一般有四至十几个字的结构，其中五、六、七字结构的较多，短小精悍，容易被人接受，便于记忆。例如：

一、表气候、情景

下雨天出太阳——骚天湿地

田坎上坐拖拉机——找抖

坟头上跳舞——装鬼吓人

坟头卖布——鬼扯

坟头斗地主——鬼炸（诈）

烂泥田拔桩桩——越陷越深

上坟烧报纸——哄鬼

飞机上拉稀——泄天泄地（谢天谢地）

六月间的葡萄——小拽小拽的

红萝卜蘸辣椒水——看靡出来

啄木鸟修房子——全靠嘴壳子狠

电杆子上扎鸡毛——胆子大

二、表示人的外貌、性格等

脱裤子上吊——脸都靡要

糟辣椒煮稀饭——皮皮翻翻

日本人爆包谷花——鬼诈

粪坑起波浪——发屁眼疯

开水烫毛辣果——冒皮皮

散装水泥——膨灰得很

癞克宝顶轮胎——古得很

花椒树下谈恋爱——一个麻（抹、骗的意思）一个

张飞穿针——大眼瞪小眼

瞎子戴眼镜——多余的圈圈

茅司丢炸弹——粪发涂墙（奋发图强）

半空中挂口袋——装风（疯）

菩萨搬家——神靡住（撑不住）

驼背子打伞——背湿（背时）

荷包里头冒烟——烧（骚）包

肚脐眼头放屁——妖气

癞克宝背簸箕——挎天阔地（吹牛夸张）

吃饱了的牛肚子——草包

三、表日常生活场景

六月间拉黄泥巴——虚都不虚（怕都不怕）

裤裆里弹琴——扯卵弹（谈）

裤裆里放炮仗——震雀（正确）

猫崽抓糍粑——脱靡倒爪爪

洗脸盆扎密子——靡晓得深浅

拉屎不带纸——想靡指（开）

王大妈的裹脚布——又臭又长

瞎子吃汤圆——心头有数

鼻孔喝水——够呛

癞克宝跳茅司——粪（奋）不顾身

两个哑巴睡一头——靡得讲的

和尚脑壳——无法

挖煤老二搕（zua⁴¹）飞腿——吓（黑）人一跳

骑马又看牛———一心挂几头

扁担挑钢钵——两头都滑脱

三十晚烧钱纸——钱少话多

汤粑包盐巴——寒心

茅司头捡帕子——靡好揩(开)口

两斤花椒炒二两肉——肉麻

背起活赶场——活街(该)

细娃进鸡圈——完蛋

铁匠铺的料——挨打的货

围腰头装闹钟——兜(逗)起闹

老母牛坐烟囱——牛P哄哄

老奶奶坐碰碰车——讨抖

铁锅头煮汤圆——二冲二冲的

茅司头开灯——找屎(死)

老太婆打呵欠——好大的口气

语法篇

第十四章　词　法

第一节　名词重叠式结构

普通话中，重叠式名词较少，主要是指亲属称谓，如"爷爷、奶奶、爸爸、妈妈、伯伯、叔叔、舅舅、哥哥、弟弟、姐姐、妹妹"。此外，还有"星星、娃娃、宝宝"等少数几个，独山方言中的重叠式名词更为丰富复杂，而且特征较鲜明，名词、动词、形容词、量词等性质的语素重叠后都可以构成名词。主要有以下AA式、AAB式、ABA式和AABB式四种形式。

一、AA式
AA式中，根据构成重叠词的语素区别，我们可分成以下几类：
（一）名词性语素重叠
1. AA—1式

口口　刀刀　疤疤　杆杆　沙沙　皮皮　槽槽

筐筐　影影　凳凳　眼眼　盆盆　棚棚　篓篓

从结构上来看，这类重叠词由名词性语素构成，这些名词性语素可以独立成词，如"口、刀、疤、杆、沙、皮、槽、筐、影、凳、眼、盆、棚、篓"等，也可以重叠后使用，还可以转化为"基式+子尾"的形式，意义不变。如：

口口——口子　刀刀——刀子　疤疤——疤子　杆杆——杆子

沙沙——沙子　皮皮——皮子　槽槽——槽子　筐筐——筐子

影影——影子　凳凳——凳子　眼眼——眼子　盆盆——盆子

棚棚——棚子　篓篓——篓子

从语义特征来看，这类重叠词重叠后的意义往往表示专指，如"口口"专指某个口子，"刀刀"专指某个刀子，"疤疤"专指特定伤疤，"杆杆"专指特定的杆子等等。

从使用上来看，这类重叠名词常用于口语，给人亲切之感。若其加"子"尾后，则给人斯文、雅致的感觉，常用于较正式场合。如：

①顶上头有个口口。(顶上有个口子。)

②盆盆放在那点啦。(盆放那里啦。)

③凳凳下头有颗红索索。(凳子下有颗红绳子。)

2. AA—2式

水水　气气　灰灰　渣渣　桶桶　瓢瓢　缝缝　苗苗　纸纸　钵钵

坡坡　沟沟　壶壶　毛毛　汤汤　包包　圈圈　根根　粑粑　碗碗

从结构上来看,这类重叠词中的名词性语素可以独立成词,如"水、气、灰、渣、桶、瓢、纸、坡、沟、壶"等,也可以重叠成词,但其可以转化为"基式+子尾"的形式。

从语义特征来看,重叠后的意义主要表示专指。如"水水"专指某盆水,"气气"专指某种气,"灰灰"专指某种灰,"渣渣"专指垃圾,"桶桶"专指某个桶,"缝缝"专指某条缝,"钵钵"专指某种碗,"包包"专指某个包等。

从使用上来看,这类重叠式名词一般用于口语中,给人亲切之感。如:

①水水还要没要了。(专指这盆水)

②独坡那点有个沟沟,有点深。(专指那条沟)

③包包有点好看。(专指某个包)

3. AA—3式

杠杠　索索　叶叶　牌牌　台台　盘盘　袋袋

藤藤　板板　杯杯　柱柱　瓶瓶　箱箱　盒盒

球球　珠珠　本本　柜柜　坛坛　梯梯　椅椅　罐罐

从结构上来看,这类重叠词中的名词性语素一般不能独立成词,只能重叠后组成词进行使用,但其单音语素可以转化为"基式+子尾"的形式,意义不变。如:

杠杠——杠子　索索——索子　叶叶——叶子　牌牌——牌子

台台——台子　盘盘——盘子　袋袋——袋子　藤藤——藤子

板板——板子　杯杯——杯子　柱柱——柱子　瓶瓶——瓶子

箱箱——箱子　盒盒——盒子　珠珠——珠子　本本——本子

柜柜——柜子　坛坛——坛子　梯梯——梯子　罐罐——罐子

从语义特征上来看,这类重叠式名词一般表示专指,如"索索"专指某根绳索,"牌牌"指某个名牌货,"台台"指某张台,"盘盘"指某个盘子,"袋袋"指某个袋子,"藤藤"指某个藤条,"珠珠"指某个珠子等。

从使用上来看,这类重叠名词也多用于口语,给人亲切之感。若其加"子"尾后,则显得较为文雅、书面化,一般用于较正式场合。如:

①这是个牌牌。（这是个名牌货。）

②这个杯杯有点好看。（某个杯子有点好看。）

②坛坛头还有糟辣。（某个坛子里还有糟辣。）

4. AA—4式

核ku⁴¹核　角角　沫沫　箩箩　面面　兜兜

环环　粉粉　把把　瓣瓣　帮帮　边边　钵钵

齿齿　须须　顶顶　壳壳　筒筒　墩墩　糊糊　浆浆

粑粑　片片　襻襻　丝丝　籽籽　爪爪　坨坨　砣砣

这一类重叠式名词最多，从结构上来看，这类重叠词中的名词性语素既不能独立成词，也不能转化为"基式＋子尾"的形式，只能重叠后使用。

从语义特征上来看，重叠后的意义主要表示专指，如"核ku⁴¹核"指某果实的核，"角角"专指某个角落，"面面"指某粉末状的物品，"粉粉"专指某粉末，"兜兜"指某个兜东西的工具，"钵钵"专指某个盛东西的器具，"襻襻"专指某个能扣住纽扣的套，"把把"指某个物品的把手，"爪爪"指某个抓东西的工具，"顶顶"指某事物的顶端，"帮帮"指某物体两旁或周围的部分等。

从使用上看，这类重叠式名词一般用于口语中，给人俏皮、亲切之感。如：

①这个鞋的帮帮有点邋遢。（某个鞋帮有点邋遢。）

②核桃的壳壳有点硬。（某核桃壳有点硬。）

③用这个爪爪来抓痒。（用某个抓痒的工具来抓痒。）

5. AA—5式

爸爸　妈妈　爷爷　奶奶　公公　婆婆　伯伯　叔叔

姨姨　孃孃　舅舅　姑姑　哥哥　姐姐　弟弟　孙孙

与普通话相比，独山方言中的这些重叠式名词亲属称谓使用情况不尽相同。例如：

（1）普通话：爸爸　妈妈　哥哥　姐姐　弟弟　孙孙

　　　独山方言：爸　　妈　　哥　　姐　　弟　　孙

　　　普通话：叔叔　姨姨　舅舅　伯伯

　　　独山方言：叔　　姨　　舅　　伯

（2）普通话：爷爷　奶奶　公公　婆婆　姑姑　婶婶

　　　独山方言：公　　婆　　家公　家婆　姑妈　孃

第一组中普通话的重叠式名词亲属称谓除少数几个外，在独山方言中一般习惯采用单说，尤其是当面称呼。

第二组中可看出有些普通话的重叠式亲属称谓，在独山方言所指不尽相同。如普通话中的"爷爷、奶奶"，独山方言中称"公、婆"；普通话中的"公公、婆婆"，独山方言中称"家公、家婆"；普通话中的"姑姑"，独山方言中称"姑妈"；普通话中的"婶婶"，独山方言中称"孃"。

需要说明的是，由于受到普通话的影响，现在独山方言中年轻一代开始采用重叠式的亲属称谓，"爸爸、妈妈、哥哥、姐姐、弟弟、孙孙、爷爷、奶奶、公公、婆婆、姑姑、婶婶"这一类称谓在独山方言中日益普及。

在使用中，单说的亲属称谓显得较为口语化，带有熟悉、亲切、喜爱的意味，而重叠式的亲属称谓则显得较为文雅、正式。

（二）动词性语素重叠

1．AA—1式

盖盖　夹夹　刷刷　垫垫　套套　铲铲
筛筛　印印　锤锤　扣扣　钩钩　剪剪

这一类重叠词由动词性语素重叠构成，单看语素是动词，重叠后将其名词化，表示专指。如"盖盖"指物件上的盖器，"夹夹"指夹子，"刷刷"专指刷东西的工具，"垫垫"指垫子，"套套"指套东西的物品，"铲铲"指清除东西用的工具，"筛筛"指筛子，"印印"指印记，"扣扣"指扣子，"剪剪"指剪刀等。其动词性语素一般可转化为"基式+子尾"的形式，意义不变。如：

盖盖——盖子　夹夹——夹子　刷刷——刷子　垫垫——垫子
套套——套子　铲铲——铲子　筛筛——筛子　印印——印子
锤锤——锤子　扣扣——扣子　钩钩——钩子　剪剪——剪子

从使用上来看，这类重叠词常用于口语，给人亲切之感。若其转化为"基式+子尾"的形式，虽意义不变，但给人文雅的感觉，常用于较正式场合。如：

①盖盖落啦！
②你头上的那个印印好久才能好喔！
③盖子落啦！
④你头上的那个印记好久才能好喔！

例①②常用于熟悉人之间的说话，更显口语化，给人亲切感；例③④显得较为文雅、客套。

2．AA—2式

抓抓　抽抽　刮刮　擦擦　箍箍　□□tsu⁴²
撮撮　拐拐　吊吊　卷卷　转转　旋旋

这类词由动词性语素重叠构成，但不能转化为"基式+子尾"的形式。单看语素是动词，重叠后将其名词化，表示专指。如"抓抓"专指某个挠痒的工具，"□□tsu⁴²"指某塞东西用的塞子，"抽抽"专指某抽屉，"刮刮"专指某个刮东西的工具，"擦擦"专指某个擦东西的工具，"箍箍"专指套在东西外面的某个圈，"撮撮"指某个撮箕，"拐拐"指某个转弯的地方，"吊吊"指某样吊物，"卷卷"指卷好的某种物品，"转转"指某个圈，"旋旋"专指头发生成的螺旋形状。从使用上来看，这类重叠词常用于口语，给人熟悉、亲切的意味。如：

①这里有个抓抓，可以抓痒。（这里有个可以抓痒的工具。）

②我家的擦擦坏啦，去外头买一个。（家里擦东西的工具坏了，去买一个。）

③家头有撮撮就可以撮东西啦。（家里有撮箕就可以撮东西。）

④他打了几个转转都找没到家。（他转了几个圈都没找到家。）

（三）形容词性语素重叠

尖尖　弯弯　圈圈　凹凹　凸凸

扁扁　香香　偏偏　皱皱　空空

这一类重叠词由形容词性语素重叠构成，单看语素是形容词，重叠后名词化。这类重叠式名词有专指意味，一般不可转化为"基式+子尾"的形式。如"尖尖"专指某事物的顶部，"弯弯"专指某转弯的部分，"圈圈"专指某个圈，"凹凹"专指某凹下去的部分，"凸凸"专指某个因坐或蹲的时间长裤子凸起的部分，"香香"专指雪花膏，"偏偏"专指情人，"皱皱"专指起皱的地方，"空空"指空白处。

从使用上来看，这类重叠词常用于口语，重叠后更形象、口语化。如：

①我要擦点香香。（我要擦雪花膏。）

②我的裤子起了个凸凸。（我的裤子有个凸起的部分。）

③树子尖尖上有个鸟。（树顶有只鸟。）

④这个圈圈终于做好了。（这个圆圈终于做好了。）

⑤这个当官的有个偏偏。（这个当官的有个情人。）

⑥这里有个空空。（这里有个空白处。）

（四）量词性语素重叠

把把　捆捆　挑挑　行行　路路　门门　道道　根根　点点　块块

条条　本本　节节　串串　个个　颗颗　坨坨　泡泡　架架　样样

这一类重叠词由量词性语素重叠构成。除少数"把子、条子、本子、口子、筐子"可以加"子"尾外，多数不可加"子"尾。从语义特征来看，这类词重叠后有泛指意味，如"把把、捆捆、挑挑"指多把、多捆、多挑物品，"行行、路路、门门、道道"指多个行业、门路，"根根、块块、条条、本本"指多个某物品。

从使用上来看，这类重叠词常在口语中使用，重叠后更为形象、口语化。如：

①捆捆（把把、挑挑）都是好货，没有差的。（每一捆物品都是好货。）

②行行都是可以做的。（每一个行业都可以做。）

③你讲出点门门道道来啊。（讲出点门路出来。）

④本本是好的。（每个本子是好的。）

二、AAB式

暴暴牙　斗斗眼　虚虚眼　撮撮嘴　泡泡脸　塌塌鼻

卷卷纸　团团脸　尖尖角　板板车　拖拖车　摆摆脚

撮撮嘴　马马肩　叮叮糖　棒棒糖　碎碎花　趿趿鞋　翘翘板

这类重叠词较少，前面是重叠语素，后面是单音节语素。这种重叠名词都是偏正结构，在一个单音节名词性语素前加一个重叠的修饰性语素构成。重叠的修饰性语素有的是名词性的，如"泡泡、板板、棒棒、马马"等；有的是动词性的，如"斗斗、拖拖、摆摆、撮撮、趿趿、翘翘"等；也有的是形容词性的，如"暴暴、虚虚、塌塌、团团、尖尖、碎碎、卷卷"等。

从语义特征来看，这类重叠词加了重叠的修饰性语素后显得非常形象、生动，如"暴暴牙"指长暴牙的人，"斗斗眼"指有斗鸡眼的人，"虚虚眼"指虚着眼睛的人，"撮撮嘴"指撮着嘴巴的人，"泡泡脸"指面带浮肿的人，"团团脸"指有圆脸的人，"摆摆脚"指一种单腿跳的游戏，"马马肩"指一种骑在肩上的游戏，"趿趿鞋"指拖鞋等。

从使用上来看，这类重叠词一般用于口语中，带有亲切、喜爱的意味。如：

①她是个暴暴牙。（她是个长着暴牙的人。）

②小时候我们都爱打摆摆脚。（小时候我们爱玩摆摆脚游戏。）

③她是个团团脸。（她长着一张圆脸。）

④每天他都穿趿趿鞋去上班。（每天他都穿着拖鞋去上班。）

三、ABA式

年打年　月打月　万打万　千打千　百打百

这类重叠式很少，ABA重叠式里B是"打"字。A一般选择时间名词"年、月"和整数词"万、千、百"，其语义多表示"一A多"。如"年打年"指一年多，"月打月"指一月多（需要注意的是，没有"天打天、日打日、时打时"的说法），"万打万"指一万多，"千打千"指一千多，"百打百"指一百多。

从使用上来看，这类重叠词一般用于口语，有强调的意味。如：

①他欠钱年打年了。（他欠钱一年多了。）

②他欠的数目有万打万啊！（他欠的数目有一万多！）

③他家有百打百头猪。（他家有一百多头猪。）

四、AABB式

1. AABB—1式

坛坛罐罐　锅锅碗碗　箱箱柜柜　旮旮角角

边边角角　弯弯拐拐　筋筋吊吊　刀刀枪枪

这类重叠词是并列结构，前后是两个重叠的名词性语素，"AA"和"BB"可单独成词，重叠后表示数量较多。如"坛坛罐罐"指很多的坛子和罐子，"锅锅碗碗"指很多的锅和碗，"旮旮角角"指多个角落，"边边角角"指多个边角，"弯弯拐拐"指多个弯弯，"筋筋吊吊"指多个繁琐的事物。

从使用上来看，这类重叠词一般用于口语，有亲切的意味。如：

①这些坛坛罐罐到底还要靡要？（这些坛子罐子还要不要？）

②找遍了旮旮角角也找没到。（找遍了角落也找不到。）

③走完这些弯弯拐拐才算完。（走完这些弯弯才结束。）

2. AABB—2式

根根底底　条条款款　条条框框　团团转转　针针线线

这类重叠词也是并列结构，"AB"原为一个词，重叠后表示"逐一、周、遍"的意思。如"条条款款"指逐个条款，"根根底底"指每个根底，"团团转转"指全部，"针针线线"指每个针线。

从使用上来看，这类重叠词也多用于口语，有亲切的意味。如：

①这些条条款款太多啦，记没到。（这些条款太多了，记不住。）

②这些条条框框都快把人框死啦。（这些制度都快把人束缚死了。）

③团团转转在这里。（全部都在这里。）

第二节　动词重叠式结构

普通话中重叠是一部分动词的语法功能之一。单音动词重叠形式有AA式，如"想想、看看、说说、瞧瞧"等；双音节动词重叠形式有ABAB式，如"打扫打扫、研究研究、夸奖夸奖"等。贵州省独山县方言中动词的重叠形式也普遍存在，而且形式众多、语用意义丰富，主要的重叠形式有AA式、一V一V式、要V要V式、V倒V倒式、V起V起式、鬼V鬼V式、干V干V式、想V想V式等8种形式。

一、AA式

盖盖	夹夹	刷刷	垫垫	套套	铲铲
筛筛	印印	锤锤	扣扣	钩钩	剪剪
抓抓	抽抽	刮刮	擦擦	箍箍	□□tsu^{42}
撮撮	拐拐	吊吊	卷卷	转转	旋旋

普通话中动词重叠AA式一般限于表示可持续动作的动词，表示短暂（动量少或时量少），如"走走、看看、坐坐、尝尝"等。但这类动词在独山方言中却不能用重叠式来表达，只能在词根的基础上加"一会"的词缀，仍然表示短暂的动作，如"想想——想一会、走走——走一会、看看——看一会、说说——说一会"。

独山方言动词AA式重叠后变成了名词，表示某种事物，可充当主语、宾语等。这种AA式一部分可转化为"基式+子尾"的形式，意义不变。如：

盖盖——盖子	夹夹——夹子	刷刷——刷子	垫垫——垫子
套套——套子	铲铲——铲子	筛筛——筛子	印印——印子
锤锤——锤子	扣扣——扣子	钩钩——钩子	剪剪——剪子

从使用上来看，这类重叠词常用于口语，给人亲切之感。如：

①盖盖落啦！

②你头上的那个印印好久才能好喔！

③盖子落啦！

④你头上的那个印印好久才能好喔！

二、"一V一V"式

一歪一歪	一闪一闪	一摇一摇	一跳一跳
一晃一晃	一浪一浪	一翘一翘	一冲一冲
一扯一扯	一选一选	一爬一爬	一扭一扭
一愣一愣	一抬一抬	一荡一荡	一想一想

这一类动词重叠式一般在句中必须后加"的",表示某种动作行为反复进行时的一种状态,而且其状态持续时间一般较长。具有形容词的语法功能,一般在句子中可充当谓语、状语、补语、定语。

充当谓语时一般起描摹陈述的作用。如:

①他的嘴巴一歪一歪的,笑人得很!(他的嘴长得歪,很好笑。)

②新买的这个灯一晃一晃的,刺眼得很!(新买的灯很晃眼。)

③这件衣服大啦,穿在身上一浪一浪的。(这件衣服穿在身上松松垮垮的。)

④哪子东西在墙壁上头一爬一爬的,怕人得很!(什么东西在墙上爬,很可怕。)

充当补语或状语时强调动作行为结果的某种状态。如:

⑤脑壳疼得一扯一扯的。(脑袋扯疼。)

⑥地板靡[mi^{323}]平,踩得一翘一翘的。(地板不平,一踩就翘起来。)

⑦电灯一闪一闪地亮啦。(电灯闪几下就亮了。)

⑧他一摇一摇地走了。(他一摇一摆地走了。)

充当定语时一般指描绘中心语的某种状态。如:

⑨小娃崽都是一跳一跳的走路。(小孩儿都是跳着走路。)

⑩他就是那种一冲一冲的人。(他是那种脾气火爆的人。)

一V一V式前面可以加上"靡"(表示"不,没有"的意思)表示对这种动作及其产生的状态进行否定。如:

⑪二天打针的时候靡要一扭一扭的啦。(以后打针的时候不要扭扭捏捏的。)

⑫新买的灯加这层膜就靡会一晃一晃的啦。(新买的灯加这层膜就不会晃眼睛啦。)

⑬小伙子靡要一冲一冲的,别个才粘[nia^{33}]理你。(小伙子不要太高傲,别人才理你。)

三、"要V要V"/"要V不V"/"倒V不V"式

要下要下　要跑要跑　要开要开　要哭要哭

要讲要讲　要走要走　要唱要唱　要看要看

要下不下　要跑不跑　要开不开　要哭不哭

要讲不讲　要走不走　要唱不唱　要看不看

"要V要V"式动词重叠式强调某种动作虽然尚未发生,但眼看就要发生时的一种状态,因为动作行为的出现只是极短时间内的事情,已经发展到了似乎

无法人为改变的阶段。"要V要V"后面通常加"的"，具有形容词的一般语法功能，可充当谓语、定语、补语。如：

①雨看到起要下要下的，你就不忙走算啦。(雨看起来要下了，你就先别走吧。)

②他该到要退休要退休的年龄啦。(他该到要退休的年龄啦。)

③不要把她逗得要哭要哭的。(不要把她逗得要哭了。)

"要V要V"式前面不能加上"靡(没有)"进行否定。

"要V不V"和"倒V不V"式动词重叠式强调某种动作眼看就要发生，但尚未发生的一种状态。其语法意义和语法功能与"要V要V"式差不多一样，后面通常也加"的"。如：

④你要走不走的(倒走不走的)，我懒得等你啦。

⑤你这种要说不说的(倒说不说的)样子烦死人。

⑥小娃崽要走路不走路的时候(倒走路不走路的时候)带起来最费力。

⑦你这种要唱不唱的(倒唱不唱的)样子最让大家恼火。

"要V不V"式前面可加"不要"进行否定。如：

⑧你不要要买不买的(倒买不买的)，买就快点掏钱，不买就快点走。

⑨要唱就唱，不唱就不唱，不要要唱不唱的(倒唱不唱的)，等得人烦完了。

"要V要V"和"要V不V"/"倒V不V"式都表示动作即将发生时的临界状态，但二者格式意义不同："要V要V"侧重于"要V"(马上、即将发生的动作)，"要V不V"/"倒V不V"式则侧重于"不V"(尚未、还没有发生的事)。

四、"V倒V倒"式

看倒看倒　躲倒躲倒　抢倒抢倒　想倒想倒

挖倒挖倒　做倒做倒　摆倒摆倒　吃倒吃倒

修倒修倒　跑倒跑倒　转倒转倒　唱倒唱倒

歪倒歪倒　吼倒吼倒　练倒练倒　挨倒挨倒

这类重叠式一般限于表示动作行为和部分心理活动的动态动词，强调动作本身的持续，同时也在这种动作持续的过程中即将有另外的动作出现。持续的动作自然也形成一种状态，后面可以带宾语。如：

①想倒想倒，他就来啦。(正想着他就来了。)

②做倒做倒，他就昏过去啦。(正做着他就昏过去了。)

③看倒看倒要过年啦。(眼看着要过年了。)

④走倒走倒就下雨啦，赶忙找地方躲。（正走着下起雨了，赶紧找地方躲雨。）

⑤昨晚她们两姐妹摆倒摆倒就睡着啦，哪子都靡晓得。（昨晚她两姐妹正聊着就睡着了，什么都不知道。）

一般陈述句中，"V倒V倒"式前面可加"靡（没有）"来对该动作进行否定。如：

⑥靡要吃倒吃倒的又有人来找喔。（不要正吃着又有人来找。）

⑦靡要看倒看倒就睡着了哦！（不要正看着就睡着了。）

"V倒V倒"的主要语法功能是作谓语，对动作本身进行强调（如上诸例）。也可以作定语，对中心语进行强调，同时也对中心语概括了一定的范围。如：

⑧靡得钱，修倒修倒的房子硬是停啦。（没钱，正修着的房子硬是停工了。）

⑨讲倒讲倒的时候，他背过身做跑啦。（正讲着，他转身就跑了。）

五、"V起V起"式

堆起堆起　捆起捆起　码起码起　摆起摆起

坐起坐起　挺起挺起　想起想起　念起念起

这类重叠词限于单音节表示动作行为或心理活动的动态动词，强调动作进行之中或完成之后由该动作形成的某种状态的持续。后面通常加"的"，可以作谓语、定语、补语。"V起"可以带宾语，但"V起V起"不能带宾语。如：

①有钱人的肚子都是挺起挺起的。（有钱人的肚子都是挺着的。）

②他这种想起想起的笑有点令人担心。（他这种正想着就笑的情况有点令人担心。）

③他的肚皮吃得挺起挺起的，饱透完了。（他的肚子吃得挺起来了。）

"V起V起"前一般不能加"靡"表示对动作及其状态的否定。加"靡"通常表示的是一种假设语气。如：

④我的肚皮要是靡挺起挺起的，你做哪子会晓得我有了呢？（我的肚子要是不挺得翘翘的，你怎么会知道我有了呢？）

⑤架子靡端起端起的，身份就显靡出来嘛。（架子若不端起，身份就显示不出来。）

六、"鬼V鬼V"/"鬼V实V"式

鬼吼鬼吼　鬼扯鬼扯　鬼哭鬼哭　鬼骂鬼骂

鬼想鬼想　鬼练鬼练　鬼爬鬼爬　鬼念鬼念

鬼吼实吼　鬼扯实扯　鬼哭实哭　鬼骂实骂

鬼想实想 鬼练实练 鬼爬实爬 鬼念实念

这类重叠式限于单音节表示动作行为的动态动词，强调动作进行之中或完成之后由该动作形成的某种状态的持续，表示对某种动作行为的厌恶或蔑视。"鬼 V 鬼 V"/"鬼 V 实 V"式可以互相通用，意义不受影响。后面通常加"的"，可作谓语、定语、补语。不能前加"靡"表示否定。如：

①这个人鬼扯鬼扯的（鬼扯实扯的），烦死了。（这个人总是东拉西扯的乱讲，很烦人。）

②再鬼吼鬼吼的（鬼吼实吼的），一发是老变妈做来啦。（再瞎吼，一会儿老巫婆就来啦。）

③你在那点鬼念鬼念（鬼念实念）哪子，一发是我拿东西抽你喔。（你在那里鬼念什么，一会儿我拿东西打你喔。）

④他那点鬼扯鬼扯（鬼扯实扯）的性子，让我们烦完啦。（他那种鬼扯的性格，令我们伤脑筋。）

⑤不要惹得他鬼骂鬼骂的（鬼骂实骂的）。（不要惹他骂。）

⑥你吓得他鬼哭鬼哭的。（你吓得他老哭。）

七、"干 V 干 V"/"干 V 瞎 V"/"瞎 V 瞎 V"式

干跳干跳 干哭干哭 干扯干扯 干犟干犟

干跳瞎跳 干哭瞎哭 干扯干扯 干犟瞎犟

瞎跳瞎跳 瞎哭瞎哭 瞎扯瞎扯 瞎犟瞎犟

这类重叠式限于单音节表示动作行为的动态动词，表示说话人对某种行为状况的讨厌或不屑。"干 V 干 V"/"干 V 瞎 V"/"瞎 V 瞎 V"式三种形式可以互相通用，意义不变。后面通常加"的"，可作谓语、定语、补语。不能前加"靡"表示否定。如：

①他干跳干跳（干跳瞎跳或瞎跳瞎跳）的，老师一点也不喜欢。（表示他调皮，老师不喜欢。）

②他只会在那里干犟干犟（干犟瞎犟或瞎犟瞎犟）的，一点事都做靡来。（表示他只会在那里死犟，一点事都做不了。）

③他干扯干扯（干扯瞎扯或瞎扯瞎扯）的性子，一点靡招老师喜欢。（他爱撒谎的性格不受老师喜欢。）

④不要惹得他干哭干哭的（干哭瞎哭或瞎哭瞎哭）。（不要惹他老哭。）

八、"想V想V"式

想吃想吃　想学想学　想走想走　想看想看　想要想要

这类重叠式限于单音节表示动作行为的动态动词，表示对某种状态发生的期望和期待。后面通常加"的"，可作谓语、定语、补语。不能前加"靡"表示否定。如：

①特别是看到他想学想学的，但是靡得钱，才造孽啊。（看到他很想学习，但没钱，造孽啊。）

②看到他想走想走的样子，问话只好提前结束啦。（看他很想走，问话只好提前结束啦。）

③看得他想吃想吃的，后来还是忍不住去买了一根冰棒。（看得他很想吃，后来还是忍不住买了一根冰棒。）

第三节　形容词重叠式结构

一、ABB式

词根后加叠音词缀的搭配是习惯性的，最能体现方言特色。独山方言ABB式搭配大多是与贵州方言共有的，部分是特有的。从其语义特征上来看：

1. 表颜色

红翻翻　红扯扯　红冬冬　黄□p^hia^{323}□p^hia^{323}

黄央央　黄晶晶　蓝阴阴　绿阴阴　绿悠悠

白卡卡　白生生　白蒙蒙　白麻麻　白花花　乌秋秋

黑秋秋　黑黢黢　黑麻麻　灰偏偏　青咯咯　青悠悠

2. 表性状

水渣渣　水垮垮　水叽叽　水漓漓

干丘丘　干撬撬　干精精　粑溜溜

粑兮兮　烂渣渣　烂□p^hia^{323}□p^hia^{323}　烂朽朽

烂兮兮　新噜噜　新崭崭　矮挫挫

矮跺跺　矮□p^hia^{323}□p^hia^{323}　高嘟嘟　高甩甩　长甩甩

尖梭梭　直渺渺　弯丘丘　湿渣渣

硬梆梆　细毛毛　旧□p^hia^{323}□p^hia^{323}　悬吊吊

圆罗罗　酸叽叽　甜咪咪　苦哇哇

辣呼呼　生咯咯　蔫巴巴

3. 表人态

傻噜噜　蛮格格　蛮杵杵　疯扯扯

神撮撮　昏撮撮　怪噜噜　冲兮兮

憨撮撮　贱兮兮　哭兮兮　笑兮兮

酷捞捞　蔫赳赳　抠兮兮　□lia⁴¹垮垮的

二、"倒A不A"/"倒A不B"式

倒大不大　倒香不香　倒圆不圆　倒长不长

倒红不红　倒甜不甜　倒多不多　倒忙不忙

倒大不细　倒香不臭　倒圆不方　倒长不短

倒红不黑　倒甜不辣　倒多不少

"倒A不A"大多都能用"倒A不B"的形式来代替，"B"一般都是"A"的反义词，如：倒大不小、倒香不臭、倒圆不方、倒长不短；有时"B"也可以是"A"的近义词，如：倒大不粗、倒冷不冰、倒憨不傻。

三、"A头A脑"式

傻头傻脑　笨头笨脑　呆头呆脑　缩头缩脑

伸头伸脑　怪头怪脑　木头木脑　神头神脑　偏头偏脑

"A头A脑"式一般带贬义，用于人物相貌、性情等的形容。

四、"A眉A眼"式

绿眉绿眼　渣眉渣眼　怪眉怪眼　瞎眉瞎眼

死眉死眼　傻眉傻眼　色眉色眼　黑眉黑眼

鼓眉鼓眼　细眉细眼　青眉青眼

"A眉A眼"式一般带贬义，用于人物长相、神情以及行为的形容。

有时"A眉A眼"也可说成"A眉B眼"。"B"一般是"A"的近义词，起进一步强调的作用。如"乌眉渣眼、烂眉渣眼、歪眉怪眼、呆眉傻眼、歪眉扯眼"等。

五、"A火"式

"火"作为词缀附在词根后边，组成形容词。如：

拐火：糟糕。

差火：很差。

鬼火：生气、气恼。也可说"鬼火撬"。

老火：事态或程度严重。

□lia⁴¹火：生气、发脾气。

死火：完蛋、没戏了。

哑火：无话可说或没声音了。

六、"A+象声词"

黑妈拉黢	青格郎当	灰不隆咚	黑巴拉叽	甜巴拉叽
软巴拉稀	硬不拉叽	面不拉叽	清格郎当	圆不溜秋
吊儿郎当	瘦壳唥精	肥不隆咚	蔫巴拉叽	笨巴拉叽

第四节 数词的特殊表达形式

一、"把"式

（1）一般放在"十、百、千、万"等数词后，表约数"几"。如"十把个、百把斤、千把架、万把块"等。例如：

百把斤的东西他轻轻一提就起来了。（百来斤的东西他一提就起来了。）

这个东西贵，差不多万把块。（这东西贵，差不多要一万多块。）

我要十把个，便宜点吧。（我要十几个，算便宜点吧。）

（2）有时放在量词后，表基数为一。如"回把、次把、斤把、盆把"。口语中常习惯在后面再加量词，如"回把回、次把次、斤把斤、盆把盆"等。例如：

这点他才来过回把。（这里他才来过一次。）

这点他才来过回把回。（这里他才来过一次。）

来个斤把。（来一斤。）

来斤把斤。（来一斤。）

二、"打"式

（1）嵌于数词中间，后加量词，表示程度加深。如"五打五斤、三打三捆、四打四成"。例如：

他拿走了五打五斤哪。（他拿走了五斤哪。）

还靡卖，他就拿走了四打四成。（还没卖，他就拿走了四成哪。）

（2）嵌于量词间，基数为一。表示程度加深。如"个打个、次打次、斤打斤、盆打盆"。例如：

他那点就只有个打个。（他那儿就只有一个。）

才赢了次打次，未必做骄傲了？（才赢一次，难道骄傲了？）

三、"形量"结构

形容词与物量词结合，一般表单数。如"大栋、大口、大个、大坨、高个、粗棵、小颗、细棵、细匹、薄片"等。例如：

他家能耐得很，砌了大栋房子。（他家很厉害，砌了一栋房子。）

这大坨人还怕他？（这么大一个人，还怕他？）

第十五章　句　法

第一节　特色否定词及句法

普通话中的否定副词有"不"、"别"、"未"、"勿"、"莫"、"没有"、"甭"、"不必"等，但独山方言否定副词主要用"靡[mi³²³]"，不论是在疑问句还是否定句中，"靡"是普遍适用的副词，形成特殊的语法现象。

一、靡[mi³²³]

"不"在普通话中表示没有，例如"不曾"、"不要"、"不管"、"不但"、"不必"、"不用"、"不好"等，用在动词或形容词前面，表示对过去的行为、动作或状态的否定。独山方言口语中通常以"靡"来代替普通话中的否定副词"不"。在表达否定这个意义上，独山方言不说"不"，而是说"靡"。例如：

靡曾（不曾）、靡要（不要）、靡管（不管）、靡测（不测）、

靡仁义（不仁义）、靡要紧（不要紧）、靡用谢（不用谢）、

对靡起（对不起）、靡好意思（不好意思）

"靡"的组合包括"靡+动词"或"靡+形容词"形式等。"靡+形容词"中的"靡"主要表达"不"的意思。例如：

①她长得靡漂亮。（她长得不漂亮。）

②他个子靡高。（他个头不高。）

③他才靡奢侈哩。（他才不奢侈呢。）

"靡"跟动词的组合能力很强，不仅能修饰大部分动词，还能修饰系动词、能愿动词。例如：

①他靡是这个班的学生。（他不是这个班的学生。）

②这家卖的面条靡好吃。（这家卖的面条不好吃。）

③她靡舍得离开她家妈。（她不舍得离开她的妈妈。）

④这点太热，我呆靡下去了。（这里太热，我呆不下去了。）

⑤出卖朋友的事情我做靡出来。（出卖朋友的事情我做不出来。）

⑥她靡想嫁给年龄比她小的男生。（她不想嫁给年龄比她小的男生。）

"靡"所构成的表否定的合成词主要有"靡要"、"靡给"、"靡用"、"靡得"。这四个词用法基本相同，意思略有差别。例如：

⑦把这间屋子的东西搬出去，靡要动这张桌子。

⑧把这间屋子的东西搬出去，靡给动这张桌子。

⑨把这间屋子的东西搬出去，靡用动这张桌子。

⑩把这间屋子的东西搬出去，靡得动这张桌子。

例⑦—⑩都是表示不要动桌子，不同的是后面"要"、"给"、"用"、"得"所表达的意义，所强调的侧重点不同。"靡要"表达"不需要"的意思，"靡给"强调制止发出这个动作，"靡用"表达"没必要"的意思，"靡得"带有禁止的意味。

需要说明的是，有些普通话书面语中常用到含"不"的词语，当中的"不"在独山方言中仍说"不"或改换成其他用词，如：不然（不然、不得）、不但（不但、非但）、不法（不法分子、不法行为）、不测（不测、不测风云）"等。

二、靡[mi³²³]有

独山方言的"靡有"和普通话的"没有、没"一样，兼属动词和副词。例如：

①他靡有这个本子。（他没有这个本子。/他没这个本子。）

②独山靡有高高的山。（独山没有高高的山。/独山没高高的山。）

③他家靡有电脑。（他家没有电脑。/他家没电脑。）

普通话中的动词"没有"可以换成"没"，但是独山方言中的动词"靡有"不能说成"靡"。例如：

①这间房子靡有十平方米。≠这间房子靡十平方米。

②这事靡有想象中的简单。≠这事靡想象中的简单。

例①—②的"靡有"如果说成"靡"，句子或者不通，或者是前后意思不同。

三、"靡曾"、"靡成"

独山方言否定词"靡曾"的意思和用法与否定副词"不曾"基本相同，一般用于已经发生过的事实句中。"靡成"则表示"未完成，未做好"的意思。例如：

①我靡曾骂过这个小崽。（我不曾骂过这个小孩。）

②他昨天靡曾来上班。（他昨天不曾来上班。）

③上周的演讲比赛他靡曾赢得名次。（上周演讲比赛他不曾赢得名次。）

④这件事靡曾发生。(这件事不曾发生。)

⑤我还靡曾去过。(我还不曾去过。)

⑥他靡曾上过学。(他不曾上过学。)

⑦饭还靡成。(饭还没有做好。)

⑧他书都还读靡成。(他书都没有读好。)

⑨衣服还洗靡成。(衣服还没有洗好。)

⑩菜还靡买成。(菜还没有买好。)

四、"靡要"

独山方言中的"靡要"相当于普通话中的"不要"，表示禁止和劝阻，语气较强烈，带有祈使意味。例如：

①你靡要惹我。(你不要惹我。)

②你靡要烦我。(你不要烦我。)

③你靡要乱动我的东西。(你不要乱动我的东西。)

④你靡要总噘我。(你不要总是骂我。)

⑤你靡要总打人。(你不要总是打人。)

"靡要"的用法是放在动词或形容词性的词语之前，形成"靡要+动"结构，直接否定主语的动作或者状态。"靡要+动"结构可以直接把主语省去，使表达的语气更为强烈，态度更强硬。

五、"……靡"

独山方言中的"……靡"结构，表示疑问，相当于普通话中的疑问助词"吗"、"没有"。例如：

①你喫过东西靡？(你吃过东西了吗？/你吃过东西没有？)

②他来靡？(他来了吗？/他来过没有？)

③好过点靡？(好过点了吗？/好过点没有？)

④小何在家靡？(小何在家吗？/小何在家没有？)

⑤奶还看得见靡？(奶奶还看得见吗？/奶奶还看得见没有？)

"……靡"结构，一般用于句末，表示询问是否发生某事。相当于普通话中的疑问助词"吗"、"没有"。一般可以用"还靡"、"靡有"或者直接陈述事实来进行回答。

六、"是靡是"

独山方言中的"是靡是"，相当于普通话中的是非问"是不是"，一般回答"是的"或"靡是"。例如：

① ——他是靡是喫过了？——是的。（——他是不是吃过了？——是的。）

② ——他是靡是来了？——靡是。（——他是不是来了？——不是。）

③ ——路是靡是好走点了？——是的。（——路是不是好走些了？——是的。）

七、"靡"和"不"

独山方言的"靡"有时也相当于普通话的"不"，但是两者在用法上仍有差别。例如，独山方言的"没"不能单说，普通话的"不"却可以单说独用。

① ——你在看小说？——靡是，我在看英语。（——你在看小说吗？——不，我在看英语。）

② ——再坐一会斗？——靡坐了，我还要赶火车。（——再坐一会吧？——不了，我还要赶火车。）

③ ——我写完了你再看吧？——靡行，我这刚做要看。（——我写完了你再看吧？——不，我现在就要看）

一般来说，独山方言的"靡"不能单说，只有在说话语速很快或者表示态度坚决的情况下，可以单说。如，例③的答句可说成："靡！我这刚做要看！"这时的"靡"含有态度坚决的意思。

独山方言中的否定副词"靡"的使用频率很高，普通话的"不、没有"大多都能用"靡"代替。"靡"是独山方言中最有特色的否定副词，它在表达否定意义的时候几乎是万能的，任何动词和形容词都可以和它搭配。在语言交际中，"靡"占据了主要的优势。

第二节　特色程度副词及句法

在独山方言中，程度副词"很"的适用性远比普通话宽泛，既可直接修饰动词，组成"很V"形式的短语，又可作补语放在动词、形容词后组成"V很"短语。

一、很V

"很"作状语，用在多数常用动词前。这是苗语的表达形式在方言中的直接反映，一般表示程度加深，表"特别能、非常好"等。例如：

①很吃（特别能吃）

②很打（特别能打）

③很睡（特别能睡）

④很玩（特别能玩）

⑤很做（特别能做）

⑥很学习（学习非常好）

⑦很读书（读书非常好）

二、V很

"V很"一般放在动词、形容词后作补语，强调行为的程度，表"特别、非常"等义。如：

①高很（特别高，非常高）

②矮很（特别矮，非常矮）

③凶很（特别凶，非常凶）

④吵很（特别吵，非常吵）

⑤闹很（特别闹，非常闹）

⑥踹很（特别能干，非常能干）

三、很V很

"很V很"一般放在动词前后，强调行为的程度，表"特别能"等义。例如：

①很吃很（特别能吃）

②很打很（特别能打）

③很逛很（特别能逛）

④很买很（特别能买）

"很V很"的形式还可演变为"肯V很"、"爱V很"等说法，一般口语中用得很多。例如：

①肯吃很/爱吃很（特别能吃/特别爱吃）

②很打很/爱打很（特别能打/特别爱打）

③很逛很/爱逛很（特别能逛/特别爱逛）

④很买很/爱买很（特别能买/特别爱买）

第三节 特色介词及句法

一、介词"粘nia³³"

（1）"粘"单独用时作连词，有"挨、靠、跟、和"等义。例如：

①医院粘电影院在一条街。（医院跟电影院在一条街。）

②他家粘倒河边住。（他家挨着河边住。）

③你粘我去。（你和我去或你跟我去。）

（2）V+"粘nia³³"

"粘"多用在动词后，一般指"跟、给"。如：

①送粘奶去。（送他跟奶奶去。）

②娃娃做丢粘我。（娃娃就丢给我。）

③快粘他去。（快跟他去。）

二、介词"遭tsau⁴¹"

（1）"遭"+动词，表示"挨、被、给、让"等意思。例如：

①我遭噘了。（我挨骂了，我挨批评了。）

②我遭打了。（我被打了。）

③他遭卖了。（他被出卖了。）

④树叶遭吹跑了。（树叶被吹跑了。）

⑤衣裳遭打湿了。（衣服给打湿了。）

⑥沙丘遭风吹了十公里。（沙丘让风吹了十公里。）

（2）"遭"+代词+动词，表示"让（叫）……给……"等意思。例如：

①我遭他打了。（我被他给打了。）

②他遭别个撵走了。（他让别人给撵走了。）

③杯子遭我打碎了。（杯子叫我给打碎了。）

④他遭同学欺负。（他被同学给欺负了。）

（3）有时"遭"也可以单独使用，单独使用时为动词，表示遭遇到不好的事情。例如：

①我遭了。（我遭遇到不好的事情。）

②他遭了。(他遭遇到不好的事情。)

③王局遭了。(王局被抓了。)

④他家亲戚遭了。(他家亲戚遭抓了。)

第四节　特色动宾结构

受少数民族语言的影响，一些表主观感受的形容词后带宾语，组成"形(动)+名"动宾结构。例如：

第一类：昏老壳、痛手、胀肚皮、酸脚、杷气、饿肚皮；

第二类：饿饭、饿书、饿看电影、饿打篮球、饿逛街；

第三类：昏脑壳很、饿饭很、饿看电影很、害羞很。

第一类句中直接表达人体的主观感受，意为"头昏、手痛、肚子胀、脚酸、气软、肚子饿"等。例如：

你昏老壳啦，天天做错事情。(你脑子糊涂了？天天做错事。)

他吃得胀肚皮完。(他吃得肚子都胀了。)

天天做会痛手痛脚的。(天天做就会手痛脚痛。)

饿得他□pʰa³³气完。(饿得他脚都软了。)

第二类句式中用"饿"带宾语，有很强的造句功能，词义虚化为表"渴求、渴望"等意义。例如：

你饿饭啦？(你是不是饿了？)

他一天饿看电影得很。(他一天到晚都渴望看电影。)

他饿打篮球完了。(他非常渴望打篮球。)

他饿逛街得很。(他渴望逛街。)

第三类"形(动)名"动宾结构后加上"……很"作补语，表"……得很"，是方言中特别通俗、特别上口的口语表达形式。例如：

他昏脑壳很。(他糊涂得很。)

这个狗饿饭很。(这条狗饿得很。)

他呀，饿看电影很。(他渴望看电影得很。)

他害羞很。(他害羞得很。)

第五节 其他句法

一、"V起"结构

（1）作状语，有时也叫"V倒起"，表示正在进行的状态。有"发号决定、指令"等意义。例如：

①门开倒起，不要关。（门开着，不要关。）

②炉子烧起，不要熄。（炉子烧着，不要熄火。）

（2）"V起"后加"的"，作状语，表示存在的状态。有一直延续的意思。例如：

①水开起的。（水一直都开着。）

②炉子燃起的。（炉火一直燃着。）

③门开起的。（门一直开着。）

④雨下起的。（雨一直下着。）

（3）"V起"的否定形式一般是前加否定词"靡"，同时"起"丢失，表动作的否定状态。例如：

①门还靡开。（门还没开。）

②字还靡写。（字还没写。）

③菜还靡炒。（菜还没炒。）

在口语中，"V起"后还经常加"的时候"，表时间的特指。

④门开起的时候。（门开着的时候。）

⑤门还靡开的时候。（门还没开的时候。）

⑥字写起的时候。（字写着的时候。）

⑦字还靡写的时候。（字还没写的时候。）

二、"V得起来"结构

表示有可能，其否定形式是"V靡起来"。

①水开得起来。（水有可能开得起来。）

②水开靡起来。（水有可能开不起来。）

③炉子燃得起来。（炉子有可能燃得起来。）

④炉子燃靡起来。（炉子有可能燃不起来。）

⑤雨下得起来。（雨有可能下得起来。）

⑥雨下靡起来。（雨有可能下不起来。）

三、"V来去（去来）"结构

（1）"来去、去来"一般表示往返意义。"来去"一般表示"来了之后又回去"；"去来"一般表示"去了之后又回来"。

①他刚刚来去一趟。（他刚走了一趟。）

②我昨天去来。（我昨天去过。）

（2）也可表一般祈使。

①来去我家坐回。（到我家坐坐吧。）

②来去医院看回他吧。（到医院看看他吧。）

（3）还可表示交代的用法。

①昨天我们爬山去来。（昨天我们爬山去了。）

②我也想煮饭来去。（我也想煮饭再去。）

（4）"来去、去来"中间还可插入地点名词。

①他上星期去贵阳来。（他上星期去了贵阳。）

②他早上还来学校去。（他早上还来学校。）

四、"得"字结构

（1）"V+得"，表示程度加深。例如"吃得、睡得、做得、玩得、跑得、跳得"等，表示"非常能吃、非常能睡、非常能做、非常能玩、非常能爬、非常能跑、非常能跳"等。

（2）"V+得很"，表程度非常厉害。例如：

①他吃得得很。（他能吃得不得了。）

②他野蛮得很。（他野蛮得不得了。）

③她漂亮得很。（她漂亮得不得了。）

（3）"V+得了"，表判断，"能、能够"的意思。例如：

①喫得了。（能吃得到。）

②做得了。（能做得到。）

③去得了。（能去得到。）

（4）"得+V"，与普通话"得"后带动词表"应该"的意思不同，独山方言的"得+V"结构表示"得到、获得、可以"等。

①我得玩。(我得到了玩。)

②他得过瘾。(他得到了过瘾。)

③他得喫。(他得到了吃。)

④我得坐车。(我得了坐车。)

五、"V+倒"结构

(1)表结果。肯定式后一般加"了",否定式为"靡V倒"。

①他买倒了。(他买到了。)

②他靡买倒。(他没有买到。)

③吓倒他了。(吓到他了。)

④靡吓倒他。(没吓到他。)

(2)可能式。肯定式一般用"V得倒、V得到",表否定一般用"V靡到、V靡倒"。

①他走靡倒。(他不能走,走不开。)

②他走靡到。(他走不到目的地。)

③他走得倒。(他可以走,能够离开。)

④走得到。(他可以走到目的地。)

六、得得倒+V/得倒+V

(1)"得得倒+V",表可能,有没有得到的意思。

①得得倒坐?(有没有得到坐。)

②得得倒喫?(有没有得到吃?)

③得得倒玩?(有没有得到玩?)

④得得倒跳?(有没有得到跳?)

(2)"得倒+V"后一般加"了",表结果,"得到"的意思。

①得倒坐还靡?(得到坐没有?)

②得倒坐了。(得到坐了。)

③得倒吃还靡?(得到吃没有?)

④得倒吃了。(得到吃了。)

七、"盖+VP"结构

(1)"盖"用在动词或形容词前,作修饰语,表强调,有"太、硬是、真的、特别"等意思。例如:

①盖好玩喽!(真的好玩!)

②他跑得盖快了。(他跑得实在是快。)

2. "盖"还有一种用在反话里的用法,表置疑。例如:

①他盖听话了,说一句顶三句。(他真听话吗?说一句顶三句。)

②他盖肯读书了,都读到牛屁股上去了。(他真肯读书吗?都读到牛屁股上去了。)

八、"本+V"结构

"本"用在动词或形容词前,作修饰语,表肯定,并带有特别强调的感情色彩。意思大概为"真的很"。例如:

①本想来的,结果有事耽搁了。(本来是想来的,结果有事耽误了。)

②这个崽本跑得凶,但是今天成病了。(这孩子本来跑步很厉害的,但是今天不巧生病了。)

文化篇

第十六章 独山方言的文化

方言是地方文化的载体，包含了地域文化内涵，充满了"地气"。以下举例介绍独山方言中的文化内涵，主要包括独山方言中的山地文化、过年文化、婚俗文化、殇葬文化、地方戏曲文化等。

第一节 独山方言的山地文化

从词语看，地理上，独山方言体现出来的是"山地"文化。独山话中与"山、坡、寨子、坝子"等有关的词语很多，这正好符合独山话在地理分布上的特征——分布在山区。例如：山、半山腰、山脚、山沟、山顶、山峰、山寨、山中、山上、深山、山区等，更多的是与普通话说法有差异的词语。

图16-1 独山山地情景（一）

例如：

（一）代表山区山岭的词语

太阳坝——阳光照着的平地　　　　　　田坝——劳田

月亮坝——月光照着的平地　　　　　　平坝——平地

坝子、坝坝——平地　　　　　　　　　坡顶——山巅

坡头——山坡顶　　　　　　　　后园——菜园

这头坡——这座山　　　　　　　后园——厕所

半坡——半山腰　　　　　　　　场坝——赶集的地方

坡脚——山脚　　　　　　　　　马路——公路

山沟沟头——山涧　　　　　　　毛毛路——山间羊肠小道

河埂——河岸边　　　　　　　　山旮旯——山里

斜边、折边——旁边　　　　　　山坑——山沟

阳沟——水沟　　　　　　　　　山坳——山腰低洼的地方

阴沟——水沟　　　　　　　　　塘头——山间的池塘

乡下——农村　　　　　　　　　山田——山上的田

寨子——农村村寨　　　　　　　山岩——山崖

（二）代表山区劳作场景及工具相关词语

天井——空地　　　　　　　　　簸簸——簸箕

马笼头——辔头　　　　　　　　提篮——竹篮

马嘴笼——马嘴套　　　　　　　么箩——钓鱼箩

车杆——车辕　　　　　　　　　米蹦箩——米箩

滚子——车轮　　　　　　　　　五斗箩——能装五斗的箩

包谷秆——玉米秆　　　　　　　扫把——扫帚

麦桩——麦根　　　　　　　　　鸡毛帚——鸡毛掸子

谷桩——谷根　　　　　　　　　要柴——砍柴

水碾、碾子——水磨　　　　　　摺杨□[mie³³]——摘杨梅

龙骨车——木水车　　　　　　　撮箕——畚箕

囤箩、草箩——大箩筐

图16-2　独山山地情景（二）

(三)代表山区农作物及动物相关词语

谷子——稻谷

粘米——籼稻碾出来的米，黏性小

糯谷——糯稻

糯米——糯米

紫米——黑糯米

包谷——玉米

灰面——面粉

洋芋——土豆、马铃薯

四季豆——菜豆、扁豆

豌豆尖——豌豆苗

山药——山菜、傻瓜

杨桃、马屎坨——猕猴桃

高笋——茭瓜

金瓜——小南瓜

毛秀才、毛才、毛辣果——西红柿、番茄

辣子——辣椒

新辣子——青椒

卷心白——包菜

红萝卜——胡萝卜

蚕孃叶——桑叶

蚕孃泡——桑椹

洋槐树——槐树

稀饭花——芙蓉花

扛妈菜、扛妈叶——车前草

香菌——香菇

紫菌——松菌

黄蜡菌——黄色菌

奶浆菌——食用菌

刺篷——荆棘丛

毛栗——小栗子

椿菜——香椿

蔫败——枯萎、无精打采

罢脚——清仓

豺狗——狼

骚子马、骚子——公马

骡马、草马——母马

水牯牛、水牯——公牛

儿马——小马

牙狗——公狗

草狗——母狗

牙猪——公猪

草猪——母猪

山猪——野猪

猪崽——小猪

狗崽——小狗

山鸡——野鸡

骟鸡——阉公鸡

劁猪——阉公猪

赖抱鸡——未下蛋的母鸡

抱鸡崽——孵小鸡

子鸡——未生过蛋的小母鸡

母老虎——雌性老虎、恶妇

草鞋虫——多脚虫

蜈公虫——蜈蚣

耗子——老鼠

土狗崽——蝼蛄

老哇——乌鸦

米麻雀——麻雀、鸟

把八——八哥

蚕孃——蚕子、桑蚕

折蛛——蜘蛛

曲蟮——蚯蚓

毛聪——毛虫

檐老鼠——蝙蝠

虼蚤——跳蚤

叫鸡——蟋蟀

偷油婆——蟑螂

蚊子——家蚊、苍蝇

高脚蚊——家蚊、库蚊

饭蚊——家蝇

金蚊——绿头苍蝇

蠓子——蚋

亮火虫——萤火虫

打屁虫——椿象、屁客

剪刀虫——瓢虫

猪尿泡——猪膀胱

鱼泡——鱼鳔

螃海——螃蟹

团鱼、脚鱼——甲鱼

水鱼——娃娃鱼

蚂蚱——蝗虫

黄鳝——鳝鱼

狗扯尾——狗交配

踩雄——鸡交配

拱屎虫——蜣螂

第二节　独山方言的饮食文化

独山县的饮食大多以稻米为主，以玉米、小麦、小米、红薯等杂粮副食为辅。从独山方言中我们可以考察出其包含的酸食文化、糯食文化、米酒文化。

一、酸食文化

俗话说："三天不食酸，走路打捞穿。"独山的酸食是当地人民在长期与自然界和谐生存的过程中，逐步形成和发展起来的积聚地方民族个性的特色菜肴和独特饮食文化，根植于当地民族数百年的生产和生活实践，并成为独山人生活不可或缺的组成部分。故民谚有"三天不食酸，走路打捞穿"之传。

盐酸："好喝不过茅台酒，好吃不过独山酸"，素有贵州"北茅台、南盐酸"之称的独山盐酸菜，是贵州独山县民间的一道经典佳肴。独山盐酸菜是贵州酸食的上品，以独山特产的青菜为主料，完全靠生物自然发酵而成，绿色、营养、味美。盐酸在独山已有400多年历史，在明朝时期，民间已有自腌自食的记载。明崇祯十一年（1638），徐霞客到独山，黄南溪以坛酸（盐酸菜）招待他，徐霞客品尝后，发现美味可口，赞誉不绝，临去时带走了一坛。民国十三年（1924）正月，鲁迅在北京姚华处用盐酸招待印度文豪泰戈尔，鲁迅和泰戈尔品尝后赞不绝口，称赞独山盐酸为"中国最佳素菜"。盐酸菜以青菜为主要原料，加以糯米甜酒、辣椒、大蒜、冰糖、食盐，采用布依族传统工艺精制而成，色鲜味美，脆嫩可口，具有酸、甜、咸、辣风味。盐酸菜可素食、荤食或作配料。素食即直接食用；荤食可作蒸扣肉、炒肉末、焖黄鳝、煎鲜鱼。盐酸菜含多种维生素，有开胃、帮助消化、增进食欲的功效。独山人把盐酸菜当作家常菜，更当作美味佳肴，特别是在招待客人的时候，那一道"酸"菜是不能少的。在农村，有"天天有酸吃，神仙也不换"的说法，盐酸菜俨然成了人们美好生活的象征。

图16-3　独山盐酸菜

虾酸：虾酸是独山的特色调味品，刚上桌时感觉奇臭无比，但细闻却感觉越来越香，而且吃起来更是酸香可口。虾酸是用小河虾、野生小番茄、辣椒、鲜姜、大蒜、糯米酒、精盐等，采用布依族的工艺制作而成。虾酸可用于炒、烧、爆等菜肴及火锅，食之可帮助消化，增加食欲，用其烹制的菜肴有虾酸牛肉、虾酸鸡、虾酸排骨火锅等。

图16-4　独山虾酸

臭酸：臭酸也是独山县的特色菜肴。臭酸菜微酸奇香，十分开胃。臭酸的做法是先制"酵母"，即将荤腥鱼肉煮熟后冷却，然后盛入坛内密封数月后制成。煮臭酸菜时，舀一小碗臭酸"酵母"，配一小锅荤菜同煮便成。臭酸煮肥肠是特色菜，吃后让人终生难忘。

图16-5　独山臭酸

酸汤鱼：独山酸汤鱼相传已有100多年历史，百年来长盛不衰，受到老百姓的喜爱。酸汤鱼的汤主要原料是糟辣椒和盐水泡制的番茄，最后再加入酸菜做辅料，切好的鱼块在锅中翻滚几下，放入调料碟里，吃时只觉酸中带辣，辣中有香，鱼肉鲜美，令人胃口顿开。

二、糯食文化

独山县的少数民族多数为农耕民族，尤其偏好糯米食品，有"无糯不过节，无糯不成礼"之说，并常将其当成改善生活或调剂口味的主食。对糯食的嗜好，也形成了糯食文化这一特质。主要表现在以下几个方面：

一是糯食品种繁多。

方言中的"糍粑、香藤粑、汤粑、甜酒粑、糕粑、牛打滚、清明粑、糯米饭、米花、米煸、三角粽、灰粽、枕头粽、背崽粽"等词体现了糯食食品丰富多彩。

二是糯米食品广泛用于民俗活动。

在节日、婚嫁、丧葬、祭祀、造房、走亲访友、请客送礼等都需要糯米饭、糍粑。还把糯米饭晒干后，炒成米花，用以泡甜酒待客。黑糯米味香、质优、营养价值高，是馈赠亲友的上乘佳品。

在节日中，大年与正月十五吃糍粑、粽粑、汤圆，三月三吃"三色糯米饭"，四月八吃"四色糯米饭"，五月端午吃粽子，六月六吃粽子、"五色糯米饭"等。

三是糯米食品加工方法奇特。

三色、**四色**、**五色糯米饭**：是用嫩枫香叶、黄花、紫草叶等煮水染成。

图16-6 独山五彩、七彩糯饭

糯米粑：糯米粑的做法是先把舂好簸净的糯米泡上一两天，然后滤干，放在大木甑里蒸，在蒸的过程中，要洒二至三次水，这样打出来的糍粑才软和。糯米蒸成饭以后，立即倒进粑槽里，由大力的青年后生用粑粑棒趁热时舂，然后取出整成型而得。

粽粑：独山县对传统的粽子寄予厚爱，并不断翻陈出新。如"枕头粽、三角粽、背崽粽"等便以其形状而得名，"灰粽、咸水粽、肉粽、板栗粽"等则以其做法而得名。一般"肉粽、板栗粽"等用糯米、饭豆、板栗等一起搅拌，用粽粑叶来包裹而成。"灰粽"则是将糯米草烧成灰，用捣烂的大蒜、盐水、樟木子水拌匀，包好煮熟做成。

图16-7 独山灰粽

粉蒸肉：用糯米末拌着作料与五花肉一起蒸制而成。肉肥而不腻，韧而不渣，香辣甘美，是一道美味的家常菜。莫友芝在一首《粉蒸肉》的诗里写道："闻道三闾祭脯空，故教蒸糁误鱼龙。"13岁的莫友芝和父亲离开独山去遵义后，非常想念家乡，于是作这首诗来称赞家乡的粉蒸肉。

三、米酒文化

贵州人特别喜欢喝酒，并已有相当长的历史。"从正月到腊月，月月有节，有节必有酒。节日给酒玉液增香，酒为节日锦上添花"，这一现象，遍布于整个贵州。独山县人民也如此，端午节、中秋节、重阳节、娶亲婚嫁、红白喜事都要喝酒。

图16-8　独山米酒

每逢结婚、喜庆节日或远方来客，喜酒好客的独山人民必以家中自酿的米酒盛情款待，直到客人昏昏欲醉方为尽兴。这种家用酒名曰"便当酒"，度数不高，但十分醇和，回味悠长，不刺喉，不打头，用大米、苞谷、高粱、小麦酿制而成。酒味清香可口，营养丰富。

第三节　独山方言的过年文化

过年即过春节。春节是独山县人民一年到头最重要的节日，非常隆重，也非常讲究，一般从腊月二十三开始到正月十五元宵节止。本节考察独山方言中相关的词语及其所蕴含的过年文化。

一、过年期间的仪式

过年期间的仪式可以从相关的一些词语看出。这些词语包括"送灶神、扫房圈、洗邋遢、贴对子、贴门神、贴年画、挂灯、祭祖宗、喫团圆饭、接财神、赶表、拜年、压岁钱、亮灯、上灯"等，以下是详细说明。

送灶神：腊月二十三，人们会用糯米制成的麦芽糖等果品在家里"送灶神"，请它向玉皇大帝禀报时，多为人们说些好话，多多赐福于人间。

扫房圈、**洗邋遢**：指过春节前的腊月二十三，家家户户进行大扫除，打扫房屋，除去灰尘，清洗桌、椅、板、凳、窗户，洗晒被褥、蚊帐，洗净各个角落，干干净净过大年。

贴对子：即贴对联。这一习俗由来已久，古时对联叫"桃符"、"门帖"。据说五代时，后蜀主孟昶亲自在桃符上题写"新年纳余庆，嘉节号长春"。人们认为这是最早的春联。现在，独山人民过春节会请"先生"（有文化之人）写对子，不仅大门上贴，连侧门、窗户都要贴上"六畜兴旺、出入平安、富贵安康"等对子，以示人们对幸福美好生活的向往和追求。

贴门神：在民间，门神是正气和武力的象征，据说，大门上贴上两位门神，一切妖魔鬼怪都会望而生畏。所以门神上的人永远都怒目圆睁，手里拿着各种传统的武器，随时准备同敢于上门来的鬼魅战斗。一般门神的人物有钟馗、神荼、郁垒、秦叔宝、尉迟恭等。

贴年画：指过年期间，人们张贴表现欢乐吉庆气象的图画。

挂灯：指春节前，人们会买灯笼、彩灯等挂在家门口，整个过年期间都亮灯，以兆一年光裕。

图16-9　过年喜庆场景

祭祖宗：指节日期间先请祖宗享用备好的酒菜。一般由家中的长辈来主持，同时要备好三个杯子、三个碗、三双筷子。同时在杯子里添酒、在碗里添饭菜，意为供祖先用膳。

喫团圆饭：指大年三十晚上，家家户户全体成员齐聚在一起吃丰盛的年夜饭。年夜饭要多预备一些，使之有余，取"年年有余"、"丰衣足食"之意。同时年夜饭中要备有一些菜色，如要有青菜、白菜，表示"一清二白"；要有山菜，表示"健健康康"；要有鱼有猪腰，表示"有余有剩"；要有肉圆子，表示"团团圆圆"等。

压岁钱：吃过"团圆饭"后，大年初一要给压岁钱。古时压岁钱有两种：一是"以彩绳穿钱，编作龙形，置于床脚，谓之压岁钱"；二是"尊长赐小儿者，亦谓之压岁钱"。(《节日文化》)今天所说的压岁钱便是后者，如今每逢过年，大人就要给小孩子发压岁钱。

接财神：指在财神下凡的时间即大年三十晚上十二点整，家家户户把所有的门打开，放鞭炮，从外头捡些柴，意为迎接财神的到来。

拜年：指人们相互走访，恭贺春节，以示辞旧迎新。现在拜年的方式变得多种多样，既有用贺年卡、电话、网络来拜年，又有互相登门道贺，还有聚在一起互相祝贺(即"团拜")。

回娘家：出嫁的女儿回娘家，通常是在年初二。一般带着孝敬父母的物品，回娘家与父母兄弟姐妹相聚，共叙天伦。

送穷鬼：指大年初三这天送走穷鬼。指大年初一和初二，无论地上有多少果皮果渣、鞭炮纸屑，都不能打扫。直到年初三早晨，才把屋里屋外打扫干净，这叫"送穷鬼"。"送穷鬼"的风俗早在唐朝韩鄂的《岁华纪丽》一书中就有记载："孟春晦日，甫聚行乐，送穷。"

祭祖宗：指过年期间家家户户都要进行的一种对祖先的祭拜活动。春节时，要将祖先牌位放在堂屋供奉，或在村子的祠堂祭拜祖宗牌位，或上祖坟祭祀。人们之所以不会忘记在岁首缅怀、拜祭自己的祖先，是因为他们认为祖先的灵魂能够保佑后代子孙繁荣昌盛、家族兴旺发达。

祭祀桌：指祭祀中的正方桌，也称"八仙桌"。桌面有木板的接缝，拜神的时候桌面的接缝线不能朝向神位，以示尊敬。

烧香纸蜡烛：一般将香、蜡烛点燃后即插入香炉里，同时准备一个火盆，用来烧纸钱。人们通过点蜡烛、烧香的方式给列祖列宗报信，请他们到堂屋用膳、拿钱。

燃放鞭炮：在点烛烧香烧纸后，庆贺列祖列宗的到来。

请祖公：祭祖时，主持人要念请列祖列宗到其座位就座、喝酒，领受金银纸钱，期望列祖列宗消灾降福，保佑后代。

行祭拜礼：全家老少依长幼次序排列磕头行祭拜礼。

亮灯：过年期间，人们会张灯结彩，将彩灯挂在大门口，烘托出一派红红火火的节日气氛。

拜年：过了大年初一，人们开始走亲访友，串门拜年，小孩子们须每家都拜到，既表达了他们对长辈的尊敬，又可以得到老人们赏给的压岁钱。

赶表：布依族人民是能歌善舞的民族，每逢年节，青年男女三三两两相约去"赶表"，用歌声来表达内心的爱慕，或聚在一起，伴着唢呐、姐妹萧、铜鼓等乐器跳"打花包"、"铜鼓刚把"等欢快的舞蹈。

上灯：过年期间，到坡上祭祀祖先。

以上描述的"仪式"类词语展现了独山县人民过年期间的仪式。其中有几点特别明显：①过年期间的仪式丰富，很多仪式保留了传统的风俗文化，例如"贴春联"。清代《燕京岁时记》已对春联作了注释："春联者，即'桃符'也。""敬三牲"中的"三牲"，古代指用于祭祀的牛、羊、猪。《礼记-祭统》："三牲之俎。"曹植《灵芝篇》："刻木当严亲，朝夕致三牲。""拜年"，陆容《菽园杂记》卷五载："京师元日后，上自朝官，下至庶人，往来交错道路者连日，谓之'拜年'。"这些仪式都是古代就有的。随着时代的发展，有些仪式也在不断地演变，如"三牲"从牛、羊、猪演变为鸡、鱼、猪等，这些都是为了更接近老百娃的生活现状。②崇拜祖先、追怀祖先的情感非常强烈，从"祭祖宗"、"请祖公"等词语可以看出。独山人民对祖先有着深刻的怀念之情，逢年过节都不忘祭祀祖先。③带有浓郁的少数民族特色。例如"赶表"、"上九"等属于布依族的礼节，也用到了汉族区域中。

二、过年期间的祝福

过年期间的祝福可以从相关的"祝福"类词语中看出。这些词语有：添福寿、金榜题名、学习进步、过年大一岁、财源广进、一本万利、发达昌盛、步步高升、六畜兴旺、五谷丰登、一帆风顺、满面春风、恭喜发财、门迎百福、家业兴旺、得心应手、春节快乐、家庭幸福、合家团圆、万事如意、老幼平安、心想事成等。

对老人的祝福语有"添福寿"、"寿比南山"、"健健康康"、"活百岁"、"多添子孙"等，都是祝愿老人能够健康长寿，有福气，多添子孙的祝福语。

对小孩的祝福语有"金榜题名"、"学习进步"，"健健康康"等，希望小孩能够学习好、茁壮成长。

对生意人的祝福语有"财源广进"、"一本万利"、"发达昌盛"。

对当官的祝福语有"步步高升"、"前程似锦"。

对农民的祝福语有"六畜兴旺"、"五谷丰登"。

对家庭和个人的祝福语有"春节快乐"、"家庭幸福"、"合家团圆"、"万事如意"、"老幼平安"、"心想事成"等。

从以上词语中我们可以看出，过年期间是祝福语说得最多的时候，这其中表达了人们之间的各种感情和关系：①面对不同的对象说不同的祝福语，例如祝福老人的"添福寿"、"有福气"，祝福小孩的"金榜题名"、"学习进步"等，这些祝福语都有特定的对象群体。②方言中的节日祝福语与普通话的节日祝福语大致相同，例如"春节快乐"、"家庭幸福"、"万事如意"、"学习进步"等，说明独山话正向普通话靠拢。不管是什么样的祝福语，都体现了过年期间人们的真情实感和衷心的祝愿。

三、过年期间的娱乐活动

过年期间的娱乐活动可以从"娱乐"的一些词看出来。例如：敲锣打鼓、放炮竹、放烟花、耍龙、舞狮、跳花灯、吹芦笙、吹唢呐、斗牛等。

敲锣打鼓：泛指敲击各种打击乐器，以增加节日气氛。所以过年期间通常鼓乐喧天。

放炮竹：即燃放鞭炮。民间使用比较多的是成串的小炮竹。《通俗编俳优》说："古时爆竹，皆以真竹着火爆之，故唐人诗亦称爆竿。后人卷纸为之，称曰爆竹。"燃放爆竹原是为惊吓和驱逐恶鬼，现在多为增添喜庆之意。

放烟花：即燃放烟花。烟花是燃放时能发出各种颜色的火花而供人观赏的东西，用纸裹成，种类不一。

耍龙：也叫"舞龙"，是流行于民间舞蹈形式之一。舞龙的龙一般用竹、木、纸、布等缝扎而成，节数不等，但必须是单数。

耍狮子：也叫"舞狮"，流行于民间舞蹈形式之一。每逢春节、元宵或其他喜庆吉日，人们都会跳起狮子舞到每家去拜贺，认为这样能驱魔避邪，保人畜四季平安。狮子因而成了吉祥的化身。

跳花灯：独山花灯由民间灯戏发展起来。源于"社"的祭礼活动，从功能上分：一为崇尚天地与自然，二是娱人精神情感；从形式上分：一为地灯，二为台灯。独山花灯多为民间题材，富有浓郁的地方生活气息，有其独特的灯戏结合的表演形式，表演时服装加以修饰，手里使用帕子和扇子，表演者一手舞扇、一手扬帕（所谓手不离扇帕），载歌载舞，形成淳朴、健康、亲切、爽朗的地方艺术风格。

吹芦笙、唢呐、木叶：芦笙、唢呐是独山县常见的少数民族乐器，在大型节日期间，人们会用吹奏芦笙、唢呐、木叶的方式娱乐、表达思想感情，形成独特的风格。

斗牛：斗牛是苗族常见的一种仪式。苗族人民在长期的农耕生活中，与牛结下了特殊的情感，至今苗寨寨门悬挂带角牛头。苗家神龛下放有相连牛角，不忘时祭。苗族人民爱斗牛，以水牛相斗，并不是戏牛取乐，而是以斗牛的方式，展示苗家敬牛爱牛拜牛的特性。斗牛活动能培养人们不畏艰险，勇往直前的斗争精神。

图16-10　过年斗牛场景

从以上娱乐的词语中我们可以看出，独山县过年期间的娱乐活动非常丰富多彩。体现在：第一，在娱乐活动中，人们穿着不同的服饰，载歌载舞，热闹非凡，带来了欢乐，增添了节日气氛，充分体现了独山县民间的地方特色；第二，过年期间的这些娱乐建立在庆祝春节的基础上。人们一年的辛劳换来了收获，人们通过这些娱乐表达内心愉悦的心情，也通过娱乐表达美好的愿望。

四、过年的文化内涵

以上从仪式、祝福、娱乐等词语考察了独山人的过年文化，从中可以看出：

第一，从方言词语展示出来的节日风俗来看，独山人民过年的方式是比较传统的。过年期间的很多仪式都是传统的仪式，祭祖等活动保留了古代礼制，通过传承下来的这些仪式，家族内部凝聚力得以保持或加强。

第二，虽然三类词语有不同的意义，但都反映了人们避祸就福、避凶趋吉的心理。人们通过春节这样一个辞旧迎新的节日来求吉求福、避祸消灾，所以在节日中尽量取吉利之数，说吉利之话，做吉祥之事。因而，体现了独山人民对吉利、福禄的追求和希望。

第四节　独山方言的婚俗文化

婚姻是人生中的大事，独山县境内的布依族是中国历史悠久的少数民族之一，也是县境人口最多的少数民族，其特殊的结婚习俗在当地一直广为流传，具有鲜明的特色。独山方言中保留的一些"赶表""择八字"等词，都是其结婚习俗的体现。

赶表：布依族崇尚自由恋爱，男女青年婚前恋爱自由，各地未婚的男女青年都喜欢借助年庆节俗、赶集和集体聚会的时机，以三五人到七八人自由组合的方式，通过谈天说笑和唱歌对调，表达彼此的感情。当一个男子看上某一个姑娘时，按照传统，必须找第三者做伴，有的则由自己的姐嫂出面介绍。如女方有此意思，即可单独相约到幽静处进一步对唱山歌，表达感情，直到双方互赠信物，就表明他俩已盟誓终身了。

订婚：由男方父母托媒去女家，并送一定的酒、肉、粑粑一类的礼品（在礼品中必不可少的是粑粑，如果非传统节日而见到布依族居民家"打粑粑"，则说明此家人正筹备喜事准备迎娶女方了）。

择八字：如对方同意，第二次媒人则要将男女双方的"八字"互为"校验"，只要"八字"相符，则可择定结婚日期。

送彩礼：这一带地区送彩礼的数额，特别讲究"六"或"双"数，据说是取"六"即禄的谐音，以表示婚后双双有禄必有福之意。

出门迎亲：由新郎家邀请"抱双"、"押双"（即懂婚庆习俗的男女布依歌师）和参加接亲的亲朋好友到家里坐堂准备，出门时从大门出发，大门前用盆托着的筛子上摆着一碗水，"抱双"、"押双"带头跨出大门，分别俯身依次将碗里的水舀入盆中，意为"一碗水端平"等。随后，挑起猪肉、鸡、酒、粑粑等，吹起唢呐，燃放鞭炮，打鼓和钹，一同前往新娘家。结婚时，新郎不迎亲，只请几个相好的男女青年代为相迎。新娘一般都是撑伞步行至男家，个别也有骑马、坐花轿的。

进寨迎亲：迎亲队伍进入新娘寨子边，女方家已提前组织纳礼人员在寨边迎接，一般按"三礼三节"进行，即双方"抱双"对酒令歌（女方家端方盘，置酒器，站在路中迎接，并用男方家挑来的酒舀于碗里迎客），分三次进行：首先在寨边，其次到寨中，再次到女方家门口。礼行三次酒过三巡方才入门（第一层意为"客方远道而来，究竟为何事？"第二层意为"你们既然来做亲家，全寨老小欢迎你们"。第三层意思为"我们既然是要成亲了，按什么礼节来？"）。

图16-11　布依族婚礼

坐堂对歌："三礼三节"完毕，迎亲队伍到堂屋中坐，女方家请来的礼客也一一到堂屋作陪，堂屋中摆两张"八仙桌"，"抱双"、"押双"各坐一桌。由"抱双"用歌节发言（即酒令歌），即从本民族的历史渊源唱起，直到为什么要成亲，并将所带来的礼物即要表达求亲的意思一一表述，对方也用歌节一一表述纳收后，开始履行相关收礼程序。随后"抱双"又从粮食的起源唱起，直到向主人家讨要晚饭吃的歌节，才开始出菜上桌。席中，双方男女一直围绕本民族生产生活、风俗习惯等对歌（以前，布依族文化无统一的文字记载，所以布依族的很多文化是用歌来传承的），直至第二天发亲前大家依依不舍唱着离别歌。

"哭嫁"出亲：双方亲戚朋友对了一夜的歌，涵盖了布依族整个历史文化渊源和民族民间文化等，既有耕田种地的，又有孝敬父母的，特别是发亲前唱的离别歌，令在场人触景生情。女孩出嫁，母女情深，依依惜别，常令人潸然泪下。时辰到，"抱双"、"押双"打着火把（意为前景光明，日后日子将过得红红火火），家屋哥弟背着新娘出家门，一路上新娘依然"哭泣不已"（一则是因为感动而流泪，二则表示孝顺父母）。

途中"浪哨"：行至途中，迎亲人员抬着女方家陪送衣柜嫁妆行至途中累了，需要休息，唢呐队坐下来自娱自乐吹奏（一是以示放松，二是展现自己的才艺），接亲送亲未婚男女途中瞅好自己意中人，频频向对方传送秋波，眉目传情，双方达成默契后，便迅速在一边你一言我一语聊起来，"浪哨"开始了（即试探性地"谈情"：目的一是为了放松，二是见新郎新娘结婚情景，也想着自己美好日子的到来，故伺机找意中人"谈情"）。

寨边拉亲："抱双"、"押双"及迎亲队伍把新娘迎到寨边小歇，新娘并不急着进新郎的家门，随行接亲的老妈妈紧拉着新娘的手（一是表示亲热，二是以防新娘逃婚），久候的"斗弹达吟"乐队奏起"迎亲歌"，新娘半推半就随着老妈妈走向新郎家，跨过大门前已提前置好的火盆（意为以后日子红红火火和趋利避邪），入堂屋行礼。

娘家坐亲：布依族青年举行婚礼后，新郎新娘不能同房，一般当天就由女方家接回去。其一意为女孩就要当家了，还有锅前灶后、针缝刺绣等活儿没弄清楚，必须由其母亲手调教，到新郎家以便孝顺公婆、操持家务、处理好妯娌关系等；其二如果对方有嫂嫂，必须等嫂嫂生儿育女后姑娘方能正式到新郎家成家。随后，新娘家哥弟又约亲朋好友吹唢呐、敲锣打鼓来接新娘子回家，一般一至三年才正式到新郎家做家（这一习俗现在很多杂居地区已经取消了）。

近年来，随着文化生活水平的提高，布依族婚姻的程序也慢慢变得简单起来，布依族婚俗也有了新的发展形式。例如，布依族的婚姻主要是以年轻人的真实感情为基础，情投意合就可以联姻，不再受到媒妁之言父母包办的限制；布依族的青年人也不再仅仅用唱歌的形式来互相了解，更多的是交谈、讨论，以达到情感和思想的交流，直到感情稳定，才提及谈婚论嫁；许多走出外界的青年男女在不知不觉中打破本民族通婚的方式，布依与汉族及其他民族能婚的方式逐渐活跃起来，推动着多民族的团结与和谐。

第五节　独山方言的殡葬文化

死亡对于人们来说是没有办法避免的自然现象，茫茫宇宙，大千世界，人们在这里诞生、成长，直到最后的死亡。对死亡的态度，各民族有各自的看法和不同的态度，这是形成不同信仰的内在原因。独山县境内广泛通行的布依族丧葬礼仪，体现了生者对死者的尊重及精神联系，表达了亲人间的念祖怀亲的情感。本节考察独山方言中相关的词语及其所蕴含的殡葬文化。

报丧：布依族行木棺土葬，人死后，要鸣放三发火药枪（现在改为放鞭炮），若村寨有皮鼓或铜鼓，要用皮鼓或铜鼓以极慢的敲击速度鸣鼓报丧（通常年岁不足50以上或非正常死亡者则不敲鼓）。远方的亲戚朋友，则派专人去报丧。报丧者首先要通知死者的姑爷（没有姑爷的由妹夫或老表代替），死者的姑爷必须立即准备丧礼（白酒、伞、一头牛）并先派人前往相帮。其次通知死者的后家，后家必须立即赶至死者人棺前的现场。一两天之内，亲朋好友特别是同姓的家族，都要赶来吊孝并协助料理丧事。若须请同姓的家族或亲戚待客的，则在对方家的楼梯上拴一条白带，表示"待客"。没有参加"待客"的人家则每家拿出一升米，用来帮助主人家。

下祭：第二天是下祭的日子。天亮，摩师（阴阳先生）先来主人家吃饭，然后就去择墓地，再根据墓地的向位，结合死者的年庚八字、死的时辰，推算出"下圹"的时间。摩师择墓地回来，主人家的媳妇要端起一碗酒向摩师询问墓地之事。摩师会说这酒如何好，再称赞墓地如何好，然后主人家招待摩师吃饭。下祭这一天是办丧事最隆重的一天。从早到晚，都有亲戚朋友提着祭品前来吊丧，一般来说布依族不送钱，只送伞（送伞很讲究，送老年死者的必须是纸伞，送年轻死者的一般用布伞，并在伞上用香火烫许多洞，象征可以"赶表"或"散"或死者专用等意思）、棉被、毯子、鞭炮等物品，关系较好的如"老亲"会送羊或其他牲畜来祭拜死者，祭拜的牲畜在吊唁结束后被带到指定"待客"的人家去宰杀。姑爷来吊丧，送的东西很多，有纸做的轿子、金童玉女以及鸡、酒等，还要请唢呐队吹奏丧调。

满孝：每一支吊丧队伍来到丧家房前，要放鞭炮向丧家"报告"，丧家闻声后，其孝男孝女、小辈们则头戴孝帕，身穿孝衣，到院里跪下迎接吊丧队伍，并赠送一块孝帕。家庭经济条件好的每人都送，这种被称为"满孝"。

下礼：送"老亲"一般要送两条孝帕，一条横背在背上，一条扎在腰上，否则失礼，这一仪式被称做"下礼"。

打花野猫：是指舅母们在手上沾满锅底灰或灶灰，向前来参加下祭的姑爷们的脸上涂去，如果舅母们被姑爷们抓住就会被灌酒并被强迫端水给他们洗脸，"打花野猫"的意思是告诉死者，其姑爷们来了。

吊唁仪式：吊丧亲友带着队伍来到灵房，然后把各种祭品摆在八仙桌上，等待摩师们安排举行吊唁仪式。

孝房：凡经济条件允许的人家，都要为老人扎一孝房放置在奠堂。比较讲究的孝房分"大转五"、"小转五"和"三高两矮一块玉"三种。无论哪一种形式的孝房，扎工和刻画在各个部位上的各种纸型图案都十分精巧细腻，上下层门帘、走廊上的字画、对联，都讲究一定规格和各自象征的含义；各色亮光纸颜色的搭配和房檐屋角上下的精心装饰，把整个孝房衬托得格外豪华富丽。孝房的旁边有一个用毛巾扎成的死人的形象，穿着死者生前的衣服和鞋坐在椅子上。意思是让死者亲眼"看"到这些过程。

转场：到了中午，摩师开始进行转场。所谓"转场"是指摩师先在棺材旁放一口锅，锅里有一个饭甑，甑里盛着盐茶、米、豆，主人家有几个媳妇就包几包，"转场"结束，她们便抢着拿回去喂鸡、鸭，据说鸡鸭吃了会长得很快。在"转场"过程中，摩师用一根白线拴在甑子上，另一头拉到隔主人家几十米的地方，拴在一根竹竿上，这根竹竿又插在一个坛子里，竿子上挂着"桶钱"和"望山钱"（用白棉纸打成的纸钱，按死者的年龄计算，一岁一张，另外加上天地、爹、妈四张，打南斗北斗二星，扎成两束大白纸花，用笼毛竹分挑两头，吊于竿顶。意思是为死者修接好"天梯"，以便死者登"天梯"上天堂）。此时，摩师牵着姑爷或后家带来的牛或其他牲畜，带领孝男孝女们边念经边绕竹竿。念完之后由摩师剪下牛毛给孝媳，意思为"留牛种"。牛肉由姑爷拿到"待客"的人家招呼客人。"转场"之所以流传至今，里面还蕴含着一个凄美的传说。据说古时候有个规矩，不管哪家死了人，都要通知各处亲戚来把死者的肉分回去吃。有一个名叫布杰的青年，他家很穷，母子相依为命，布杰长大成人后，很孝顺母亲。布杰每次从亲戚家分来死人肉，从来不吃，而是把死人肉晒干放在箱子里。后来他母亲死了，四面八方的亲戚都赶来，要分他母亲的肉。他很悲伤，说什么也不愿意。他请人帮忙从楼上搬下一个长方形大木箱，取出一挂挂干人肉，还给亲戚们。然后将母亲装进木箱里。在场的人都惊呆了，也被他的行为感动得流下眼泪，大部分亲戚都不再闹了，只有他的二姐夫还一再耍赖，硬说还给他的肉已经干了，一定要新鲜的。在吵得不可开交的时候，由布杰的舅舅作主让他把家里的牛送给其姐夫。布杰的孝心终于保住了母亲的尸体。演变到今天就有了"转场"一说，意为报恩。

图16-12　殡葬场景

讲菜："转场"结束，摩师开始"讲菜"，讲哪些人送来什么，让假人验收，表示其收到。另外还要"告诉"死者，自己是怎样安排整个葬事的，收费多少等。

点海灯：吃完晚饭，喊魂的时间到了，就开始"点海灯"。"海灯"是指在一碗糯米饭里扎一根灯芯，然后将其搁在一个盆里，放在棺材下面。"海灯"须由背东西来奔丧的姑爷点着，并一直守着不让它熄灭（等到仪式结束姑爷可以任意挑选死者生前用过的东西拿回家作纪念）。孝男孝女们则坐在一旁听摩师为死者念《超度亡魂经》，分《报恩经》和《开路经》两部分。经文用布依族语念出来，一般要念5个小时。念完经后由姑爷把小鸡砸在棺材上，死者的魂随鸡叫声远走。

出殡：吊丧的第三天清晨，就要举行出殡下葬仪式。出殡前，摩师会率众徒，从死者灵前念摩经缓缓行进到门口挂着大束纸花的竹竿前，念完家谱后立即把竹竿拔倒，摩师赶紧回到棺材前，大吼几声，打破油灯，急令人把棺材抬到院子里用竹条捆好，再捆放押棺大公鸡，由一孝子丢引路钱。

抬饿丧：送葬的人很多，大多不吃饭就上山，称为"抬饿丧"。

下圹：姑爷们请来吹唢呐的队伍，一路吹吹打打，鞭炮声此起彼伏，棺材抬到墓地，挖好墓穴后，主人家倒上酒和盛上糯米饭给大伙吃，等到"下圹"临近时，摩师命人在墓穴里撒米，用纸写上"富贵双全"，然后叫主人择字，待其答完后一边放"扫井鸡"去啄米，扫活人的灵魂，一边烧钱纸。被鸡啄过的字象征着主人家以后的生活状况。"下圹"时间一到，立即把棺材放进墓穴，并在墓穴里放一只装有糯米饭、熟鸡蛋的壶。摩师跪在棺材前念念有词，然后突听其大叫一声，两侧的人急忙跟着大叫并将摩师扶起。最后由孝子手捧泥土盖棺，众人七手八脚地挖土抬石把坟垒好，并在坟上放上一只装着水的壶。之后把纸做的轿子、金童玉女、灵房、衣裤、钱纸和伞烧给死者。这样葬礼才算结束。

回丧饭：葬礼结束后，众人返回丧家，落席吃饭。这是主人家为感谢客人而准备的。

复山：出殡后第三天，孝家要到坟上祭扫。届时用小猪、鸡、豆腐等供祭，烧化香亭、纸马，丧事到此便告结束。以后每年清明合家备祭品到墓前祭扫。

从布依族殡葬礼中，可以看出以下几点：

第一，折射出布依族女子在家庭中的重要地位。从"转场"、"点海灯"、送祭品乃至整个葬礼的过程中都可以看出姑爷的地位与死者的儿子是平等的，有时甚至比他们还要高。这说明布依族女子即使远嫁他乡，同样有重要的地位。这也是如今大多数布依族人的生养观念中生男生女都一样的重要原因。

第二，在整个葬礼中体现了布依族社会与自然协调，崇尚自然、回归自然的朴素的哲学思想。失去亲人的心情是痛苦的，但在葬礼中，他们却没有把这样的苦痛流露出来，让人不得不由衷地欣赏他们的乐观和直率，他们这种视死为自然回归的生死观，虽不具有道家的精神境界，但也是一种新的精神，是一种泰然处之的生活态度。还表现出人与人之间相互帮助、相互关照与支持的优良传统。

第三，布依族的葬礼从过程上看并不简单，且有许多过程与汉族相似，但给人的感觉是大不相同的。它不铺张、不摆阔、不繁琐，也没有太多的忌讳，气氛很热闹，处处充满了人情味。

第六节　独山方言的戏曲文化

地处贵州省南大门的独山县是座历史悠久的千年古城，系布依、汉、苗、水族等多民族聚居地，这里盛开着一朵非遗奇葩——以独山方言为基础创作而成的"独山花灯"。

独山花灯源于"社"的祭礼活动，从功能上分：一为崇尚天地与自然，二是娱人精神情感；从形式上分：一为地灯，二为台灯。它以灯戏兼容的独特风格，鲜明的地域民族文化特色，优美的舞姿与曲调闻名于世，是独山人特殊的生活方式、民族个性与文化多样性的审美习性"活"的显现，展现了勤劳勇敢、淳朴善良的独山人达观与进取的精神。

图16-13　独山花灯登上维也纳金色大厅

2003年，文化部特授予独山县为"中国民间艺术之乡"，2008年国务院正式公布"独山花灯戏"为国家级非物质文化遗产。独山人以"花灯人"为自豪，不管是重大节庆或是祭祀活动，唱花灯都是必不可少。"人人会拿花灯扇，个个会唱花灯调"，这是独山花灯普及化最真实的写照。

2009年，独山花灯登上了世界音乐艺术的圣殿——维也纳金色大厅，《干哥干妹踏青来》、《牵牛郎郎要接亲》、《踩新台》等原生态的天籁之音折服了音乐之都。

独山花灯最早是"地灯"，其源于正月闹元宵玩灯的习俗。《独山县志》风俗篇载："上旬内（正月）街坊龙灯彼此争胜，尤以元宵为最，自十一日至十五日，土民具香楮、酒脯于祖墓前展拜曰：上灯。此后市人开张、书童上学皆择吉，乡村龙灯间有习灯唱者，或具帖赴某村庆贺或某村招之演唱。""地灯"，顾名思义是一种不择场所徒步于地上表演的艺术形式。多以扇帕为主要道具载歌载舞，通常与闹元宵的耍龙、舞狮、划早船、车车灯等一起，通称"闹花灯"，后"地灯"的表演形式被"还愿"的习俗所借用，形成"愿灯"，其内容是娱神、酬神了愿、驱魔去邪、消灾化结等。后来"愿灯"逐渐形成一整套的程序，扎灯、搭台唱灯，于是演变为"台灯"。从清咸丰间（1851）年，愿灯盛行独山城乡时，歌舞中就带有戏的成分，如《打头台》已经由歌舞发展到有人物、有故事情节的别具风格的"灯夹戏"的形式。"台灯"的出现，标志着独山花灯戏的形成。

图16-14　独山花灯表演

独山花灯唱词是基于独山县方言创作而成的作品，内容主要包括以下几方面：

第一，反映历史题材的。如《跟着红军打老财》中："穷乡穷道摆香茶，家家户户吹唢呐，欢送红军打天下，人山人海涌山垭。"这些解放前留下的花灯唱词，反映了人民群众盼望翻身得解放的精神。由此可看到独山花灯在革命斗争中的作用。

第二，反映妇女不幸遭遇题材的。如《叹郎调》中："二更叹郎月正高，思想起奴的夫，奴家泪双抛，自从奴夫去，堂前难叙唠叨，三餐菜饭，何曾用了。"反映了一个年轻妇女，在丈夫死后，为了守节不能再嫁，独守空房，只能靠回忆过日子，终日以泪洗面的悲苦命运。

第三，描写青年男女大胆追求真挚爱情的题材。如《双探妹》中："正月里来闹元宵，我的小妹生得漂，打你门前过，便把你来瞧，你知道不知道？"表现他们大胆追求爱情的意愿。另有一些情歌，更显示出"乡村野民"大胆、泼辣、粗犷和率直。如《梳妆台调》："一更里上了梳妆台，梳妆打扮迎郎来，二更里来磨（磨蹭）情郎怀，问一声情郎哥，你身为何人来？"这些直率泼辣的情歌，正是那些在敢于挣脱封建枷锁的束缚，大胆追求幸福的生活青年男女情感流露。

第四，反映游子对家人的思念和热爱，以及残酷的兵役给劳动人民带来的悲苦的题材。如《思乡调》："出门在外好心焦，谁呀谁知道？一来心焦父母年老，二来心焦兄弟连同胞，三心焦，心焦我的妻正年少。"表现游子出门在外，不安的心情和对亲人的热切思念。又如《新调兵》："奴在绣房绣鸳鸯，耳听外面来调兵，头回文书刚调到，二回文书又来临，不知调哪省，每次都在调奴的心。……送郎出门来，不知我的郎几时回。"表现了女子对服役丈夫的无限思念。另一方面，也对旧社会频繁的兵役作了强烈控诉。

第五，反映离别亲人后的寂寞、孤独和相思之苦题材的唱词。如《四季相思》："春季里相思，鸳鸯飞上天，百草发芽，鲜花遍地开，奴家难梳妆，梳妆给谁看，叫奴怎么不心叹。"描写了一个女子在春意盎然的日子里无心打扮去观花赏春，虽然"女为悦己者容"，但现在自己心爱的人不在，打扮给谁看呢？

再如《十二月相思》："二月里桃花开，好春光，遍地花儿锦绣妆，处处人来人往，不见我的郎，唉呀，奴的命，不比那水上鸳鸯，对对双双。十二月里来天已寒，泪不干，细雨朦胧对窗纱，可恨五更夜更长，好风凉，想情郎，夜夜到天亮。"这些唱词，让我们看到这个青年女子对爱情的执着、深沉和强烈的呼唤以及相思之苦。

第六，反映劳动人民劳作与爱情自然结合的情景。如《采新茶》："二月采茶茶发芽，哥妹二人上茶山，哥采多来妹采少，妹妹哟，随多意少（不管多少）快回家。"唱词反映了劳动人民互帮互爱的真挚情感。

第七，反映风俗民情。这类民歌数量多，范围广，内容丰富，乡土味浓。如送物、接亲、嫁女、敬茶、庆中秋、歌颂家乡、歌颂祖国、表达美好意愿等，都能随现场内容、气氛的需要编唱出来。

独山花灯不仅内容丰富，在语言艺术表现方面也多姿多彩，独具特色。

第一，独山花灯采用现实主义的创作方法，真实反映现实生活。大多灯词唱出了劳动人民的心声，它用朴质的方言，把人们的生活遭遇、喜怒哀乐直接描绘和抒发出来，丝毫没有矫揉造作和人工雕饰的痕迹。它给人们的美感是自然而纯真的，充满了生活气息。至于数量极多的情歌，更是率真自然，直抒胸臆。

第二，独山灯词也运用了传统的赋、比、兴的手法。所谓"赋"，就是对事物进行直接的陈述，直接写景抒情。所谓"比"，即打比方。所谓"兴"，即先写别的有关事物或景物，以引起下面所要唱的内容。

第三，独山花灯多采用复沓的章法和灵活的句式。所谓"复沓"，指一首灯词由若干段组成，段与段之间字句基本相同，只是对应变换少数字词，即造成反复吟唱，句子结构和字数都不变，形成反复回环的音乐美。独山花灯灯词的句式主要以七言为主。又根据歌词的内容和表达思想感情的需要，不拘于七言，有时三言、五言或更多，参差错落，自然流畅。

第四，善于写景，也是花灯灯词的一个重要特点。如："一阵春雨水汪汪，田坝好像是赶场，牛成群来人成行，好像飞梭把线网。"写了春耕景象。

第五，独山花灯中运用了大量的方言、口语、谚语、歇后语，采用类比、谐比、双关等多种修辞方法，使独山花灯诙谐、幽默、形象生动。如：

直接使用独山方言，例如：靡去了（不去了）；撇脱（容易）；杀各（结束）等。

使用一些谚语、歇后语，例如：牛壳子不是吹的，火车不是推的；莫做虎藏深山，要做雷响天上。

使用双关，这种修辞手法的运用，使灯词显得含蓄，耐人寻味。如《螃蟹调》："一个螃蟹一个壳，一个螃蟹八只脚，横是横起走，扛起一对脚，奴从江边过，夹着奴的脚，疼是疼得很，甩也甩靡脱。背时的螃蟹好下作，别处你不夹，单夹奴的脚，唉哟奴的哥，甩也甩靡脱。"从表面上看，似乎骂不懂人性的螃蟹，实则骂男子的下贱，缠住女子，使女子甩不脱他的纠缠。这里很好地使用了双关语。

第六，独山花灯采用对唱的形式，一问一答，增强了它的趣味性。如《阿三戏幺爷》：

问："什么花开小？什么花开大？什么花开颈长把？"

答："辣椒花开小，牡丹花开大，莲蓬花开颈长把。"

又如《墙外玩花》：

问："天上梭萝哪个栽？地上黄河哪个开？哪个才把三国望？哪个修行一去不回来？"

答："天上梭萝王母娘娘栽，地下黄河龙王开，孔明才把三国望，韩香子修行一去不回来。"

这些艺术手法的运用，汇成了独山花灯的民间特色和乡土气息，这正是独山花灯为劳动人民喜闻乐见的一个重要原因。

独山花灯所反映的思想内容和艺术成就既表现了独山人民的文化素养和鉴赏趣味，同时也表现了民族历史文化的延续性及其强大的生命力。因而，独山花灯成为受黔南、贵州乃至全国欣赏的一种民间戏曲艺术。

注　释

①独山县地方志编纂委员会:《独山县志》,贵阳:贵州省人民出版社,1996年。

②汪平:《贵阳方言词典》,南京:江苏教育出版社,1998年。

③梁德曼、黄尚军:《成都方言词典》,南京:江苏教育出版社,1998年。

④杨时逢:《云南方言调查报告》,台湾:中央研究院历史语言研究所,1969年。

⑤张志宏等:《苗汉简明词典》,昆明:云南出版社,1999年。

⑥吴启禄、王伟等:《布依汉词典》,北京:民族出版社,2002年。

⑦翟时雨:《汉语方言学》,重庆:西南师范大学出版社,2003年9月。

⑧刘光亚、寸镇东:《贵州汉语方言调查》,《贵州文史丛刊》,1995年第5期。

⑨徐凤云:《贵州都匀老派方言音系》,《贵州大学学报》,1988年第4期。

⑩徐凤云:《黔南汉语方言的特点》,《贵阳师专学报》,1991年第3期。

⑪中国社会科学院语言研究所:《方言调查词表》,北京:商务印书局,1981年。

⑫黄雪贞:《西南官话的分区(稿)》,《方言》,1986年第4期。

⑬刘光亚:《贵州省汉语方言的分区》,《方言》,1986年第3期。

⑭贵州省地方志编纂委员会:《贵州省志·汉语方言志》,北京:方志出版社,
　1998年。

⑮王力:《汉语史稿》,北京:中华书局,1980年,上册185页。

⑯王力:《汉语史稿》,北京:中华书局,1980年,上册184页。

⑰丁声树、李荣:《汉语音韵讲义》,《方言》,1981年第4期。

⑱王力:《汉语史稿》,北京:中华书局,1980年,上册105页。

⑲吴正彪:《略论黔南苗族支系的迁徙来源及分布》,《贵州文史丛刊》,1995年
　第4期。

⑳邓晓华:《人类文化语言学》,厦门:厦门大学出版社,1993年。

㉑王福堂:《汉语方言语音的演变和层次》,《语文研究》,2005年第3期。

参考文献

[1]白胜超.三都水族自治县方言词汇例释[J]，黔南民族师专学报（哲社版），1998（3）.

[2]曹广衢.从布依语的汉语借词考察汉语调值的变化[J]，贵州民族研究，1983（3）.

[3]独山县地方志编纂委员会.独山县志[M]，贵阳：贵州人民出版社，1998.

[4]丁声树.方言调查词汇手册[J]，方言，1989（2）.

[5]戴庆厦.汉语与少数民族语言关系概论[M]，北京：中央民族学院出版社，1992.

[6]甘于恩.汉语南方方言探论[M]，广州：世界图书出版公司，2014.

[7]蒋希文.黔东南汉语方言[J]，方言，1990（3）.

[8]金小梅.论重庆方言中的古入声字演变[J]，西南师范大学学报，2005（3）.

[9]黄伯荣、廖序东.现代汉语（增订本）[M]，北京：高等教育出版社，1991.

[10]黄雪贞.西南官话的分区（稿)[J]，方言，1986（4）.

[11]贵州通史编委会.贵州通史[M]，北京：当代中国出版社，2002.

[12]梁德曼等.西南官话名词和动词重叠式（二)[J]，方言，1987（2）.

[13]卢甲文.评《官话方言的分区》[J]，信阳师范学院学报，1986（2）.

[14]刘村汉.柳州方言词典[M]，南京：江苏教育出版社，1995.

[15]刘光亚.贵州省汉语方言的分区[J]，方言，1986（3）.

[16]刘光亚、寸镇东.贵州汉语方言调查[J]，贵州文史丛刊，1995（5）.

[17]刘光亚.贵州省汉语方言的分区[J]，方言，1986（3）.

[18]梁德曼、黄尚军.成都方言词典[M]，南京：江苏教育出版社，1998.

[19]李蓝.贵州汉语受当地民族语影响三例[J]，方言，1999（2）.

[20]李锦平.论苗语和汉语之间的相互影响[J]，贵州民族学院学报，2004（1）.

[21]李荣.汉语方言分区的几个问题[J]，方言，1985（2）.

[22]李荣.官话方言的分区[J]，方言，1985（1）.

[23]吕叔湘.现代汉语八百词[M]，北京：商务印书馆，1980.

[24]梁光华.汉语汉字论稿[M]，贵阳：贵州人民出版社，2001.

[25]林伦伦、陆小枫.广东闽方言语音研究[M]，汕头：汕头大学出版社，1996.

[26]杨时逢.云南方言调查报告[M]，台湾：中央研究院历史语言研究所，1969.

[27]唐作藩.音韵学教程[M]，北京：北京大学出版社，1991.

[28]涂光禄等.贵州汉语方言志[M]，北京：方志出版社，1998.

[29]黔东南州地方志办公室.黔东南方言志[M]，成都：四川出版集团，2007.

[30]黔南州史志编委会.黔南州志[M]，贵阳：贵州民族出版社，1993.

[31]翟时雨.汉语方言学[M]，重庆：西南师范大学出版社，2003.

[32]曾毅平.略论方言与共同语的关系[J]，学术研究，1997（4）.

[33]许培新.汉语方言分区的现状与存在的问题[J]，山东科技大学学报，2000（12）.

[34]王力.汉语史稿[M]，北京：中华书局，1986.

[35]汪平.贵阳方言词典[M]，南京：江苏教育出版社，1998.

[36]王文艺.贵州方言中的近代汉语语词选释[J]，贵州民族学院学报（哲社版），2000（4）.

[37]吴启禄、王伟等.布依汉词典[M]，北京：民族出版社，2002.

[38]吴启禄.贵州省民族语言综述[J]，贵州民族学院学报，1999（4）.

[39]温昌衍、王秋珺.客家方言[M]，广州：暨南大学出版社，1990.

[40]袁家骅.汉语方言概要[M]，北京：语文出版社，2001.

[41]杨月蓉.重庆方言俚俗语集释[M]，重庆：重庆出版社，2006.

[42]詹伯慧.汉语方言与方言调查[M]，武汉：湖北教育出版社，2006.

[43]张志宏等.苗汉简明词典[M]，昆明：云南出版社，1999.

[44]张永祥、曹翠云.从语法看苗语和汉语的密切关系[J]，中央民族学院学报，1984（1）.

[45]张永祥、许仕仁.苗汉词典[M]，贵阳：贵州民族出版社，1990.

[46]周洪涛.永丰镇方言的语音研究[D]，暨南大学硕士学位论文，2005.

[47]周及徐.20世纪成都话音变研究[J]，四川师范大学学报，2001（4）.

[48]曾晓渝.从年龄差异看现代荔波话音变的成因[J]，语言科学，2005（7）.

[49]朱建颂等.西南官话名词和动词重叠式[J]，方言，1987（1）.

后 记

　　语言是反映文化的重要形式，代表一定族群或人群的记忆和源流，无论是语言结构本身，还是语言中包括的文化内涵，都具有丰富的特性和宝贵的文化价值。

　　独山向来是黔桂两地交界的商埠重镇，流民众多，各处方言及少数民族语言杂糅在一起，形成了独特的发音，明显区别于贵州其他地区。我自小在独山县长大，未离开独山前，从未感觉独山话的有趣之处，直到2005年到暨南大学开始汉语言文字学研究时，才发现独山有很多古朴的词沿用至今。比如称呼老人为"老者"，无关身份阶层，上了年纪的老人家都适用，老太太一概称"婆"；吃饭没有说成是"喫饭还靡"；看一眼说成"睃一眼"；哪里说是"哪堂"；"什么时候"说成"哪阵"；"羞辱、作践"说成"踏削"；枪法准说成是"枪法弈"；收拾结束说成"收拾归一"等等。那时我便开始思考，要尽快将独山方言状况完整记录下来。但这项工作到真正着手进行调查的时候，我才感觉到沉重的压力。今天的独山，日益成为一座现代移民城市，南来北往的商客无处不在，天南地北的口音也无处不有，独山话混杂在南来北往的口音中渐渐丢失了自己的本音。正如我父亲发出的感慨"现在的年轻人讲话已经南腔北调，真正能讲独山话的人越来越少喽"。独山的发展是好事，但随着城市的变迁，一种语言也会无声无息地消失在日益加快的人口流动中。

　　语言代表一定族群或人群的记忆和源流，其生产生活实践以及知识经验的积累大多都保存在口头语言中，靠口耳相传承袭，一种语言就是一种独特文化的重要体现和表现形式。无论是语言结构本身，还是语言所包含的文化内涵，都具有丰富的特性和宝贵的文化价值，一旦消失，将是中华文化宝库和人类文明成果的重大损失。

　　发展是必需的，是不可阻遏的历史发展趋势，但是作为历史，我们的传统文化，包括方言在内，都不应该只是发展必须付出的牺牲品。冯骥才先生说过，"民间文化是我们的根，越是在社会快速发展的时期，越不应该失去记忆，不应该忘记'回家的路'"。正是在振兴中华民族文明与西方文化大举入侵的矛盾日益尖锐突出的大背景下，国家提出要对重要文化遗产和优秀民间艺术的保护工作加强扶持。基于这些思考，我对自己开展的独山方言研究有了一种任重道远的职责感，独山方言的研究也是对独山县丰富的非物质文化遗产的抢救发掘。

2015年借助独山县文学艺术界联合会立项课题《独山方言研究》，我将多年来实地调查资料进行整理，写成书稿。由于能力、精力、时间乃至财力物力等的局限，我对"完整记录"的理想深感力不从心，其结果总是挂一漏万，尽管牺牲了几乎所有的休息日，包括生病期间也不敢懈怠，但仍然只能做到全面记录的冰山一角。

在研究过程中，我有幸得到暨南大学汉语方言研究中心甘于恩、刘新中教授的悉心指教，两位教授从框架、理论、方法上提出了许多指导性的意见和建议。他们在学术上的造诣与兢兢业业、踏踏实实的治学态度令我受益诸多。

感谢独山县文化局、独山县文学艺术界联合会给予的大力支持。

感谢我的家人们，他们无私的爱和支持，让我有动力可以继续下去！

感谢曾对我的研究做出铺垫、进行开拓的前辈同仁，他们开创性的工作为我指明了方向，给我以借鉴和依赖。我的文章中可能直接引用了他们的研究成果，可能借用了他们的创新思维，更多的是得到了他们发蒙启智的激励，没有这些，我将寸步难行。在此，我对所有前辈及学界同仁表示衷心地感谢！

曾兰燕

2016年4月5日